상담 더하기 신학

— 사례와 슈퍼비전

상담 더하기 신학
— 사례와 슈퍼비전

2021년 3월 10일 초판 1쇄 인쇄
2021년 3월 17일 초판 1쇄 발행

지은이 | 한국목회상담협회
편집진 | 김용민 김태형 이미영 이재호 정보라 최경숙
펴낸이 | 김영호
펴낸곳 | 도서출판 동연
등 록 | 제1-1383호(1992년 6월 12일)
주 소 | 서울시 마포구 월드컵로 163-3
전 화 | (02) 335-2630
팩 스 | (02) 335-2640
이메일 | h-4321@hanmail.net

ISBN 978-89-6447-650-5 93200

SUPERVISION IN PASTORAL COUNSELING

상담
더하기 신학

| 사 례 와 슈 퍼 비 전 |

한국목회상담협회 지음

동연

『상담 더하기 신학 — 사례와 슈퍼비전』
출간에 즈음하여

목회·기독 상담은 집짓기(homemaking)이며 상담가는 집 짓는 사람(homemaker)입니다. 우리가 말하는 집(heim)은 이 땅에 건설하는 하나님의 나라입니다. 하나님의 나라는 하나님이 다스리시는 세상입니다. 하나님은 사랑이시며(요일 4:8, 16) 긍휼하십니다(시 145:8-9). 사랑과 긍휼의 하나님께서 통치하시는 세상은 안전함(safety)과 안정성(stability) 그리고 의미(significance)가 보장되는 공간입니다. 어디를 가건 무엇을 하건 우리는 안전하다 여길 수 있습니다. 안정성도 보장됩니다. 안정성은 탄력성(resilience)입니다. 집을 나간 탕자도 아버지께 돌아오면 아들로 복권되듯(눅 15:21-24), 하나님은 언제나 우리를 자녀로 부르시고 인정하십니다. 그렇기에 하나님이 다스리시는 하나님 나라에는 언제나 보장된 탄력성, 즉 안정성이 존재합니다. 더 나아가 이 세상에 존재하는 우리 모두가 의미 있는 존재임을 깨닫게 합니다. 예수 그리스도께서 보여주신 십자가의 사랑과 은혜 아래에서 부정되는 존재가 있을 수 없기 때문입니다. 모든 사람이 모든 사람을 즐거이 여기며, 모든 사람이 모든 사람을 기뻐하고 사랑합니다. 모든 사람이 모든 사람의 이야기를 가치 있게 듣는 것입니다. 이러한 집을 세우고자 우리 목회·기독 상담자가 모였습니다.

목회·기독 상담을 통해 이 세상을 내 집과 같은 공간으로 지으려는 것은 쉬운 일이 아닙니다. 하나님의 나라를 세운다는 명목 아래 이 세상을 자신만의 유토피아 공간으로 만들려는 욕구와 끊임없이 투쟁해야 하기 때문입니다. 더 나아가 세상을 세속이라 죄악시하고 터부시하는 이원론적 판단과 기독교인들만이 옳다는 폭력적인 믿음과 싸워야 합니다. 물론 기독교 신앙은 배타적입니다. 그것을 부정할 수 없습니다. 예수 그리스도만이 구원에 이르는 유일한 길이기 때문입니다(요 14:6). 그러나 배타적 진리를 선언하는 순간 세상은 이원론의 함정에 빠집니다. 진리에 속한 세상과 그렇지 않은 세상! 양자의 긴장은 서로를 적대시합니다. 심지어 전쟁을 벌입니다. 그러나 성경은 우리에게 배타적 진리를 전하면서 반드시 따라야 할 희생과 용서 그리고 사랑을 가르칩니다. "내가 곧 길이요, 진리요, 생명"이라 선언한 그리스도 예수는 십자가를 지셨습니다. 고통과 공포, 슬픔과 절망을 회피하지 않으셨습니다(엡 2장). 희생을 통해 진리를 세우셨던 것입니다. 마찬가지로 집 짓는 사람들로서 목회·기독 상담자는 언제나 스스로 해체하는 고통을 외면해서는 안 됩니다. 날마다 하나님 앞에서 진실하고 철저한 회개가 있어야 합니다.

드러내기 싫은 자신을 드러내는 것은 힘의 상실처럼 자괴감을 갖게 합니다. 낙오자이며 패배자라는 생각도 듭니다. 그러나 회개에는 신비한 경험이 따릅니다. 회개는 분명 전적인 자기 부정입니다. 하지만 고통의 한 가운데에서 회개하는 사람은 하나님의 은총을 경험합니다. 칭의의 사랑을 경험하는 것입니다(눅 18:9-14). 하나님의 사랑을 경험하는 순간, 자신의 연약함은 새로운 가능성으로, 소명과 사명으로 거듭납니다. 하나님의 뜻을 이루는 에너지로 전환됩니다.

이러한 회개의 경험을 통해 목회·기독 상담자는 "상처 입은 치유자" (the wounded healer)로 세워집니다. 상처 입은 치유자는 칼 융(Carl G.

Jung)의 언급 이래로 많은 심리학자와 철학자 사이에서 인용되거나 차용되었습니다. 사람의 마음에 생긴 상처는 외상(trauma)이라는 병리로 나타나거나, 인간 심리 내부에서 독특한 자아 구조를 갖거나, 혹은 리비도의 집중이라는 무의식의 기제를 자극하여 인간 욕구로서 기능하기도 합니다. 따라서 "상처 입은 치유자"는 병리적인 관점에서 가면성 인격의 표현으로 해석될 수도 있고, 혹은 더 건강한 의미에서 상처를 극복하고 만들어진 자아정체성으로 분석할 수도 있습니다. 혹은 무의식적 기제에 의한 콤플렉스의 우월적 표현으로서 이해할 수 있습니다. 그러나 "상처 입은 치유자"라는 의미에 초월성이라는 신적 영역의 이해를 포함한다면 이는 완전히 다른 개념으로 이해될 수 있습니다.

먼저 실존이 가진 경험을 무시하는 신비주의에 논점을 두려는 것이 아니라는 사실을 분명히 합니다. 인간의 영역에서 신적 초월성 역시 실존이 가진 경험을 완전히 배제할 수 없습니다. 예를 들어, 바울은 다메섹 도상에서 자신이 핍박하던 그리스도인들의 구주이신 예수를 만났습니다. 그에게 이 경험은 자신의 모든 것을 뒤바꿔 놓는 변형의 경험이었습니다(행 26:12-18). 그럼에도 불구하고 그는 로마서 7장 22-24절에서 "내 속사람으로는 하나님의 법을 즐거워하되 내 지체 속에서 한 다른 법이 내 마음의 법과 싸워 내 지체 속에 있는 죄의 법으로 나를 사로잡는 것을 보는도다. 오호라, 나는 곤고한 사람이로다. 이 사망의 몸에서 누가 나를 건져내랴"라고 솔직하게 고백하며, 여전한 심리 내적 갈등을 토로했습니다.

현실과 실존의 영역에서 무한에 대한 신적 경험이 인간의 유한성을 완전히 극복하지 못하는 것처럼 보여도, 이를 초월성에 대한 인간 심리의 승리라고 단정할 수는 없습니다. 왜냐면 바울의 회개를 통해 신적 만남의 경험이 여전히 이어지며, 그에 따른 변화는 점진적으로 그의 삶에 뿌리내리기 때문입니다. 이를 성화(sanctification)라고 합니다. 즉 인생

여정이 끝나는 날까지 인간은 심리작동과 끊임없이 씨름해야 한다는 말입니다. 따라서 목회·기독 상담의 영역에서 "상처 입은 치유자"라는 개념은 병리나 콤플렉스의 우월성이 아니라 성화의 길을 걸어가는 목회·기독 상담자가 씨름하는 자기화(individuation)의 여정입니다.

그러므로 목회·기독 상담의 과정에서 상담자는 내담자와 관계에서 앞이 깜깜해지는 어두움을 경험해야 합니다. 무엇을 어떻게 해야 하는가에 대한 혼란을 경험해야 합니다. 물론 이를 상담에 숙련되지 못한 신참자의 비숙련성과 혼돈해서는 안 됩니다. 인간에 대한 숙련된 이해는 유일무이하신 하나님께서 사람을 유일무이하게 창조하셨음을 인정하는 것입니다. 아무리 많은 임상 경험을 했더라도 지금 상담자가 만나고 있는 내담자는 이전의 내담자들과 완전히 다르게 창조된 존재임을 기억해야 합니다. 내담자가 가진 역사와 경험 앞에 상담자는 완전히 무지한 채로 서있는 존재임을 인정해야 합니다. 이러한 혼돈 가운데 상담자가 내담자와 함께 울고 함께 즐거워한다면(롬 12:15-16), 하나님께서 이끄시는 상담을 할 수 있을 것입니다. 하나님께서 목회·기독 상담의 여정에 참여하셔서 상담자와 내담자를 깨닫게 하시고 회복시키시기 때문입니다. 이로서 목회·기독 상담이 목회·기독 상담다워집니다.

이러한 장황한 서술이 필요한 이유는 한국목회상담협회가 만드는 목회·기독 상담사례 책자가 일반상담의 사례집과 무엇이 다른지, 우리가 가진 목회·기독 상담신학에 기초한 상담의 특징이 무엇인지, 또 우리가 말하는 상담의 목적과 이유를 드러내고 싶었기 때문입니다. 확신하건대, 읽으시는 내내 일반상담이 주지 못하는 깊이를 깨달으실 것입니다. 왜 목회·기독 상담이 일반상담의 아류(亞流)가 아닌지, 어느 누구도 흉내 낼 수 없는 목회·기독 상담만이 가진 독특한 가치들을 이해하시게 될 것입니다. 그래서 '이것이 목회·기독 상담이구나' 하며 고개를 끄덕이게 되실 것입니다. 가난하거나, 헐벗거나, 배우지 못하거나, 건강치 못하거나 간에 사람을 차별하지 않는, 누가 누구보다 더 낫거나 더 못하다며 함부로 평가하거나 판단하지 않는, 그 고결한 이유가 단지 개인의 신념과 철학이 아닌, 신적 영역의 소명과 사명과 연결된 것임을 알게 되실 것입니다. 그래서 목회·기독 상담자들이 만들어가는 집과 같은 따뜻한 세상을 경험하시게 될 것입니다.

이 사례 책자를 만들기 위해 참 많은 분이 고생하셨습니다. 출판을 위해 도와주신 협회 출판 위원회 이미영 위원장님과 김태형 부위원장님 그리고 위원 박사님들 한 분 한 분께 머리 숙여 감사를 드리고 싶습니다. 또 사례 책자가 나올 수 있도록 협력해 주시고 애써주신 상담 발표자 및 슈퍼바이저 감독들께도 감사드립니다. 마지막으로 귀한 책이 나올 수 있도록 도와주신 동연출판사 사장님의 수고에도 감사드립니다.

한국목회상담협회 회장
이상억

차례

상
담
더
하
기
신
학

1부

/

나를 찾아서

1장

강하고 특별한 내가 되고 싶어요

1. 내담자 이야기

내담자는 두 자녀가 있는 40대 중반 기혼 여성으로 기독교인이다. 부유한 가정에서 자랐고 대학에서 미술을 전공하였다. 사립초등학교로 전학한 3학년부터 존재감이 없어지고 성적도 좋지 않아서 있으나 마나 한 존재로 지냈다. 중3 교내노래자랑에서 1등을 하고 나서 자기존재감을 처음으로 경험하면서 성격이 변했다. '센 여자'처럼 행동했더니 친구들이 자기를 알아주었다. "나는 마음만 먹으면 사람들에게 원하는 것을 얻을 수 있어"라고 믿게 되었다. 대학 시절은 자유분방하였지만 남자친구에게 집착을 하여서 "내가 왜 이러지?" 하는 의문을 가졌었다. 현재는 남편 직장으로 S시(외국)에서 10여 년 이상 거주하며 개인 사업을 한다. 말을 잘하고 유머 감각도 뛰어나며 자기에 대해서 이야기하는 것을 좋아한다. 호기심이 많고 추진력도 있다. 자기이해와 성찰을 잘하지만 타인에 대한 이해와 배려가 적다. 상담에 대한 관심도 많고 앞으로 공부하고 싶은 소망도 있다.

내담자는 나이 차이가 많은 언니와 오빠가 있는 집의 막내다. 아버지는 월남해서 자수성가하였고 교육열이 높았다. 폭언과 폭력으로 가족을 모두 벌벌 떨게 만들었다. 아내를 비롯하여 가족들과는 대화가 없으며 관계가 끊어졌다. 지금은 거동이 불편하여 간병인과 따로 생활한다. 어머니는 똑똑하고 공부도 잘했으나 전쟁으로 배우지 못한 아픔이 크다. 남편의 폭언과 폭행으로 항상 우울하고 찡그린 얼굴이었다. 자녀들에게 냉정하고 무관심하였다. 내담자는 차가운 엄마에 대한 거부감이 심했는데 지금은 여자로서 불쌍하고 이해가 되고 친밀하다. 내담자는 자라면서 집이 늘 불안하고 적막하였다. 대학시절에 아무도 내담자의 자유분방함을 제재하지 않았다. 방학마다 버림받은 것 같았고, 초라한 고아같이 외로운 마음이 자주 들었다.

남편은 성실한 원칙주의자면서 착하고 온순하고 내담자를 전폭적으로 지지한다. 고등학생 딸은 학업 성적이 뛰어나며 독립적인 재원이라서 내담자가 자랑스러워한다. 엄마와는 친구 같은 딸이지만 아빠와는 원칙과 실용에 있어서 다소 부딪친다. 중학생 아들은 저학년 때 학교에서 자주 싸우고 화를 잘 내서 엄마가 학교로 불려 다닌 적도 있지만 지금은 무난하게 잘 지낸다. 감정이 섬세하고 아빠와 사이가 좋은 편이다. 시아버지는 사소한 일에도 화를 잘 내는 완고하며 자기중심적인 분이며, 시어머니는 잔소리가 많고 체면을 중시하며 남의 눈치를 살핀다.

내담자는 S시에 정착할 때부터 친밀하게 지냈던 절친이 몇 년 전에 절교선언을 해서 매우 충격을 받았다. 우울, 분노, 원망, 절망으로 매일 술을 마시며 힘들게 버텼다. 교회 모임에 가면 마음과 다른 말들을 툭툭 내뱉어서 한순간에 기피대상이 되었다. 교회 권위자에게 함부로 말해서 책망을 받는다. 남들이 자신을 특별히 여겨주지 않으면 화가 나서 언어로 공격하거나 에둘러 표현하고 관계를 단절한다. 이런 자신이 매우 혼란스럽다. 자신의 어떤 모습 때문에 절친이 떠났는지, 사람들이 왜 자신을 불편해하는지를 객관적으로 알고 싶다. 이제는 직면할 용기도 있다. 매 회기마다 상담자 앞에서 하고 싶은 말이 아주 많아 보인다.

임상평가를 했을 때 내담자는 MBTI에서 ENTP 유형이다. MMPI-2에는 잘 참는 사람으로 나온다. 모성애가 강해서 엄마 역할을 잘 하려고 애쓰며, 대인관계에 피해의식을 가질 수 있고 부정적 반추를 하는 경향이 있다고 나온다. 영적으로는 절친의 절교선언으로 고통스러울 때 친구가 전도해서 교회에 다니게 되었고, 예수님을 구원자로 영접하였다. 하나님의 사랑을 경험한 후로는 성경공부와 새벽예배에 열심히 참석한다. 남편도 전도하여 온가족이 교회를 다닌다.

2. 상담 과정

1) 상담 목표와 접근

상담목표: ① 자기와 타인에 대한 이해와 수용성을 높인다. ② 자신의 감정과 생각을 정직하고 부드럽게 말할 수 있다.

15회기로 보고된 사례로 발표할 때도 진행 중인 사례다. 상담자는 에릭슨의 발달단계, 사티어 가족치료와 지속노출법(내담자가 트라우마의 사건을 그때 거기에서의 시점으로 상담자에게 반복해서 말하고 다시 지인들에게 말하면 치유효과가 있다)으로 접근하였다.

신학적 접근: '웃는 자들과 함께 웃고 우는 자들과 함께 우는 그리스도인의 열린 마음을 가지며 학자의 혀와 귀를 달라고 기도하며, 마음이 상한 자에게 성령님의 치유의 빛이 임하길 소망한다'이다.

2) 회기 요약

〈1~5회기〉

상담의 구조화. 내담자가 절친과의 단절로 인한 마음의 고통을 강하게 호소하였다. 지속노출법을 활용하여 재진술과정을 반복하였다. 심호흡을 자주 시키며 심신의 안정감을 도모하였다. 내담자는 자신에게 문제 있는 영역을 수용하고 왜곡해서 이해한 것도 스스로 수정하며 이야기하였다. 절친으로 인한 정서적 고통이 다시 올라와도 이전보다 강도가 줄어들었다.

〈6~9회기〉

내담자는 교회나 친구들 사이에서 자신이 관계를 깨는 말과 행동을 탐색하였다. 강점으로 체크된 영역(영성, 감사, 호기심, 용감성, 활력)과 행동과의 연관성을 살폈다. 상담자는 내담자에게 따뜻한 타인이 되어 주려고 했다. 상담자와의 관계에서 긍정적으로 관계 맺는 방법을 경험하도록 도왔다.

〈10~15회기〉

내담자는 사정(한국 방문 등)으로 상담을 2달 동안 중단하였다. 한국에 머무르면서 검사한 MMPI의 결과에 대해서 나누었다. '독특한 나'로 보이려는 과장된 행동이나 "싫은데!"와 같은 말을 덜 하게 된 자신을 발견하면서 눈물을 흘리며 좋아했다. '남의 예상을 깨는 구별된 존재' 또는 '예상을 깨는 사람'으로 보이고 싶은 욕구가 컸던 자신을 보며 어떻게 느끼는지를 탐색하였다. 점점 새로운 사람들과 잘 조율하는 듯해서 행복하다고 보고하였다. 상담자가 그들과 애쓰는 모습이 귀하다고 칭찬해주었더니 눈물을 보이며 행복해하였다.

3) 상담자로서 한계와 슈퍼비전 받고 싶은 내용

상담자는 내담자가 늘 새로운 이야기를 가지고 와서 내용의 연결이 부족하고 내담자의 내면의 음성을 듣지 못하고 성급하게 건너뛰어서 깊이 들어가지 못하는 점을 한계로 자각한다.

슈퍼비전 받고 싶은 내용: ① 자기가 하는 말에 몰입하여 상담자가 하는 말을 잘 안 듣는 내담자와 어떻게 소통하는가? ② 내담자가 한 회기에 주 호소 문제 말고 여러 문제를 말해서 더 중요한 것이 있지 않은가 판단이 안될 때는 어떻게 할 수 있는가? ③ 내담자와 갈등관계에 있는 사람을 본의 아니게 상담하게 되었을 때 무엇을 유의해야 하는가?

3. 슈퍼비전 내용

1) 상담자는 예술적 도구

슈퍼바이저로서 사례를 볼 때는 내담자가 상담을 받아서 어떤 일이 일어났는지에 관심을 갖습니다. 상담자가 어떻게 했느냐 하는 기법보다도 내담자가 상담을 받으면서 어떤 변화, 소위 효과가 있는지가 중요한 관심사가 됩니다. 그 각도로 이 사례를 보면서 축어록의 내용을 살펴보면 내담자가 눈물을 흘리는 것 자체가 상담 효과라고 생각됩니다. 내담자가 강하고 세지려는 마음을 가지고 있으면서 울지 않으려는 사람입니다. 이런 사람이 상담자를 만나 상담을 받으면서 우는 모습을 보입니다. 상담자는 내담자에게 도움이 되는 영향을 미쳐서 내담자가 눈물을 보이는 상담효과를 내고 있습니다. 상담자가 좋은 성품과 태도로 내담자를 만난 것으로 보입니다. 상담은 상담자가 가지고 있는 이론적 입장이나 기법보다는 상담자 자신으로 인해서 효과가 날 때가 더 많습니다. 이런 까닭에 상담자는 자신의 성품적인 측면을 상당히 신경을 써야합니다. 왜 냐하면 상담자의 성품, 자세, 태도가 상담에 중요한 영향을 미치기 때문 입니다.

상담은 과학이며 예술입니다. 상담을 예술적 측면으로, 예술가를 통해서 좀 더 이해할 수 있습니다. 예술은 예술을 하는 사람과 예술 도구가 분리된 경우도 있고 하나인 경우도 있습니다. 성악가는 예술가와 예술 도구가 하나로서 자신이 예술을 하는 도구입니다. 상담자도 성악가와 같이 상담자 자신이 예술 도구면서 예술가입니다. 상담자 자체로, 상담자의 품성으로 내담자에게 좋은 영향을 미쳐서 내담자가 웁니다. 축어록을 보면 내담자가 불편하다고 말합니다. "그렇게 말하는 게 마음이 불편하다"라고 말하는 그 자체가 효과입니다. 왜 우는지 왜 불편한지 설명이 없지만 상담자는 내담자가 왜 울고 불편하다는 것인지 아십니까? 울고 불편해진 마음 자체가 상담 효과입니다. 내담자에게도 우는 행위와 불편해진 감정 자체가 좋아지고 있는 증거입니다.

2) 데이터 해석 능력을 갖춘 상담자

슈퍼바이저와 상담자의 관계는 좋을 수만은 없습니다. 슈퍼비전은 슈퍼바이저가 상담자를 좀 괴롭혀야 합니다. 몸이 건강해지려면 가만히 있으면 안 됩니다. 몸을 부지런히 움직여야 건강해집니다. 다른 말로 하면 몸을 괴롭혀야 합니다. 마음이 건강해지려면 마음을 괴롭혀야 합니다. 여기 임상사례 슈퍼비전 모임에 와서 칭찬만 받고 인정만 받으면 상담자의 전문적이고 인간적인 발달이 이뤄지지 않습니다. 상담자는 성장도 성화도 되지 않습니다. 구조적인 변화는 반드시 대가를 치를 때 일어납니다. 모든 것은 그냥 두면 나빠집니다. 차도 그냥 두면 녹슬고 몸도 그냥 두면 나빠집니다. 몸이 좋지 않은 환자에게 의사들은 몸을 자꾸 움직이라고 합니다. 이러한 현상은 영적으로 이해할 수 있는데 인간이 죄인이기 때문에 영혼을 부지런히 갈고 닦는 노력을 해야 합니다. 이렇게 할 때 인간은 몸도 마음도 그리고 영성도 좋아지고 건강해집니다. 슈퍼바이저는 지금 상담자를 괴롭히려고 합니다. 건강해지려면 몸을 괴롭혀야 하듯이 걷고 뛰고 계속 움직이도록 독려합니다. 이제 상담자를 괴롭게 하겠습니다.

슈퍼바이저: 상담자는 내담자가 왜 우는지 아시나요?

상담자: 내담자에게 질문을 했더니 진짜 말이 바뀌고 말버릇이 달라졌어요. 자기 변화에 대해서 감동을 받았다고 말합니다.

슈퍼바이저: 그렇게 이야기하면 상담자와 내담자가 별반 다르지 않는 것입니다. 지금 내담자가 말한 데이터만 말한 것입니다. 과학적으로 데이터인데 데이터만 이야기하면 상담자와 내담자가 차이가 없습니다. 데이타를 어떻게 이해했는가를 말하는 게 전문가입니다. 전문가는 내담자의 말을 상담자의 구조 속에서 어떻게 이해했냐는 것입니다. 제가 물어본 것은 그걸 물어본 것입니다. 데이터를 물어본 게 아닙니다.

상담자: 그런 생각을 못해보았습니다.

슈퍼바이저: 그러니까 상담자는 좀 더 훈련이 필요합니다. 좋은 상담 효과를 냄에도 불구하고 왜 이런 효과가 나고 있는지를 알아야 그다음 상담에 적용할 수 있습니다. 전문가는 효과가 날 때 왜 그런지를 압니다. 내가 상호작용을 통한 치료적 개입을 했을 때 내담자가 우네. 왜 그래?

말은 그렇게 했습니다. 말은 감동이라고 하는데 해석해내는 상담자의 활동이 중요합니다. 전문가는 언제나 해석을 합니다. 데이터가 생기면 그 데이터를 어떻게 해석해낼 것인지가 중요합니다. 그렇게 전문가들은 온갖 해석을 다 합니다. 심지어는 그냥 송아지를 금송아지로 만드는 해석도 합니다.

상담은 과학입니다. 상담자는 내담자가 하는 말들을 듣기만 하고 반응하는 것만이 아니라 그 속에 담겨진 내담자의 의도와 변화를 상담자의 틀로 해석하는 능력이 갖춰져야 전문가라고 하겠습니다. 내담자의 데이터를 일정한 틀 속에서 읽고 이해하면서 의미 있는 해석을 할 수 있을 때 상담자는 과학자로서 전문성을 갖추게 됩니다.

3) 데이터 해석1: 현실감을 통한 분리된 자기 인식 "내가 별 볼 일 없는 인간이구나"

눈물은 슬픔이 행동을 통해서 표현되는 정서 현상입니다. 내담자가 자기 변화에 대해서 감동을 받습니다. 운다는 사실은 '데이터'입니다. 상담자는 어떻게 '데이터 분석' 하는가? 왜 이런 효과가 나는지 상담자가 알아야 합니다. "감동했다"는 말은 데이터입니다. '운다'와 '감동된다'라는 내담자의 데이터는 내담자에게 변화가 일어나고 있다는 증거입니다.

눈물을 흘리는 슬픔에는 두 개의 메시지가 담겨있습니다. 하나는 자신이 원하는 것이 현실에서 이뤄지지 않는다고 느끼는 메시지입니다. 그래서 슬픈 사람은 현실감이 있습니다. 우울한 사람들은 현실감이 있는 사람입니다. 왜냐하면 우울은 현실 속에서 자신이 원하고 소망하는 것이 이루어지지 않을 때 발생되는 증상이기 때문입니다. 연구 결과에서도 우울한 사람들은 현실 지각 능력이 뛰어나다고 되어 있습니다. "마음과 다른 말을 해서…"라는 호소는 역동적인 말입니다. 자기 안에 마음이 있고 그 마음과 다른 말을 합니다. "내가 그렇게 했던 것이 다른 사람의 마음을 상하게 한 거구나. 인간관계를 망가뜨린 것이구나"를 알아차리게 되었습니다. 자기 문제를 뚫어지게 보게 되고 답을 찾고 있습니다. 한마음이 있고 그 마음과 다른 마음이 있는 것, 즉 나누어진 자아(divided self)입니다. 역동이론부터 융, 대상관계, 에릭슨, 가족치료 보웬 이론도 모두 역동적인 문제인데 사례의 호소 문제를 보면 역동적 접근의 필요합니다. 상담 효과로 보자면 '독특한 존재, 구별된 존재'로 자신을 인식하여 남들이 예상하지 못한 이야기를 하던 내담자가 상담을 하면서 현실감이 생긴 것입니다. 왜 효과가 생겼는지를 상담자가 인식해야 합니다.

현실감이 생긴다는 것은 또 다른 주제가 생긴 것입니다. 영적으로는 무슨 의미 있습니까? 기독교적으로 무슨 주제인가는 중요합니다. 주기도문도 두 가지 주제를 갖습니다. '그의 나라와 그의 의'를 구하며, 또 '우리에게 일용한 양식을 주시고'라는 현실 세계가 나옵니다. 하늘의 세계 그리고 땅의 세계! '하늘의 세계'와 '이 땅의 세계'도 자체도 역동적이며 관계적입니다. 신학적으로 긴장관계입니다. 니버가 이야기하는 그리스도와 문화의 관계입니다. 그리스도와 문화 사이에는 항상 긴장이 있으며, 이러한 긴장을 느끼면서 사는 인간은 역설적입니다. 인간은 천국에 속해 있으면서 동시에 땅에도 속해 있습니다.

내담자도 자신이 구별된 존재가 되어서 다른 사람들의 영향을 받지 않고 싶으면서 동시에 다른 사람의 눈치를 보며 영향을 받는 여리고 약한 마음이 있다고 말합니다. 이런 두 마음을 가고 있는 내담자가 얼마나 혼란이 많겠습니까? 이런 두 마음이 서로 소통을 하지 못하고 있으면 심리학적으로 분열입니다. 이런 두 마음이 소통하면서 역동적 관계를 가지고 있으면 나누어진 자기입니다. 내담자는 분열된 자기가 나누어진 자기로 역동적 관계를 가진 사람이 되고 있습니다. 이는 분명 상담의 효과입니다. 내담자가 눈물을 흘리면서 감동을 느끼는 마음은 분열되어서 소통되지 않던 두 자기가 이제 서로를 인정하면서 소통을 하면서 발생하는 심리적 현상입니다. 내담자는 이제 현실감이 생겼습니다. 영적으로는 하나님처럼 특별하고 구별된 존재로 살려고 하다가 이제 자신이 사람임을 깨닫게 되었습니다. 하나님처럼만 살려고 하면 심리학적으로는 자기애성이라고 합니다. 이러한 자기애성 성격은 모두 '하나님처럼'(like God)이라는 사탄의 유혹입니다. 내담자는 상담을 받고 현실감도 생기고 '하나님처럼'에서 '인간처럼'으로 변화도 일어났습니다. 심리학적 변화뿐만 아니라 영적 변화도 발생했습니다, 상담자가 참 잘했다고 생각합니다.

발달적으로 보면 아이와 어른의 차이입니다. 어른은 현실에 근거한 사고와 행동을 하지만 아동은 자신의 소망에 근거한 생각과 행동을 합니다. 청소년은 이 둘 사이에 있는 발달 단계입니다. 청소년은 갈등과 질풍노도의 시기인데 이는 아이들의 환상적 세계가 깨지기 때문입니다. 청소년이 되면 어렵고 고통스러운 과정을 거치게 됩니다. 이러한 고통스러운 과정을 통해서 청소년들은 어른이 됩니다. 어른이 되면 말만하거나 소망만하는 것이 아니라 자신이 이러한 말과 소망을 이루기 위해서 노력을 해야 한다는 사실을 인정하고 받아들입니다.

내담자는 하나님처럼 되려는 특별하고 구별된 마음을 가지고 살았습니다, 하나님처럼 말만하면 모든 것이 이루어지고 자신의 소망이 현실이 되고 싶어하는 마음을 가지고 살았습니다. 다른 사람이 자신을 건들지 못하도록 만들고 싶었습니다. 내담자는 어떻게 이러한 마음을 갖게 되었을까요? 내담자는 차별을 당한 사람입니다. 차별을 통한 학대를 당한 사람은 다른 사람이 자신을 해할 수 없도록 세고 강한 하나님처럼 되고 싶어합니다. 하나님이 빛이 있으라고 말을 하면 빛이 존재하듯이 자신이 말을 하면 다른 사람이 듣고 그대로 하는 행동을 꿈꾸며 살아왔습니다. 이렇게 되려는 마음이 유사 하나님의 마음입니다. 심리학적으로 말을 하면 자기애성의 마음입니다. 차별당하고 학대당한 사람들은 이렇게 자신을 보호하기 위해서 자기애적 마음을 가지면서 하나님처럼 되려고 합니다.

이러한 내담자가 아이에서 어른이 되는 청소년 시기를 거치면서 환상이 깨집니다. 아이와 같은 소망 즉 하나님처럼 되려는 유사하나님의 마음이 깨지면서 고통스럽고 슬퍼하며 울게 되는 내담자입니다. 이제 내담자는 깨닫게 되었습니다. 인간은 하나님과 같지 않으므로 "빛이 있으라" 해도 빛이 생기지 않습니다. 사람은 말만으로 자신의 소망을 이룰 수 있는 것이 아니라 스스로 전등 스위치를 올려야 빛이 들어옴을 알게 됩니다. 이제 내담자는 이러한 깨달음을 하며 이러한 깨달음이 눈물과 감동이라는 임상적 데이터로 나타납니다. 이런 내담자가 상담자를 만나서 울고 있습니다. 얼마나 훌륭한 변화입니까? 상담자가 이 과정이 얼마나 훌륭한지 인식한다면 다음에 이런 내담자를 만나면 더 잘 이해하고 전문적으로 같은 상담 방식을 재생산하여 수많은 내담자를 도울 수 있습니다.

4) 데이터 해석2: 소망을 통해 분리된 자기를 깨닫는 내담자 "이룰 수 없는 내 소망"

슬픔의 다른 주제로 접근하겠습니다. 독특하고 특별해지려는 사람이 다른 사람을 살피는 마음으로 바뀌었습니다. 이것이 영적입니다. 사랑이란 말은 돌봄입니다. "나 때문에 저 사람이 그렇구나"로 바뀌었습니다. 얼마나 놀라운 변화입니까? 내담자가 왜 불편해졌는가? 나쁜 것을 받아주고 수용해주는 것이 복음입니다.

집단 상담을 하면 반드시 이 주제를 다룹니다. 자기가 어떤 사람인지를 바라보게 합니다. 바라보면 집단에서 이름이 바뀝니다. 예를 들면 처음에는 '호수'라고 하다가 자기 정체성이 멍하다는 것을 알게 되면 이름을 '멍'으로 바꿉니다. 바꾸고 나면 자유로워집니다. "진리가 너희를 자유

케 하리라!" 그 진리는 바로 우리가 죄인이라는 사실입니다. 기독교의 중
요한 원리로 자기가 어떤 사람인지, 자신이 죄인인지를 수용하는 행위와
마음이 복음입니다. 내담자는 어떤 사람이었습니까? 천방지축이고 자신
이 누구인지 몰라서 날뛰던 사람이었습니다. 자기가 한 행동이 남들에게
어떤 영향을 미치는지, 자기에게도 어떤 영향을 미치는지도 모르고, 자
기가 어떤 죄인인지를 모르고 살았습니다. 이제 상담을 통해서 그것을
인식하고 깊게 느껴가는 과정을 가졌습니다. 바로 이런 과정이 기독교
상담이고 목회상담입니다.

　내담자가 말하는 불편이라는 것을 임상적으로 바꿔서 다른 각도로 이
야기하면 내담자 안에 불균형이 생겼다는 말입니다. 그동안 어떤 균형을
가지고 살았습니까? 축어록을 보면 "자기를 만들었다"는 말이 나옵니다.
자신을 강하고 센 사람으로 만들어서 살던 사람이고, 자기가 센 사람인
지 알고 살았습니다. 지금도 그런 사람으로 살고 있습니다. 그러나 이런
센 사람에게는 어두운 면이 있습니다. 융으로 이야기하면 그림자를 만났
습니다. 내담자가 분리를, 참자기와 가짜자기의 분리를 느낍니다. 보통
때는 못 느끼다가 따뜻하고 부드러운 상담자를 만나서 자기가 분리되었
다는 사실을 깨닫는 게 중요합니다.

　지금 슈퍼바이저가 말하는 "넌"이라는 욕-사회적으로는 욕이라는 용
어지만 임상적으로 자신을 알아가는 존재적 용어- 한 마디에 충격을 받
는 것 자체가 임상적 함의를 가집니다. 사람들은 스스로 구별된 존재가
되고 싶고, 고상해지고 싶은 마음을 가집니다, 이러한 사람들의 마음이
내담자에게도 존재합니다. 내담자의 이름이 '독특함'입니다. 불편해졌다
는 것은 불균형이 생긴 것입니다. 여태 "이게 나다!"라고 살았는데 상담
을 받으니 "그게 아니네!"를 알게 되었습니다. 이것이 축어록에 잘 나와
있는데 상담자가 잘 한 대목입니다. 내담자는 이제 '있으나 마나 한 존재'
가 되고 '별 볼일 없는 사람'이 되었습니다. '유아독존' 이름으로 들어와서

상담하면서 자신이 있으나 마나 한 한 존재인 것을 깨닫고 이름표가 바뀌었습니다. 심리적으로 얼마나 힘들겠습니까? 그 힘듦을 불편이라고 말하고, 이 불균형은 우리에게 혼란을 가져오고 이러한 자신을 만나면서 슬픔이 생깁니다.

슬픔은 자신의 소망을 현실에서 이룰 수 없다고 느끼고 생각할 때 발생되는 감정입니다. 내담자는 독특해지고 구별되어서 다른 사람이 함부로 할 수 없는 사람이 되고 싶은 소망을 가지고 산 사람입니다. 이러한 소망은 자신을 더 힘들게 할 뿐만 아니라 분열된 자기로 살도록 만듭니다. 상담을 통해서 내담자는 자신의 불균형을 깨닫고 이러한 소망을 내려놓으면서 슬픔이 생기고 눈물이 나고 있습니다. 앞에서 언급한 참자기는 현실에 근거를 둔 소망을 가질 때 생깁니다. 현실에 근거를 두지 않는 소망은 현실을 이탈하는 마음으로서 병리 즉 분열된 자기를 만들어냅니다. 상담자는 상담을 통해서 내담자가 이러한 자신을 알아가도록 돕고 있습니다. 상담자는 정말 중요한 상담과정을 만들어가고 있습니다.

5) 내담자가 혼돈을 통해서 자신을 변화하도록 지지하기

내담자는 자신을 새롭게 알아가면서 불편한 마음을 가지고 있습니다. 불편한 마음은 자신에 대한 혼란과 혼돈을 경험하고 있음을 반영하는 정서적 반응입니다. 이러한 반응은 상담이 잘 진행되고 있다는 증거이기도 합니다. 혼란과 혼돈을 통해서 내담자는 새롭게 변화되고 새로운 자기를 갖게 됩니다.

영적인 측면에서 말하면 혼란과 혼돈은 새 생명이 태어나는 창조의 과정입니다. 창세기 1장 1절을 보면 하나님께서 세상을 혼돈 중에 창조하셨습니다. 사람의 변화와 모든 발달 현상은 혼란과 혼돈을 수반합니다. 상담하면서 내담자가 변화하며 혼란과 혼돈을 거치고 있습니다. 지금까지 알던 자신이 아닌 새로운 자신을 알아가면서 얼마나 헛갈리고 힘들겠습니까? 그래서 상담은 일종의 집중 치료입니다. 사람이 중환자실에 들어온 것과 같이 집중적으로 자신을 들여다보면서 보고 싶지 않은 자신의 모습을 마주하게 됩니다. 이러한 변화는 고개를 갸우뚱거리는 행동으로부터 멍해지는 충격적 현상을 동반합니다. 사람은 이러한 멍 현상을 통해서 변화됩니다. 자신의 항상성이 무너지면서 불균형을 경험하기 때문에 내담자는 변화에 대한 격려 그리고 혼란과 혼돈에 대한 수용과 지지가 반드시 필요합니다. 상담자는 내담자의 이러한 변화가 무엇인지를 알고 이를 통해서 내담자의 변화를 가속시키는 방법을 지속적으로 강구할 필요가 있습니다. 내담자의 불편이라는 말 속에 있는 의미를 알기 위해서 이 감정을 임상적으로 알아볼 필요가 있습니다.

4. 참석자 질문과 답변

질문: 만일 내담자에게 상처받은 사람이 상담자에게 내담자로 왔습니다. 그 관계가 가능한가요?

슈퍼바이저: 슈퍼비전을 받겠다고 적혀 있었지만 일부러 건드리지 않았습니다. 이 내담자와 다른 상처받은 내담자 이야기를 하려면 그쪽 내담자 사례발표가 또 있어야 합니다. 거기 정보가 없는데 뭐라고 답변하기 어렵습니다. 상담자의 주관적인 느낌만으로 말하기 어렵습니다. 이야기하려면 그쪽 정보를 가져와서 이야기해야 합니다. 상담자와 내담자 관계도 봐야 합니다. 상담자가 내담자에게 어떤 영향을 미치는지 이런 정보가 하나도 없습니다. 상담은 과학이고 예술입니다. 상담은 과학적 데이터가 먼저 있어야 합니다. Science-based Art입니다. Art-based

Science가 아닙니다. 사이언스가 먼저 있고 해석이 있어야 합니다. 해석이 예술입니다.

질문: 내담자가 여러 이야기를 하는데 이거 이야기하다 저거 이야기할 때 어떻게 상담을 해야 하지요?

슈퍼바이저: 상담자의 장점은 내담자를 잘 따라갑니다. 따라가는 건 좋습니다. 따라가기만 하는 게 아니라 머무르는 게 중요합니다. 머무르고 포커싱해야 하는데 그것이 부족합니다. 머무르기에도 신학적 주제가 생깁니다. 머무르는 것이 신학적으로 목회적으로 기독교적으로 중립적 사랑의 주제입니다. 머무를 때는 언제나 중립적이야 합니다. 왜 사랑이 붙을까요? 중립적이어도 사랑의 모습을 띕니다. 말씀 없으신 하나님에 대한 주제입니다. 성경에도 하나님의 침묵이 나옵니다. 하나님은 사백 년 동안 말씀이 없으셨습니다. 여전히 하나님은 우리를 사랑합니다. 말씀하시지 않아도 인간을 사랑합니다. 상담을 할 때 내담자가 여기에서 좀 머물러야 하는데, 상담자도 침묵으로 머무르며 바라봅니다. 바라보는 것도 큰 사랑입니다.

질문: 대학원에서 배운 교재 『나눔의 지혜』에 나오는 상황이 기억납니다. 상호주관성을 바탕으로 내 안에 어떤 것이 발생하는지를 통찰하고, 자유연상을 하며 그 안에서 지혜를 나누는 것이라고 읽었습니다. 슈퍼바이저는 슬픔을 두 가지로 이야기했습니다. 내담자가 현실에서 이뤄지지 않는 것을, 축어록에서 소망을 말한 거 같습니다. "어느 순간부터 왜 사람들이 나한테 말하지 않았지? 아무도 부탁을 안 해요." 이 말은 내담자가 누군가 자신한테 말해주기를, 부탁해주기를 희망하는데 주어와 목적어의 자리가 바뀔 수 있지 않습니까? 어쩌면 내담자가 누군

가에게 안정적으로 도움을 받기를 바라는 것으로 생각했습니다. 내담자가 독특한 사람이 되고 싶다고 하면서 도움을 받고 싶은 자기의 숨겨진 소망도 이야기하는 것이라는 제 생각을 어떻게 생각하십니까?

슈퍼바이저: 중요한 주제를 잘 건드렸습니다. 두 마음이 다 있습니다. 각각의 셀프가 다 소망이 있습니다. 독특해지고 싶어 하는 남들보다 구별되는 거짓자기, 이건 자기가 만들어 온 셀프가 추구하는 것이 한쪽입니다. 다른 한쪽은 자기의 본래 성질에서 오는 소망도 있습니다. 내담자는 남들과 구별되고 싶으면서도 다른 사람과 잘 지내고 싶은 두 마음이 동시에 있는 사람입니다. 이 문제가 호소문제로 나타났습니다. "마음과 다른 말을 해서 관계를 잘 깨요." 여기서 마음은 다른 사람과 잘 지내고 싶은 마음입니다. 누가 나에게 말을 걸어줬으면 하는 마음이 있습니다. 다른 한편에서 "관계를 잘 깨요." 이게 반사회성이 있는 사람입니다. 반사회성이 있는 사람은 '권위자 주제'를 이야기합니다. 반사회라는 말은 사회가 있고 반(anti)가 있는 것입니다. 중요한 특징은 열정이 있는 사람입니다. 열정이 있어야 반대도 하고 데모도 합니다. 자기가 소망하고 바라는 것이 사회와 다른 것뿐입니다. 마음과 다르게 말이 나옵니다. 자기가 구별되고 독특해지고 싶은 마음이 있고, 다른 사람과 잘 지내고 싶은 마음도 있습니다. 이런 것들이 상담과정에서 드러나고 있는 중입니다. 상담자가 이것이 드러나도록 잘 했습니다.

상담 과정으로 이야기하면 상담자가 이것을 미리 인식했으면 본래의 자기가 잘 드러나게 어디에 초점에 맞추고 반응하는 것이 예술적 주제 측면입니다. 어려운 주제이고 임상이 필요하고 감각을 가져야 합니다. 초점을 맞춰서 열어봐야 합니다. 독특해지고 싶어한다고 할 때 그것을 열고 호소 문제와 연결시키는 것으로 가져가면 좋습니다.

부 · 나를 찾아서

질문: 가계도를 보면 내담자가 원가족과는 갈등인데 현재 가족은 너무 좋다고 했습니다. 이런 관계가 어떻게 가능합니까?

상담자: 맞습니다. 원가족과는 관계가 좋지 않습니다. 그러나 내담자의 장점이 나쁜 것을 빨리 바꿀 수 있습니다. 결혼할 때 시아주버니가 정신분열이어서 입원한 것을 알게 되었습니다. 아들이 어렸을 때부터 자녀를 잘 키우기 위해서 부모교육 등 여러 프로그램에 참가해서 자격증도 땄습니다. 대물림 될 것을 두려워해서 본인이 많이 애를 썼습니다. 남편과 딸과의 관계에서 조심하면서 좋은 가족을 만들려고 애썼습니다. 남편이 원가족과는 달리 부드럽고 온유하고 수용적입니다. 그래서 부부가 안전하고 평화로운 가족관계를 맺고 있습니다. 아이들을 보면 정상적이고 편안하고 교우관계도 괜찮습니다.

슈퍼바이저: 가계도에 대해서 언급하지 않았지만 상담자가 여전히 데이터만 이야기했습니다. 데이터를 어떻게 이해하는지가 중요합니다. 데이터 수집(data taking)과 데이터 해독(data reading)이 있습니다. 초보자는 데이터 받는 것도 어려워합니다. 아무 질문이나 해서 데이터 수집도 부족합니다. 중급 상담자는 데이터는 잘 받는데 어떤 의미를 주고 어떻게 활용을 하는 것인가에 대한 데이터 해독이 필요합니다. 해독이 중요한데 해석을 잘 못합니다.

"남편이 부드러워서 안정된 관계를 이룬다"는 것이 무슨 말이지요? 이때 안정은 무슨 말입니까? [상담자: 남편이 다정하고 아버지 역할을 잘 합니다. 남편 앞에 서면 자유롭고 남편 이야기만 하면 얼굴이 달라집니다.] 그때 자유란 무엇입니까? [상담자: 자기를 감추지 않아도 되고 독특한 자기로 있는 시간, 그래서 남편하고 있으면 제일 행복하다, 밤마다 한 시간 반씩 자기를 많이 풀어내는 시간을 갖습니다. 제가 남편을 직접 만나 보니 수용적이고 부드럽습니다. 저라도 산

책하면서 놀고 싶다는 생각이 들었습니다. 안정적이라는 것은 "하나님의 은혜로 감사하다"입니다.] 상담자의 말을 다른 각도로 이야기하면 남편이 일하고 있다는 말입니다. 관계인데 한쪽에서 일하고 있으면 본인은 좋습니다. 내담자들은 자기 이야기를 하고 상담자는 일합니다. 이런 관계가 무슨 관계겠습니까? 그래서 데이터 해석이 중요합니다. 이런 경우처럼 부부관계가 좋다는 것은 많은 남편들이 일하고 있다는 것을 아내들이 잘 모릅니다. 본인은 하고 싶은 이야기를 다 하고 있고, 일하는 사람이 자기 이야기를 하면 관계가 어그러집니다. 관계가 동등하지 않습니다. 남편이 '아버지처럼'이라고 말합니다. 내담자가 성인아이 이슈가 있습니다. 남편과의 관계에서 아이처럼 합니다. 남편이 아니라 아버지입니다. 딸의 관계라는 뜻입니다. 딸은 좋지만 아버지는 힘듭니다. 아버지는 자기 이야기를 못합니다. 이 관계가 과연 안정적이라고 할 수 있습니까?

데이터를 읽을 때는 근거가 있어야 합니다. 관계가 안정되었다는 뜻은 이 부부관계는 평등하지 않다는 말입니다. 현재 남편의 데이터가 없어서 내담자가 한 말만으로 이야기하고 있습니다. 남편의 데이터가 없으니 해석을 할 수 없습니다. 한 사람 것만으로 해석하면 오독하게 됩니다. 원가족이 갈등관계인데 지금 가족관계가 좋다면 누군가 맞춰주고 있다고도 볼 수 있습니다. 맞춰주는 사람은 자기 욕구를 말하지 못합니다. 상담자가 돈 받으면서 자기 이야기를 하면 윤리문제를 일으킵니다. 이런 전반적인 탐색이 일어나야 합니다. 추정일 뿐이고 가설입니다. 가능하면 남편을 오라고 해서 데이터를 얻어야 합니다.

질문: 내담자가 자기애성 인격장애를 갖고 있지만 자기 문제를 해결할 의지가 있어 보입니다. 대개 자기애성 인격장애를 가진 사람은 자기 자신을 사랑하기 때문에 자존심도 세고 비난과 비판을 싫어합니다. 자신은 상담을 원하지 않는데 원가족 갈등으로 왔을 때 초기에 어떻게

접근해야 합니까?

슈퍼바이저: 의뢰된 사례와 자발적으로 온 상담은 접근방법이 다릅니다. 청소년이나 남편이나 법원 사례가 의뢰된 사례입니다. 이런 경우는 상담 목표와 호소 문제를 잡기가 어렵습니다. 의뢰된 사례는 치료적 상담을 못합니다. 그런데 우리는 학교에서 치료적 상담만을 배웁니다. 대학원에서 배운 것은 어떻게 반응하는가의 공감적 훈련입니다. 의뢰된 사람은 말을 안 합니다. 말을 안 한 것을 공감하기 어렵지요. "말 안 하느라 얼마나 힘드냐?"고 말할 수 없습니다. 이것은 돌봄 상담입니다. 목회상담은 꼭 돌봄과 상담이라는 말이 붙습니다. 왜 돌봄이 붙을까요? 오랫동안 목회자가 한 행동이기 때문입니다. 상담자는 방문하고 물어보고 돌봄에 적극적입니다. 돌봄은 듣지 않고도 말해야 한다. 프로파일링을 미리 해야 합니다. 범죄심리학에서 쓰는 말입니다.

의뢰된 상담은 상담자가 미리 많이 준비해야 합니다. 범죄자들은 숨깁니다. 의뢰된 사람들의 특징도 숨기는 데 있습니다. 말 안 하면서 틱틱거리며 숨깁니다. 이런 사람들은 프로파일링을 해서 내담자가 어떤 약점을 가졌는지 먼저 파악해야 합니다. 내담자의 약점부터 살피고, 상담자가 뭐라고 말해야 내담자가 입을 열지를 준비해야 합니다. 청소년 상담을 잘 하던 분이 있습니다. 그분은 아이들이 오면 "너 이리 와봐!" "앉아!"라고 취조하듯이 말합니다. 아이들 기가 팍 죽습니다. 우리는 대학원에서 기죽이는 방법을 배운 적이 없습니다. 이처럼 의뢰된 사례는 전혀 접근방법이 다릅니다. 돌봄 상담의 내담자는 전혀 다릅니다. 청소년상담을 하는 사람들이 방문상담을 합니다. 국가에서 이런 상담에 주로 예산을 편성합니다. 순수한 치료적 상담은 국가에서 사적인 영역으로 간주하여 예산을 편성하지 않습니다. 대학원 프로그램이 달라져야 합니다. 돌봄 상담자를 양성하고 상담자의 태도는 적극적이어야 합니다. 내담자가 아닌 대상자를 만나야 합니다. 대상자는 자기 정보를 자발적으로 말하지 않습니다. 내담자는 자기 정보를 말합니다. 자기 정보를 감추는 사람이며 거기에 자기애적인 상황이라면 다릅니다. 모든 사람이 자기애성이 있습니다. 자기애적 경향성은 신학적으로도 아주 중요한 주제입니다. 의뢰되고 자기애성인 사람이 오면 상담자를 빤히 봅니다. 눈으로 상담자를 제압하려고 합니다.

내담자는 그런 내담자가 아닙니다. 장애가 아닙니다. 전문가가 되면 용어를 쓸 때 조심해야 합니다. 장애의 주제인가 경향성의 주제인가 구별해야 합니다. 장애가 있으면 상담자를 빤히 쳐다보며 뭔가를 물으면 다 "아니" "아니" "아니"라고 말합니다. 그러면 상담자 자존감이 뚝뚝 떨어집니다. 좋은 질문을 해주셨습니다.

5. 상담자 소감

허술한 상담자인지 알았는데 나쁜 상담자인지는 몰랐습니다. 현실감이 확 들었습니다. 감사합니다. 이런 환경이 그리웠습니다. 병원에서 하는 상담은 너무 힘들었습니다. 지금 있는 곳에서 이렇게 말이 통하는 분들이 그리웠습니다. 대화가 통하는 사람들을 만나서 너무 감사합니다. 말이 되고 이런 대화를 함께 추구하는 동료들이 있어서 감사합니다. 슈퍼바이저들을 통해서 못 보던 제삼의 눈을 가져야 할 것 같아서 슈퍼비전을 받은 내용을 잘 정리해서 더 나은 효과를 내도록 노력하겠습니다.

6. 목회신학적 고찰: 자기애

틸리히(Paul J. Tillich)는 소외의 개념으로 인간의 타락과 유한성을 해석한다. 그는 인간을 '본질로부터 실존으로'(from essence to existence)라고 설명한다. 그가 보는 인간의 타락은 본질로부터 소외되고 분리되었다는 의미이다. 그에게 하나님은 인간존재의 근거(ground of being)이며 존재 그 자체(Being itself)다. 틸리히는 에덴동산 선악과 사건을 인간이 본질적 존재에서 소외된 사건으로 해석한다. '꿈꾸는 순수'(dreaming innocence)와 '깨어난 자유'(aroused freedom)라는 개념을 사용하여 소외를 설명한다. '꿈꾸는 순수'는 실존 이전의 상태이며 아직 존재가 아닌 완전하지 않은 상태다. 자유로 인하여 인간은 본질에서 벗어나려는 유혹을 느낀다. 즉 자유를 갈망하는 순간에 꿈꾸는 순수는 균열이 일어난다. 인간은 꿈꾸는 순수를 보존하려는 욕망과 순수에서 깨어나서 자기를 실현하려는 욕망 사이에 있다. 이런 상태는 인간이 가진 유한한 자유로 인한 것으로 '완전성을 향한 유혹'(temptation toward perfection)이다.

틸리히가 말하는 유한성은 인간이 가진 자유와 운명의 양극성 사이에서 재현된다. 인간 실존은 본질에서 이탈되어 옮겨진 소외의 상태다. 소외는 세 가지로 믿지 않음(unbelief), 과한 자만심(hubris), 강한 욕망(concupiscence)이다. 이러한 상태는 인간이 자신의 본질을 믿지 않고 외면하고, 자신을 높이려 하고, 모든 것을 자기가 가지려는 자기애적인 사람이 갖는 특질이다.

자기애와 신앙의 관계는 어떠한가? 인간은 하나님에 대한 신앙이 없을 때는 물론 신앙을 가진다면서도 부정적인 자기애적 모습을 보인다. 왜 존재의 근거인 하나님과 관계 맺지 못하고 스스로 소외되는가?

첫 번째, 자기애적 사람들은 다른 대상의 인정을 갈구하지만 믿지 않는다. 자신만을 대단하고 독특하고 유일하고 소중하고 가치 있다고 본다. 서슴없이 자기를 독특하고 돋보게 하려고 행동한다. 자신이 존재함을 세상에 알리는 것이 생의 목적이다. 자기보다 더 넓고 높고 깊은 존귀한 대상을 인정하고 허용하는 것이 어렵다. 서슴없이 대상을 사용하고 무자비하게 깎아 내린다. 아무도 존중하고 신뢰하지 않는다. 천상천하유아독존인 사람들은 타자를 섬기고 경배하는 것에 저항이 크다. 대상이 마음대로 움직여지지 않으면 먼저 대상을 배척한다.

두 번째, 자기애적 사람의 자만심은 자기를 스스로 높이는 언행으로 드러난다. 그는 공동체에서 모든 정보를 가진 허브 역할을 하며 심판자가 된다. 무소부재 전지전능의 지적인 구원자 역할도 스스럼없이 자처한다. 멋지고 폼나는 모습으로 각광받을 수 있다면 오히려 헌신하고 희생하며 낮아지는 모습도 연출할 수 있다. 신앙인의 덕목인 섬김과 나눔과 인내와 사랑의 화신으로 겸손의 옷을 철저히 입을 수 있다. 대가가 분명히 돌아온다는 예측이 확실하면 지적인 마리아만이 아니라 허드렛일을 마다하지 않는 마르다 역할도 해낸다. 이처럼 겉보기에 자기애적 사람들은 매력적이다. 그러나 어느 순간 비호감으로 전락한다. 상대방은 이용당하는 느낌을 지울 수 없고 상호적으로 존중받는다는 느낌을 갖지 못하기 때문이다. 자기도취와 자기중심성이 두드러지면 상대에게 거부감을 주고 시기나 경멸이 응집되는 대상이 된다.

세 번째, 강한 욕망은 자기애적 사람에게는 하나로 귀결된다. 이 세상이 다 내 것이면 좋겠고, 내 마음대로 움직이면 좋겠다고 생각한다. 내 것은 내 몸 하나만이 아니라 내 자녀는 물론 가족과 속한 공동체 모두를 포함한다. 원하기만 하면 자랑스러운 내 것으로 변하는 마술을 신비로 경험할 때마다 그는 영적으로 충만해진다. 주변 사람들은 그의 성공과 풍요를 부러워하고 찬미하니 신앙의 정점에 설 수 있다. 자기보다 존귀한 대상을 허용하기 힘들어서 하나님도 알라딘 요술램프의 지니 또는 요술방망이와 동격이 된다. 기복적인 신앙을 충족시켜주면 교회에 열심히 참여하고 섬긴다.

　자기애적인 사람은 자신의 부와 명예와 자존감을 높여주는 배경으로의 하나님이 필요하다. 자기 공로에 대한 충분한 보상을 주지 않는 하나님을 믿기 어렵다. 하나님을 성공과 풍요와 자부심의 근거라고 신앙고백할 수 있다. 자기애적 성향의 사람은 나름대로 전략적이고 효율적으로 처신한다. 자기애적인 사람은 어떻게 하나님을 만날까? 자신의 욕망을 모든 것을 채워주시는 공급자로서의 하나님으로 더 이상 경험되지 않을 때 자기애적 사람은 어떤 경험을 할까? 자기애적인 사람은 충분한 칭송을 받지 않으면 대상에게 냉담해지고 의심하면서 버릴 수 있다. 그 깊은 곳에는 스스로를 수용하지 못하는 수치심이 깔려있다. 자기애적인 사람은 뿌리 깊은 수치심을 소화하고 담아내야만 존재의 본질로서 하나님에게 다가갈 수 있다.

　자기애적인 사람은 수치심을 만날 수 있을까? 틸리히의 해석으로 다시 돌아가면 본질에서 소외된 실존적인 자신의 모습을 알아차리는 것이다. 최고점으로 달리는 환상에서 내려와서 최저점에 머물러서 실재 자기의 모습을 만나는 과정이 남는다. 슈퍼바이저가 말한 대로 멍하고 별 볼 일 없는 '년'라는 초라한 실존의 자신을 직면한다. 자기의 잘못과 허물과 연약함과 무지와 무능과 두려움을 인정하는 과정이다. 본질이라고 믿었던 자기만의 독특성이 도달될 수 없는 허상이었음을 알아차리고 통회하는 서럽고 비통한 감정을 만난다. 설사 세상의 모든 것을 자신에게 끌어들여도 자신을 다 담아낼 수 없다는 텅 빈 유한성을 인정하며 느끼는 깊은 존재적 수치심이 한 줄기 빛이 된다.

7. 토론을 위한 씨앗들

1) 슈퍼바이저는 '좋은 상담자'와 '나쁜 상담자'라는 표현을 사용합니다. 상담자도 자신이 나쁜 상담자였다고 인정합니다. 종종 상담자를 좋고 나쁘고, 유능하고 무능하고, 실력 있고 실력 없고 등 이분법적으로 구분하는데 이런 이분법적인 판단을 어떻게 생각합니까? 판단의 근거를 나누어봅시다.

2) 가족체계적 역동에서 자기애적인 권위자가 있으면 배우자나 자녀들은 권위자의 통제에 따르느라 진정한 자기로 살기 어려울 수 있습니다. 심리치료나 상담 대신 성경공부, 심리세미나와 강의 등으로 자기성격과 자기감의 불균형을 알아차리고 변화할 수 있는지 나누어봅시다.

3) 가부장적인 전통에서 자란 여성은 헌신과 희생이라는 이름으로 배우자나 자녀들을 통하여 자신의 성취와 가치를 이루려고 합니다. 이런 여성들의 성격과 특징은 무엇입니까?

4) 찬송가 214장 후렴은 "내 모습 이대로 주 받아주소서 날 위해 돌아가신 주 날 받아주소서"입니다. "내 모습 이대로"는 나에게 어떤 의미라고 해석하십니까?

5) 자기애적 성격을 가진 분들은 어떤 하나님 이미지를 갖는다고 생각하십니까? 이분들의 신앙생활의 특징이 무엇인지 나누어봅시다.

II장

불안하고 머리가 아파요

1. 내담자 이야기

내담자는 30대 남성으로 지역아동센터 교사로 일하고 있었다. 6세 아동 ADHD그룹을 돌봤는데, 아이들이 통제 불능이 되자 화를 참지 못하고 아이들을 때렸다. 이런 사건이 몇 번 되풀이 되자 지역아동센터에서 권고사직 유예 조건으로 심리상담을 받으라고 권유했고, 내담자가 이를 받아들여 상담소로 의뢰되어서 왔다.

내담자는 중1 때 불의의 교통사고로 어머니를 잃었다. 그때 어머니는 동생을, 아버지는 내담자를 끌어안은 덕에 살아남았다. 내담자는 이런 어머니와 아버지에게 감사한 마음을 가지며 모두 좋은 분으로 기억했다. 아버지는 재혼하였고 지금은 이혼했지만 내담자는 새어머니 역시 좋은 분이라고 말했다. 할머니는 교통사고 이후 같이 살면서 두 형제를 돌보셨다. 내담자는 할머니 역시 좋은 분이라고 말했다. 그러나 내담자는 상담자가 묻는 것 외에는 가족에 대해서 언급하지 않았으며, 구체적으로 좋은 점이나 사건을 말하지는 않았다.

호소 문제는 강박사고와 강박행동 그리고 분노조절장애와 무기력이다. 내담자에게 강박증세는 첫 직장생활을 하며 시작되었다. 이때 내담자는 비난받지 않고 일을 잘 하기 위해서 할 일을 기억하려고 노력했는데, 이것이 강박적으로 되면서 병원을 찾게 되었다. 실제로 내담자는 1년 동안 심리상담을 받았고, 약물치료는 지금까지 계속된다. 내담자는 자신의 이야기를 할 수 있어서 심리상담이 도움이 되었고, 약물치료는 일시적으로 도움이 되었다고 한다. 현재 내담자는 머릿속에 무엇인가 떠오르고 그것이 생각나지 않으면 불안하고 화가 나며 머리가 아프다. 머릿속에 떠오르는 생각을 기억하기 위해 핸드폰에 무엇인가를 끊임없이 기록했으며 사진으로 찍어 기록에 남기기도 했다. 그러나 떠오르는 생각을 기록하기 위해서 강박적으로 기록하는 행위를 할 뿐 읽을 수 있는 기록이 아니었다. 사진 역시 초점이 맞지 않는 등 마찬가지다.

분노조절장애는 내담자의 중요한 증상 가운데 하나이다. 내담자는 어렸을 때부터 자신의 감정과 행동을 억제했다. 감정표현이 서툴렀고 화를 잘 내지 못했으며 다른 사람을 때린 적도 없었고 싸우게 되면 그냥 맞고 끝냈다. 내담자가 처음으로 다른 사람을 때린 것은 군대에서 후임병이 말을 듣지 않았을 때다. 내담자의 분노가 일상화되기 시작한 것은 대학생 때 사귀었던 여자 친구의 배신 이후이다. 그때부터 내담자는 직장과 일상생활에서 잦은 분노조절의 문제를 경험했으며, 결국 이 문제로 상담에 의뢰되었다. 후임 센터직원들이 반복해서 실수를 하거나 자신을 선배로서 대우하지 않을 때 분노에 휩싸였지만 정작 대면하여 문제를 해결하기보다 회피하는 모습을 보였다. 그러나 아이들에게는 분노를 표현함으로써 문제를 야기했다.

내담자는 무기력의 문제가 있었다. 과도한 업무에 시달리며 스트레스를 받았으며, 의미와 의욕상실로 인한 좌절감을 경험했다. 게다가 지금 자신의 업무가 적성에 맞지 않는다고 생각했다. 처음 그 직업을 시작했을 때는 다른 사람을 돕는 이상적인 모습을 생각했지만 지금은 그렇지 않아서 혼란스럽다. 피곤하다는 말을 자주 했다. 실제로 상담 장면에서도 그러한 모습을 쉽게 발견할 수 있었다. 다 때려치우고 어디론가 떠나고 싶다는 이야기도 자주 했다. 지속적 우울장애의 진단 기분에 부합하는 증상들을 보였으며, 학습된 무기력으로 인해 변화를 향한 동기와 의지가 현저히 낮아져 있었다. 자살을 생각하기도 했지만 가족에 대한 생각과 책임감이 보호요인으로 작용했다.

2. 상담 과정

1) 상담목표와 접근

상담목표: ① 효과적인 아동 훈육방법 교육과 분노조절 ② 강박 증상 완화 ③ 소진 증후 개선을 위한 건강한 생활패턴 확립과 유지 ④ 직장에서의 관계개선 ⑤ 진로상담

치료적 접근: 상담자는 분노와 강박에 집중하여 상담을 진행했고, 인지행동치료와 정신역동적 접근 그리고 공감적 이해와 지지를 통해 상담했다. 공시적이기보다는 통시적으로 접근한다. 이유는 내담자가 자신의 경험들을 기억하고 그것과 관련된 생각이나 느낌을 표현하는 데 어려움을 겪으며, 변화하려는 동기가 낮은 수동적 태도를 보이기 때문이다.

신학적 접근: 하나님은 애굽에서 종살이하던 이스라엘의 고통 소리를 들으시고 공감하시며 피드백으로 모세를 보내셨다. 목회자인 상담자로서 공감적 경청을 통해 자신의 세계에 갇혀 고통 받는 내담자의 삶을

하나님과 영적인 세계와 연결하는 고엘이 되었다. 또 인간의 고통은 사건 자체보다도 그 해석에서 비롯된다는 전제하에 상담자는 내담자를 향한 하나님의 사랑과 섭리를 연결하여 내담자의 삶을 재해석함으로써 내담자가 고통에서 벗어날 수 있도록 돕고자 했다.

2) 회기 요약

총 13회기로 사례보고를 하였으며 아직 진행 중인 사례다. 1~2회기에 상담자는 주호소문제인 분노와 강박증과 관련된 내담자의 전반적인 이야기를 들었다. 그 과정에서 내담자는 말을 멈칫멈칫하고, 중간에 지속적으로 짧은 한숨을 쉬며, 상담 중에 텀블러에 물을 떠와 수시로 마셨다. 가족과 관련된 이야기는 세부사항이 생략되는 경우가 많았고, 자세히 물으면 잘 기억이 나지 않는다고 했다. 3회기에서 상담자는 분노에 집중하여 인지행동치료를 시도했다. 과제로 감정일지를 적어오도록 했다. 그러나 내담자는 이후 회기에서 과제를 해오지 않았다. 상담자는 인지행동치료가 내담자에게 부적합하다는 사실을 깨닫고 공감적 이해와 지지를 동반한 정신역동적 접근을 시도했다. 4회기에는 내담자가 MMPI-2 결과표를 가지고 왔기에 설명해주었으나 내담자는 자료에 관심을 갖지 않았다.

5회기에 15분 일찍 도착한 내담자는 직전 상담이 길어져서 상담자를 5-10분을 기다렸다. 내담자는 분노했고, 상담자는 이를 계기로 내담자의 분노패턴을 찾으려고 했다. 이런 시도 가운데 분노와 깊은 관련이 있는 강박증으로 상담이 이어졌다. 6회기 이후 상담자는 변화하지 못하는 내담자의 무기력에 답답함을 느꼈다. 내담자는 매주 분노를 경험했고, 상담자는 매번 내담자와 함께 하며 그 패턴을 분석했다. 10회기에 신앙과 영성의 문제를 다루었으나 교회나 목회자에 대한 부정적 모습을 발견하는 데 그쳤다.

11회기에 상담자는 중요한 사실을 발견했다. 휴가를 얻어 1주일 이상 휴식을 취한 내담자가 안색도 좋아지고 체중도 빠지고 활기가 생겼기 때문이다. 이를 통해 상담자는 환경적 변화와 적당한 휴식이 내담자에게 얼마나 중요한 영향을 미치는지 확인했다. 12회기에는 강박증상에 대해서 깊이 다루었다. 13회기에 사례발표를 위해서 녹음을 하며 강박증세에 대한 추가적 질문과 이해가 부족했던 부분들을 이야기했다.

3) 상담자로서 한계와 슈퍼비전 받고 싶은 내용

상담자는 변화를 향한 동기와 의욕을 상실한 내담자를 경험하면서 한계를 보았다. 상담자는 다음 내용을 도움받기 원한다. ① 내담자에게 동기와 의지를 불러일으키며 스스로 변화하고 노력하게 하려면 어떻게 하면 좋은가? ② 수동적이고 제한적인 통찰력과 자기 표현력을 가진 내담자가 무척 어렵습니다. 정신역동적 접근을 통해 잘 상담할 수 있는 임상적 방법을 지도받고 싶다. ③ 앞으로 내담자를 어떻게 상담하면 좋을지 조언이 필요하다.

3. 슈퍼비전 내용

1) 슈퍼바이저 A

(1) 불안과 강박의 공존

불안이라는 주제로 강박에 접근해 보겠습니다. 먼저 슈퍼바이저인 저의 불안에 대해 언급하겠습니다. 존재만으로도 안정을 주는 존재가 있는데 그 존재가 오늘 이곳에 함께 하지 못해서 저는 내적 불안을 경험합니다. 이럴 때 저는 의존할 수 있는 키다리 아저씨와 같은 권위대상을 찾습니다. 이것은 마치 강박증세와 같은데, 이런 강박증적 행동(motion)은 감정(emotion)에서 나오고, 감정은 동기(motive)에서 비롯됩니다.

상담자는 사례를 잘 정리했습니다. 상담자는 문서를 잘 만들고 사례개념화를 잘하는 숙련된 사람입니다. 상담에서 일어난 일을 정밀하게 정성을 들여서 묘사하고, 구조화를 잘 하며, 자신의 필요를 슈퍼바이저에게 적절히 요청할 줄 아는 감각적인 사람입니다. 그러나 양이 많습니다. 이것은 독자인 슈퍼바이저와 사례모임에 참석한 분들에게 가혹하다고 할 수 있습니다. 이런 면으로 볼 때, 상담자가 강박적인 것은 아닐까요? 내담자에게도 이런 것을 요구한 것이 아닐까요? 다행히 상담자는 이것을 알아차렸습니다. 자신의 접근방식을 수정해 전문가답게 대처했습니다.

이 상담은 현재 12-16회기에 해당하는 단기상담입니다. 게다가 의뢰된 비자발적 상담으로 그 효과가 나타나야 하는 기능적 측면이 강한 상담입니다. 상담자는 짧은 기간 안에 유능감을 발휘해 어떤 결과가 나타나게 해야 하는 입장에 있습니다. 실제로 그 기능을 잘 발휘하여 교육과 코칭 그리고 제안 등이 상담 안에 잘 어우러져 있습니다. 그러나 내담자는 무기력합니다. 불안이 행위화되어 핸드폰을 수시로 확인하고, 상담 중에 물을 받으러 가고, 수시로 물을 마시며 말을 더듬습니다. 상담자는 이런 모습을 관찰자가 되어 잘 따라가지만 동기가 없고 무기력한 내담자이기 때문에 답답합니다. 상담자는 이런 침투적 감정을 경험했지만 이것을 사용하지는 않았습니다. 내담자의 강박을 감소시키는 기능적 측면에 충실한 나머지 내담자가 주는 정보를 놓치고 있습니다. 때문에 발달과제상 중요한 '연애'라는 이슈를 간과했으며, 내담자에게 강박적으로 몰두하여 무리하게 증상완화를 추구했습니다. 즉 상담자가 강박적이 되었습니다. 저도 여기서 강박적이 되었습니다. 그러다가 상담자가 이러한 사실을 알아차렸다는 것을 발견하고 박수를 쳤습니다. 상담자가 강박증 환자와 강박증 의사가 같이 있다는 사실을 포착했습니다. 내담자에게 감정일기를 쓰게 한 것 자체가 문제였음을 깨닫고, 상담의 방향을 전환하여 내담자의 역동 즉 정서적 측면에 집중하기 시작했습니다.

(2) 좋은 사람 증후군과 분노의 형태

사례를 통해서 무엇을 배울 수 있는가에 집중해 보겠습니다. '분노'가 이 상담에서 배울 수 있는 키워드입니다. 내담자는 '좋은 사람 증후군(nice guy syndrome)'을 지닙니다. 교회 오빠가 좋은 사람의 상징이듯, 내담자는 화가 나도 그것을 겉으로 드러내지 않습니다. 가족도 좋은 사람이라고 말합니다. 좋은 어머니, 좋은 아버지, 좋은 할머니. 그러나 이 대상들이 왜 좋은지에 대해서는 말하지 않습니다. 화는 네 가지 범주가 있습니다. 화가 목에 걸리는 울컥하는 화, 분한 마음을 삭이지 못하는 울화, 화가 전반적으로 퍼져 답답하고 쓸쓸한 울적, 화가 저 밑에 깔려서 억울하고 분한 마음이 가득한 울분이 그것입니다. 내담자의 화는 어디에 속하겠습니까?

분노의 형태에는 종류가 있습니다. 자기애성 분노가 있습니다. 자기애성 분노는 자기를 너무 사랑해서 화가 나는 것입니다. 이때 화를 내는 사람은 정체성이 분명합니다. "네가 감히 나를?"에 집착하며, 상황을 지배하려는 경향을 보입니다. 내담자의 분노는 자기애성 화에 해당하지 않습니다.

내담자에게서 경계선성 분노를 봅니다. 이런 화를 내는 사람은 자기애성 분노와 달리 정체성이 분명하지 않습니다. 자신의 좋은 측면을 유지하기 위해 안 좋은 측면을 억압하다 보니 항상 경계선에서 꿈틀거리는 화의 모습입니다. 내담자는 가족을 사랑하고 유지하려고 합니다. 이것이 이 분의 영성입니다. 그러나 다른 사람에게 사랑을 주고자 하지만 실제로 그러한 관심과 돌봄을 받아보지 못했습니다. 그러면서도 그것을 열망하다 보니 경계선이 모호해졌습니다. 사람들은 이 사람을 잘 모릅니다. 왜 화가 났는지 말하지 않으니 알 길이 없습니다. 심지어 자기도 그 이유를 모릅니다. 자기정체성을 드러낼 수 있는 분이 아닙니다. 이런 측면에서 내담자의 화는 경계선성 분노라고 할 수 있습니다. 이런 분께는 상담회기 자체가 치료적이어야 합니다. 실제로 상담자가 회기 직전에 다른 내담자를 상담하다가 늦어져서 내담자를 기다리게 한 상황이 있습니다. 상담자는 화를 내는 내담자에게 상담자가 그에게 집중하고 있다는 사실을 알게 하는 게 좋습니다. 이를 통해서 내담자는 돌봄 받는 경험을 합니다. 앞 상담과 간격을 주고 이 분이 직전 내담자와 마주치지 않는 게 좋습니다. 상담자의 '내가 당신을 위해서 기다렸다'는 메시지가 이분께 전달되면서 재양육의 경험을 합니다. 이런 내담자는 대상에 집중하고 자신에게 집중하지 못합니다. 상담자는 이런 내담자가 원하는 것들에 집중하면서 그가 무엇을 원하는지 생각해 보도록, 말해 보도록 할 필요가 있습니다. 내담자처럼 좋은 사람이 되려는 사람들에게 필요한 재양육입니다.

더 결정적인 것은 우울의 분노형태입니다. 우울한 사람들에게 나타나는 화의 특성이 있습니다. 우울은 복합물이라는 특징을 지닙니다. 증후군이라는 말도 역시 복합물이라는 특징을 갖습니다. 이러한 분노는 감정이 명쾌하지 않습니다. 두려움, 죄책감, 수치심 등 다양한 감정이 뒤섞여 있습니다. 이러한 감정들이 분리되지 않고 뒤섞여진 채로 내면에 보유되어 있으니 에너지가 떨어질 수밖에 없습니다. 이런 분노를 지닌 사람들은 세상에 혼자 떨어져 있는 느낌을 지니며, 다른 사람들이 자신을 이해해주지 못한다고 생각하고, 억울한 것이 많습니다. 무기력하면서도 '날 잡아 잡수시오'라고 하면서 다른 사람들에게 동정과 연민을 불러일으킵니다. 내 잘못이 아니라 상대방이 잘못한 것은 아닌가 하는 생각이 들게 합니다. 이런 측면에서 내담자는 우울의 분노형태를 지닌 사람이라고 할 수 있습니다.

(3) 분노와 울음

이러한 분노를 지닌 내담자는 울음을 터트려야 합니다. 울음은 다음을 위한 도움닫기입니다. 그러나 내담자는 울지 않습니다. 상담자는 내담자가 울음을 터트릴 수 있도록 허용해야 하는데 상담자는 그러지 않습니다. 내담자가 기분이 나빴을 것 같아도 그것을 공감해 주지 않음으로써 내담자의 울음을 터트리지 못합니다. 상담자도 내담자와 같은 모습이어서 그런 것일까요? 내담자는 이해와 수용이 없는 세상을 경험하고 있습니다. 그러니 내담자는 억울하고 화가 날 것 같습니다. 상담자는 이런 내담자의 모습에 불안을 경험했을 것입니다. 그러나 상담자는 내담자의 강박을 줄이기 위해 무엇인가를 해야 한다고 생각하고 있으니 막상 이런 내담자의 울음을 터트리지 못했습니다. 상담자는 내담자를 위해 '자기 사용'을 할 준비가 되어 있어야 합니다. 불안해하지 말고 상담자가 자기를 사용하는 부분에서 자신을 가졌으면 좋겠습니다. 상담자가 '나 같으면 엄청 욕이 하고 싶었을 것 같아요'라고 같이 욕을 하면 좋을 텐데 '형제님'이라고 부르고 있으니 다시 '긴장'을 일으키는 장이 되고 맙니다. '좋은 사람 신드롬'에서 더 나가지 못하니 정서적 촉진이 더딥니다. 정서적 통찰에 더 집중할 수 있었으면 좋겠습니다.

2) 슈퍼바이저 B

(1) 통제와 도덕적 방어

내담자의 도덕적 방어에 대해서 언급하겠습니다. 교통사고가 엄청난 트라우마입니다. 내담자는 생명의 은인인 아버지에 대해서 뭐라고 할 수 없습니다. 교통사고로 어머니가 돌아가신 후 할머니가 가족을 돌보아주셨으니 아무리 잔소리가 많아도, 할머니가 아무리 힘들어도 할머니에 대해서 나쁘게 말할 수 없습니다. 생존선상에 있는 고마운 분들입니다. 그래서 그분들에 대한 분노나 비난의 부정적인 여러 감정을 드러낼 수 없습니다. 새어머니와의 관계도 그러했을 겁니다. 축어록을 보면 공감과 수용의 가정 분위기가 아니라는 것을 유추할 수 있습니다. 이렇게 내담자는 분노를 표출하기보다 억압하는 방법을 선택합니다. 내담자의 가정은 억압을 많이 하는, 착한 사람이 되어야 한다는, 그래서 참아야 한다는 분위기가 가득하다고 할 수 있습니다. 즉 부정적 감정을 수용하기보다는 억압하는 것입니다.

이런 가정 분위기는 내담자에게 수치심을 많이 주었을 가능성이 높습니다. 실수하면 안 된다는 강박이 직장으로 이어졌고, 강박은 자연스럽게 통제 문제로 이어집니다. 내담자의 인생은 통제할 수 없는 교통사고로 인해 크게 바뀌었습니다. 내담자는 이렇게 통제할 수 없는 상황에 분노합니다. 자기애적 분노도 나타날 수 있습니다. 누구에게 분노해야 하는지도 모르는 상황이었습니다. 그리고 이 분노는 돌보는 아이들에게 표출되었습니다. 내가 아이들을 통제할 수 있어야 하는데 작은 아이들조차 통제할 수 없을 때 전치해서 화가 납니다.

그리고 믿었던, 안전했던 여자 친구와 헤어졌을 때도 나타났습니다. 내담자는 통제 문제를 지니고 있으며, 이것은 '무시'와 깊은 관련이 있습니다. 상담 장면에서 내담자에게는 이렇게 통제와 무시의 주제를 따라가는 것이 중요합니다. 상담자가 이런 내담자에게는 통제권을 가능한 한 많이 주어야 합니다. 자기주장을 많이 하지 못했을 것이므로 지속적인 공감과 수용을 통해 자신이 말을 해도 된다는 생각을 하게 되고, 실제로 그렇게 해도 안전하다는 것을 확인하며 안정감을 지닐 수 있어야 합니다. 이런 내담자에게 과제를 낸 것은 잘못입니다. 왜냐하면 통제권을 상담자가 갖기 때문입니다. 과제는 역기능적으로 작용합니다. 숙제를 잘해오면

착한 아이로 보이는 것이기 때문에 더 문제인 것입니다. 이런 경우는 내담자가 과제를 하지 않는 편이 낫습니다. 다행히 내담자는 과제에 저항했으며 상담자는 과제내기를 포기했습니다. 이것이 가능했던 이유는 상담자가 내담자에게 안정감을 제공했기 때문입니다.

(2) 변화의 동기가 희미할 때

상담자가 감독을 받고 싶어하는 부분에 대해서 언급하겠습니다. 상담자는 동기와 의욕이 부족한 내담자에게 동기와 의지를 불러일으키기 위해 어떻게 할 수 있는지 궁금해 했는데, 이런 내담자에게는 동기강화 상담이 도움이 될 것입니다. 현재 자신의 상태와 기대하는 미래의 자신의 상태와의 사이에 불일치감을 느끼게 하면서 변화를 위해 자기가 현재 무엇을 할 수 있을지를 생각해 보게 할 수 있습니다. 또한 인지행동적 접근을 계속한다면, 수용전념치료도 좋습니다. 수용전념치료는 인지행동치료의 일종으로 불안하고 강박적인 내담자들에게 적합합니다. 내담자에게 수용전념치료를 통해서 관찰자아를 발달시키게 하며 자신의 신체적 반응과 정서를 알아채고 수용하도록 도와줍니다. 그리고 자신이 가치있다고 생각하는 일에 전념하도록 도와줍니다. 또한 내담자가 진로에 대한 고민을 가지고 있으니 진로검사를 통해서 내담자가 잘 하는 것을 찾아 도움을 줄 수 있을 것입니다. 자기 방어수준이 낮은 분입니다. 본인이 힘든 것을 자각하기에 상담에 대한 동기가 있을 수 있습니다. 잘 활용하시면 도움이 될 듯합니다.

4. 참가자 질문과 답변

질문: 내담자가 강박과 우울 때문에 약을 복용한다고 하셨는데, 어떤 약을 먹고 있는지 알 수 있습니까? 내담자가 자살 생각을 했다고 말씀하셨는데 뒷이야기가 있습니까?

상담자: 잘 아는 정신과 의사가 있어 도움을 받기 위해 내담자에게 처방전을 가져오라고 했는데 지금까지 계속 미루고 있습니다. 내담자는 아버지가 소개해 준 병원이기 때문에 옮기려면 인사를 하고 옮겨야 한다고 합니다. 정확한 약 이름은 모릅니다. 그리고 내담자는 죽을 생각을 갖고 있지만 좋은 사람 증후군 등, 가족에 대한 책임감이 강해서 심각하게 생각하지는 않았다고 합니다.

슈퍼바이저 A: 자살을 시도하려면 힘이 있어야 합니다. 우울하거나 무기력할 때는 자살하는 경향성은 없습니다. 힘이 있고 분노가 있고 처벌이나 복수를 하고자 하는 마음이 있어야 자살할 수 있습니다. 내담자는 무기력과 우울분노로 보이기 때문에 자살이라는 에너지가 달린다고 봅니다. 내담자가 힘이 올라올 때 조심해야 합니다. 무기력이라는 것은 쌀가마니 두 개를 지는 것입니다. 이분에게 '이거 해봐라, 저거 해봐라' 하는 것은 의미가 없습니다. 우울감에서 올라와서 약간의 전능감이 올라와야 가능하다고 봅니다.

슈퍼바이저 B: 강박이나 우울 모두 비슷한 약을 처방하고 있을 것입니다. 의사를 만나서 자신의 증상들을 솔직히 잘 말하여 처방받고 의사의 지시대로 약을 복용하는 것이 중요합니다. 상담자의 역할은 내담자가 의사에게 자신의 증상과 복용을 정확하게 이야기할 수 있도록 돕는 것입니다. 내담자가 어느 약물을 쓰는지 아는 것보다 내담자에게 약물치료에 대한 교육을 하는 것이 더 중요합니다.

질문: 슈퍼바이저들께서 강박과 통제 이슈를 말씀하셨습니다. 동기강화상담과 수용전념치료를 추천하셨는데, 사례와 연계해서 추가적인 설명을 듣고 싶습니다.

슈퍼바이저 B: 내담자가 동기가 없다고 하여 동기강화상담을 추천한 것이지 다른 특별한 이유는 없습니다. 사실 지금처럼 진행되면 동기 문제가 저절로 해결될 수도 있기 때문에 굳이 동기강화상담을 사용하지 않아도 됩니다. 또한 상담자가 인지행동치료를 사용했는데, 그렇다면 이 사례에는 인지행동치료 가운데 수용전념치료가 좋겠다고 말씀드린 것입니다. 수용전념치료는 자기를 지각하는 치료법이고 명상도 접목되어 있습니다. 이중자아 – 관찰자아와 자기를 발달시켜서 자기 통제감을 갖는 게 좋지 않을까 생각합니다. 이 사례는 인지행동치료보다는 정신역동적 접근이 더 나을 수 있습니다. 첨언하면, 내담자는 기독교에 우호적이지 않은데, 신앙을 하나님이 우리 삶을 통제하시는 것이라고 접근하면 오히려 도움이 되지 않을 수 있습니다. 신앙이 내려놓는 것이고, 하나님께 순종하는 것이고, 하나님의 주권을 인정하는 것이라고 한다면, 통제 이슈가 있는 내담자가 저항할 가능성이 높습니다.

슈퍼바이저 A: 내담자의 영적 평가는 교회를 잘 다닌다거나 하는 차원이 아니라 영성적이라는 것, 보이지 않는 무엇을 추구하는 것과 관련되어야 합니다. 그것이 무엇인지에 대한 입장이 있어야 내담자의 영성을 평가할 수 있습니다. 내담자는 기독교에 부정적이지만 존경했던 어떤 목회자가 있었다고 했습니다. 존경심이 드는 대상이 어떤 분이였는지에 대한 탐색을 통해서 영성을 터치하는 것이 좋을 것입니다. 또한 내담자는 사랑을 베풀고 싶어합니다. 상담자가 이러한 내담자의 가치관과 연결시켜주는 것이 바로 영적 측면을 터치하는 것이라고 말할 수 있습니다. 상담에 오는 것 자체가 영적이라고 봅니다. 보이지 않는 것을 추구하고 있습니다. 이런 태도나 가치는 보이지 않습니다. 이런 것을 추구하는 것이 영성이라고 내담자를 북돋아 주는 것이 필요합니다.

질문: 내담자의 화는 좌절감에서 온다고 봅니다. 내담자를 도와주고 상담을 잘 하려고 하는 상담자의 이슈는 내담자와 맞물려 있습니다. 상담자는 이 사실을 알아차렸고 그래서 담아주기를 하고 있습니다. 그런데 축어록을 보면, 상담자가 담아주기보다는 사실 중심, 타인 중심으로 상담을 진행하는 것으로 보입니다. 내담자의 자기중심으로 이끌어가면 좋겠습니다. 이 상담에서만 사실 중심인지 다른 상담에서도 그렇게 하는지 궁금합니다.

상담자: 저는 자기심리학 훈련을 주로 받았습니다. CBT 훈련을 받을 때 진행자가 칠판에 기록하면서 상담을 진행하는 것을 보았는데 저와는 잘 안 맞는 느낌이었습니다. 본래 사실 중심의 상담을 진행하지는 않는데, 이번에 인지행동치료를 사용하면서 그렇게 된 것이 아닌가 싶습니다. 물론 제 이슈 때문에 그렇게 하고 있을지도 모르겠습니다.

슈퍼바이저 A: 상담자와 내담자가 이야기하는 것을 들으니 내담자가 구술성이 좋다는 사실을 알 수 있었습니다. 그런데, 상담자가 너무 자주 '응응' 하니까 오히려 불편했습니다. 그냥 있어도 되는데, 고개만 끄덕이며 머물러도 됩니다. 상담자의 잦은 피드백이 불안한, 뭔가 조급한 느낌을 주는 것은 아닌지 모르겠습니다.

질문: 내담자의 처리되지 않은 화를 어떻게 처리해야 하는가가 이미 그리고 앞으로 중요하지 않을까 생각합니다. 15회기에서 상담자가 욕을 했다고 했는데 그 이야기를 들으니 참 반가웠습니다. 그런데 왜 10회기가 넘어가도록 화를 다루지 못한 것입니까? 상담자와 내담자가 비슷해서 그런 것입니까? 아니면 다른 이유가 있습니까? 슈퍼바이저라면 어떻게 드러나지 않은 화를 끌어낼지 궁금합니다.

슈퍼바이저 A: 제가 화를 잘 내는 사람이라 화를 잘 감지하지만 저도 어떻게 할 수 있을지 자신은 없습니다. 상담자는 좋은 남자입니다. 사람은 결국 자기에게 있는 것으로 세상을 보고, 자기에게 있을 것을 줄 수밖에 없습니다. 결국 자기를 사용하는 것입니다. 상담자는 내담자의 화를 느꼈을 것 같습니다. 내가 상담자라면, 내담자에게 "그걸 어떻게 참았어요?"라고 물어볼 것 같습니다. "우울하고 그럴 것 같은데 어떻게 참으셨어요?" 그리고 내담자를 교육할 것 같습니다. '감정에는 용량이 있다. 내가 아는 한, 감정이 빠져나간 만큼 가볍게 된다. 화를 통제하느라 얼마나 힘들었느냐.' 그리고 내담자에게 화를 지금 여기서 내보자고 초대할 것 같습니다. 초점기반치료(Focusing-Oriented Psychotherapy)를 사용해서. 내담자를 자신의 신체에 집중하게 합니다. 머리, 가슴, 배 가운데 어디가 뜨거운지 또는 차가운지 느끼도록 할 겁니다. 내담자의 좋음에 대해서는 존중해줘야 합니다. 왜냐하면 나쁨을 배우는 것이 어렵기 때문입니다. 그리고는 내담자를 소중한 시간여행으로 초대할 겁니다. 하지만, 내담자가 무기력하고 수동적이고 에너지가 낮기 때문에 초대가 쉽지는 않을 것입니다. 저라면 그냥 함께 하며, 내가 함께 하고 있다는 것을 보여줄 것 같습니다. 말없이 그냥 쳐다보고 있겠습니다. 그리고 1분 정도 기다릴 겁니다. 침묵하면서. 말이 없으니 화가 있는 사람들은 당연히 더워질 것입니다. 그래도 기다려 보겠습니다. 어떤 일이 생기는지. 최소한 불편한, 불안한 내 감정은 나눌 수 있을 겁니다.

슈퍼바이저 B: 상담자가 내담자가 하고 싶었던 분노표현을 대신 해주는 것이 좋을 수 있습니다. 대신 욕을 해주는 것입니다. 내담자가 감정을 정화할 수 있도록. 내담자는 그렇게 하는 상담자를 통해서 배울 수도 있고, 대리만족을 느낄 수도 있습니다. 이것이 도움이 될 수 있겠습니다. 상담자가 내담자의 편이 되어야 합니다. 내담자가 "상담자가 나를 위해 그렇게 해 주시는구나"라고 느낄 수 있도록 말입니다.

5. 상담자 소감

오늘 너무 좋은 슈퍼비전을 해주셔서 감사합니다. 마치 저를 거울에 비춰보는 느낌을 받았습니다. 이 분이 교회를 다니지 않는데도 제가 형제라고 불렀던 것은 제 실수였습니다. 처음에 교회 상담실로 오셔서 교회에 다니는 분이신 줄 알았는데, 나중에 알고 보니 아니었습니다. 제 교회 직분상 그렇게 부르는 것이 편했는지도 모르겠습니다. 감독님의 슈퍼비전을 들으면서 '~씨'라고 부르든지 다른 호칭을 고려해야겠습니다.

감독님께서 내담자의 감정을 끌어내라고 하시면서 욕도 하라고 하셨는데, 사실 제가 15회기에 욕을 했습니다. 사람이 화가 나면 욕이라도 해야지 않느냐, 왜 바보같이 그러느냐고 하면서 말이지요. 그랬더니 내담자가 환하게 웃었습니다. 저를 통해서 대리만족을 경험하는 것 같았습니다. 감독님께서 말씀하신 것처럼 저는 눈물이 정말 없습니다. 그러다 보니 내담자가 한 내적으로 깊은 이야기가 감정으로 연결되었을 때 적절하게 반응하지 못하고 억압하였는데, 그런 모습을 잘 지적해 주셔서 감사합니다. 또한 감독님의 말씀을 들으면서 분노에 대해서 많이 생각해봐야 할 것 같다는 생각이 들었습니다.

감독님께서 하신 말씀 중에 가족에 대한 도덕적 방어와 관련된 부분이 마음이 많이 와 닿았습니다. 안정감과 통제 이슈가 있는 내담자에게 제가 너무 통제적이었다는 생각도 듭니다. 통제적인 저의 제안을 내담자가 거부하는 것이 당연한데, 내담자가 저를 편하게 느껴서 그런지 대놓고 거부하지 않아서 감사합니다. 앞으로 내담자를 좀 더 공감적으로 따뜻하게, 스스로 변화할 수 있도록 말씀하신 동기강화상담이나 수용전념치료, 초점기반치료 등을 더 공부해서 적용할 수 있도록 하겠습니다.

발표하려고 했던 상담 사례가 바뀌는 바람에 작성하면서 많이 쫓겼습니다. 내놓기가 많이 부끄러웠는데 감독님께서 잘 봐주셔서 너무 감사합니다. '좋은 사람 증후군'이라는 좋은 용어를 주셔서, 제가 생각하는 것들을 정리할 수 있어서 감사합니다. 앞으로 감정적인 측면에 집중하면서 상담해 보겠습니다. 정확하게 슈퍼비전을 해주셔서 감시합니다.

6. 목회신학적 고찰: 도덕적 방어

스톤(Howard Stone)과 듀크(James Duke)는 How to Think Theology에서 '몸에 밴 신학(embedded theology)'과 '숙고하는 신학(deliberative theology)'에 대해서 언급한다. 몸에 밴 신학은 일차적 질서의 신학(first-order theology)으로서 "신앙의 의미에 대한 가장 즉각적이고 직접적인 증거로 구성"되어 있으며, "교회와 교인들의 선포와 실천에 뿌리박혀" 있으며, "기독교인들이 일상에서 실천하는 맹목적인 신학"이다. 반면, 숙고하는 신학은 "몸에 밴 신학적 확신을 주의 깊게 성찰하는 과정을 통해서 나오는 신앙의 이해"이다. 이는 "신앙생활 속에 배어 있는 맹목적 이해를 따라가며 되돌아본다"는 점에서 이차적 질서의 신학

(second-order theology)이라고도 불린다.

대부분의 방어기제가 그러하듯 도덕적 방어 역시 몸에 밴 신학의 일종이라고 할 수 있다. 몸에 밴 신학은 생각이 필요하지 않으며 이미 정립된 형태로 존재하기 때문에 비판적 사고를 거부한다. 왜 그렇게 하느냐가 아니라 이미 그런 것이다. 내담자의 도덕적 방어는 '왜 그렇게 해야 하는가' 또는 '왜 그렇게 하고 있는가'라는 질문을 필요로 하지 않는다. 이미 그렇게 하고 있는 것이고, 이미 그런 것이다. 이것은 그가 자라고 경험한 환경을 통해 무의식적으로 이미 결정하여 그렇게 살고 있는 것이다.

숙고하는 신학은 몸에 밴 신학에 '정말 그러한가'라는 질문을 제기하는 것이다. 그런 과정을 거쳐서 재형성되는 신학을 가리킨다. 숙고하는 신학은 몸에 밴 신학으로는 더 이상 설명할 수 없는 상황에 봉착했을 때 시작된다. 내담자의 도덕적 방어는 아직 설명할 수 없는 상황에 봉착하지 않았다. 그렇게 사는 것이 문제를 일으키고 불편하게는 하지만 그러한 삶에 익숙해 있기 때문에 특별하다고 생각하지 않는다. 즉 죽을 만큼 괴롭지 않다. 그뿐만 아니라 그러한 자신의 무의식적 선택은 충분히 납득이 된다. 자신이 통제할 수 없는 교통사고를 겪었고, 그 사고로 살아남을 수 있었던 이유가 할머니를 포함하는 가족이었기 때문이다. 그러나 이 내담자는 도덕적 방어라는 몸에 밴 신학을 포기하기 전에는 현재의 문제에서 벗어날 수 없으며, 앞으로도 계속 같은 상황에 처하게 될 것이다.

상담자는 내담자가 지닌 도덕적 방어를 내담자가 인식하도록 도와야 한다. 이러한 통찰이 내담자의 잔잔한 해수면에 작은 움직임을 일으킬 수 있다. 그러나 이것은 말 그대로 작은 파장일 뿐이다. 상담자가 내담자가 진실로 변화하기를 원한다면, 이 작은 파장을 더욱 크게 만들어야 한다. 그렇게 내담자의 잔잔함을, 안정감을 깨트려 요동치게 해야 한다. 이로 인해 내담자는 안정된 일차적 질서의 신학의 틀에서 벗어나 조금은 불편하지만, 아니 아주 많이 불편할 수 있겠지만 이차적 질서의 신학으로 나아가야 한다. 이차적 질서의 신학은 몸에 밴 맹목적 이해를 따라가며 되짚어보는 과정을 포함한다. 즉 비판적 성찰의 과정이 수반되어야 한다. 이미 자리 잡은 일차적 질서를 하나도 빠짐없이 살펴야 한다.

내담자는 아버지와 어머니 그리고 할머니 덕분에 생존했다. 그러니 그러한 분들에게 부정적 감정을 표현하는 것은 잘못된 일이다. 그냥 참고 넘어가야 한다. 굳이 따질 필요도 없다. 이렇게 하는 것이 좋은 사람이고, 도덕적으로도 옳은 일이다. 슈퍼바이저는 이것을 '도덕적 방어'로 칭했다. 언뜻 보기에 당연한 논리이며 누구도 굳이 잘못되었다고 말하지 않을 것이다. 그러나 상담자는 이러한 당연함에도 의문을 제기해야 한다. 정확하게 말하면, 내담자가 이런 당연한 논리에 질문을 제기하도록 도와야 한다. 이것이 정말 좋은 것이고, 도덕적인 것이라면 내담자에게 나쁜 또는 비도덕적인 결과를 만들어내면 안 되기 때문이다.

내담자는 현재 나쁘다. 우울하고 무기력하고 분노를 통제하지 못한다. 심지어 아이를 때리는 비도덕적인 행위를 해서 상담에 의뢰되었다. 상담자는 내담자를 이러한 인식까지 이끌어야 한다. 내담자가 그러한 사실을 직면해야 한다. 내담자는 이로 인해 불편하고 고통스럽겠지만 현재의 고통에서, 앞으로 지속될지도 모르는, 더 심해질지도 모르는 고통에서 벗어날 수 있는 기회를 얻게 된다. 이제부터 당연하게 여겼던 생각들, 그래서 자신이 존재할 수 있는 생존기제가 되었던 것들을 다시 생각하게 된다. 그러나 이 과정은 그동안 자신이 나쁘게 여겼던 것들을 받아들여야 하기 때문에 지금까지의 고통과 비교할 때 만만치 않은 고통이 된다. 이 고통은 내담자를 생명으로 이끌며, 새로운 생명기제를 생성하며, 세상을 바라보는 자신을 바라보는 새로운 체계를 제시하게 된다.

이 과정은 내담자의 도덕적 방어를 어떤 모습으로 바꿔야 하는가에 대한 답을 제시하지는 않는다. 정해진 답이 없다. 이것이 내담자를 혼란스럽게 만들 수 있지만, 정직하게 자신을 대면할 수 있는 기회를 제공한다. 다시 직면하게 될 유사한 상황에서 스스로 그러한 작업을 할 수 있는 역량을 키우게 한다. 내담자는 현재 자신의 기능을 온전히 발휘하지 못하기에 상담자의 도움을 받는다. 이후에는 상담자의 도움이 없이도 혼자 그렇게 할 수 있게 된다. 이렇게 되려면 상담자 역시 이미 그러한 과정을 겪었어야 하고, 또한 그렇게 계속 겪고 있어야 한다. 상담자는 상담에서 결코 자신의 경험과 훈련을 넘어서지 못하기 때문이다.

도덕적 방어는 신학적인 관점이 어떠한가에 따라서 옳을 수도 있고 그렇지 않을 수도 있다. 상황에 따라서는 항상 옳지도 않고 항상 그르지도 않다. 도덕적 방어는 그가 생존하는 데 도움이 되는 때까지 유익하다. 그러나 삶을 죽음으로 바꾸어가며 생존하게 한다면 그것은 더 이상 유익한 것이 아니다. 몸에 밴 신학은 그것이 상황과 대상에 맞을 때까지는 유의미하지만, 더 이상 맞닥뜨린 상황에 맞지 않거나 건강하게 설명할 수 없다면 그것은 이미 생존기제로서의 역할을 할 수 없다. 그러므로 내담자는 도덕적 방어의 부적합성을 발견했다면, 그것이 삶을 생명이 아닌 죽음으로 바꾸어간다면 새로운 방어기제를 선택해야 한다.

7. 토론을 위한 씨앗

1) 교회에서 목회상담사로서 상담할 때 어떤 호칭으로 부르면 좋겠습니까? 교회 직분이나 직책을 사용하는 것이 좋을지 아니면 다른 호칭을 사용하는 것이 좋을지 이야기해봅시다.

2) 목회상담에서 상담자가 '욕'을 하거나 내담자에게 '욕'을 하게 하는 것이 어떤 면에서 유익하고, 어떤 면에서 부정적인지 이야기해봅시다.

3) 상담자가 내담자와 유사한 경험과 심리적 문제가 있다는 것을 미리 알 수 있는 방법은 무엇인지 이야기를 나누어봅시다. 상담자 내담자의 평행이론의 경험이 있는지 나누어봅시다.

4) 교회 청년들 사이에는 소위 '교회 오빠' '성당 누나'라는 애칭이 있습니다. 이 분들이 신앙생활을 하면서 경험할 수 있는 만족감과 거부감에 대해서 나누어봅시다.

5) 내담자의 분노가 자신보다 더 힘이 약한 대상들(아이들)을 향하여 폭력으로 이어졌습니다. 어떻게 하면 나와 상대 힘의 차이를 잘 인식하고 힘의 남용을 조절할 수 있을지를 나누어봅시다.

Ⅲ장

무시당하면 참을 수 없어요

1. 내담자 이야기

내담자는 50대 중반 여성이다. 화가 나면 참지를 못해서 주변에서 상담소를 소개해서 찾아왔다. 자신에게 불리하거나 해롭거나 부당하면 즉시 화가 올라와서 육두문자를 쏟아낸다. 자신이 옳다고 생각하는 것에 강한 신념이 있다. 자신이 옳은데 상대가 인정하지 않으면 참지 못하고 모두 쏟아낸다. 억울함과 슬픔이 내재되고 피해의식이 강하다. 외부 상황이 촉발되면 "당하지 말아야지" 하는 마음이 올라와서 방어하고 분노를 표출한다. 운동선수와 여군하사관이 꿈이었는데 고졸이 아니라서 좌절했다. 여성으로서 자존감이 낮으며 작은 서운함이나 부당함에 확 올라온다. 여러 번 수술을 하였지만 지금은 활동하는 데 지장이 없다. 전에는 자신의 행동이 옳다고 생각했는데 요즘은 신앙생활을 하다 보니 마음이 편하지 않다.

원가족에서는 장녀로 줄줄이 태어난 동생들을 업어서 키웠다. 여자 형제들이 많고 남동생이 하나다. 아버지는 어릴 때 친모가 돌아가셔서 계모 밑에서 자랐다. 가족들에게는 아버지 말이 곧 법이었다. 아버지는 머리가 좋고 인물도 좋지만 이기적이고 한량 끼가 있었다. 일하는 것을 싫어해서 내담자와 어린 자식들에게 논일을 시키고 술 마시러 갔다. 밖에 나가서 남들에게는 친절하고 농담도 잘했다. 작은 실수도 용납하지 못하고 식구들에게는 더욱 그렇다. 화가 나면 매를 들고 아내와 자식들을 때렸다. 내담자의 목에 줄을 매고 동네를 돌아다니며 창피를 준 적도 있다. 내담자는 그런 아버지가 용서가 안 된다. 아버지에게는 고마움과 원망이 교차한다. 집안일을 했을 때 아버지의 인정을 못 받아서 늘 불만이 쌓였다.

어머니는 성질이 급하고 화를 잘 내고 말도 거칠고 자기밖에 모른다. 부유한 가정에서 태어났고 결혼해서도 큰 고생을 해본 적이 없다. 외모도 풍채도 좋다. 나가선 남들에게는 호인이지만 집에서는 사나운 호랑이다. 자식들에게 말로 엄청난 상처를 주었다. 남편에게 폭행을 당하면 딸들에게 분풀이하였다. 특히 내담자를 학대하였다. 자매들은 모두 부모님을 닮아서 예쁜데 내담자만 예쁘지 않다고 비교되면서 자랐다. 심지어 어머니는 "태어나지 말아야 할 것"이라는 폭언도 하였다. 지금 내담자는 어머니와의 관계 후 내담자를 학대하였다. 자매들은 모를 개선하려는데 지성적으로 맞지 않는다. 자매들끼리 우의가 돈독하지만 성공한 남동생과는 갈등관계다. 내담자가 남동생이 성공하도록 많이 희생하고 도와주었지만 존중받지 못해서 늘 섭섭하고 화난다.

20대 중반에 결혼해서 아들을 낳았다. 첫 남편은 폭음과 폭력을 행사하고 외도해서 아들을 두고 집을 나왔다. 첫아들과는 지금 연락이 안 된다. 30대 초에 재혼하여 딸과 아들을 낳았다. 두 번째 남편은 주사가 심하고 의처증과 폭력이 심해서 십년 전에 이혼하였다.

영적으로는 하나님에 대해서 잘 모르지만 말씀의 근거한 믿음보다는 꿈이나 신비한 체험에 의존한다. 하나님께서 꿈으로 자주 보여주신다고 여러 번 강조한다. 이사로 교회를 여러 번 옮겼는데 작은 교회를 선택했다. 꾸준히 예배에 참석하고 주방봉사를 한다. 장래에 교회를 건축해서 하나님께 바치고 싶다고 한다. 긍정적 자원은 직장생활, 사채놀이, 식당 운영 등 실패에도 불구하고 열심히 사는 것이다.

2. 상담 과정

1) 상담목표와 접근

상담목표: ① 분노 원인을 탐색하고 인지적 변화 ② 분노가 일어날 경우 '알아차림 하기'로 행동조절 ③ 애도과정으로 남아있는 상처를 떠나보내고 용서하고 사랑하는 성령의 도움을 받아 잃어버린 하나님의 형상 찾기.

치료적 접근: 성장과정에서 형성된 무의식의 탐색과 분석을 통해서 인지, 정서, 행동 치료 기법으로 자존감 회복한다. 과거의 아픔과 상처를 떠나보내는 애도작업을 한다.

신학적 접근: 잃어버린 하나님의 형상을 회복하여 영적으로 온전한 삶을 살게 한다.

2) 회기 진행

〈1~2회기〉
상담구조화와 라포형성. 문제파악과 상담목표 설정. "항상 왜 나만 피해를 보는가?" 늘 당하는 자신에게 화가 나는데 맏이로서 동생들 때문에 두드려 맞은 일이 많았다. 최근에 내담자가 수술 후에 어머니에게 약밥을 해달라고 부탁했더니 사다 먹으라고 거절당했다. 어머니는 내담자가 못 돼서 수술도 했다고 악담을 하셔서 분노가 치밀었다. 첫 회기부터 성장과정을 비롯하여 많은 이야기를 쏟아놓는다. 전에 다니던 교회에서 딸이 큰 상을 받았는데 축하하지 않는 무성의해서 교회를 옮겼다. 교회의 무성의함과 신앙생활을 연관 짓는 것이 비합리적인 사고라고 설명하였다.

〈3~4회기〉

분노처리에 대한 방법 찾기. 가스요금 미납 고지서가 내담자의 분노를 촉발하는 사건이 되었다. 옆에 있던 여동생이 내담자가 화를 덜 내는 것으로 보인다고 말했다. 내담자는 상담을 받으면서 좀 달라진 것 같다고 말했다. 명절이라 아이들과 먹으라고 전남편집에 음식을 갖다 주었다. 술을 마시고 돈을 요구하는 전남편에게 분노하였다. 남동생은 누이들을 희생하며(내담자는 중학교밖에 못 다님) 교수가 되었는데 고맙다는 말도 한마디 안 해서 억울하고 화가 난다. 억울한 감정이 드는 이유를 탐색하였다.

〈5~8회기〉

인지 정서에서 촉발요인을 알아보기. 내담자가 어릴 때 억울하게 맞은 경우도 많다. 어머니에게 맞으면 도망갔다가 가족이 잠들면 담을 넘어 집에 들어갔다. 어머니에게 "너만 없으면 너만 태어나지 않았으면"이란 말을 자주 들었다. 존재에 대한 의문과 억울함이 든다. 내담자가 기도하는데 '부모들이 내가 잘못해서 야단치고 때렸겠지'라는 생각이 들었다. 그러나 아직 부모를 용서나 공경하고 싶지 않다. 상담자가 분노가 올라올 때 알아차리고 선택하고 행동하라고 알려주었다. 분노가 치밀 때

복식호흡을 하고 "아 경계다!" "오 주여!"라고 속으로 외치는 것을 과제로 내주었다. 내담자는 30대가 가장 행복했던 것 같아서 그 나이로 돌아가고 싶다. 아이들이 학교를 다니면서 반장과 회장을 해서 참 좋았다. 교회에 안 좋은 기억도 있지만 지금은 자매들과 다시 어머니를 전도하며 기도한다. 상담자는 미움과 증오가 영적 성숙을 방해하는 요인이라고 설명해 주었다. 항·쉬·범 원리로 살기를 권면했다.

〈9~10회기 - 4주 후, 3달 후〉

추수상담. 살아온 여정동안 많은 사람들을 유익한대로 이끌기 위하여 하나님께서 훈련시키셨다. 내담자는 가까운 권사님을 만나서 신앙적으로 많은 이야기를 하고 기도제목을 나눈다. 상담자가 부모를 사랑하려면 용서에 대하여 묵상하기를 권면하였다. 내담자가 어머니께 어머니를 위해서 기도했다고 말하니 어머니는 "내 자식인데 왜 미워했겠냐? 그런데 네가 우리 딸들 중에서 제일 못생긴 건 사실이다"라고 답하였다. 울컥했지만 화내지 않고 어머니를 위해서 기도한다고 말했다. 상담자는 내담자에게 분노가 일어나면 '알아차림, 선택하라, 행동하라'를 다시 설명하고 마무리했다.

3) 상담자로서 한계와 슈퍼비전 받고 싶은 내용

심리이론을 뛰어넘어 역사하시는 성령님의 은혜를 체험하였다. 그러나 인지치료에서 부정적 자동사고와 인지왜곡에만 신경을 쓰니 이론으로 내담자를 설득하거나 합의를 도출하는 것으로 치료했다고 착각하는 실수도 있었다.

슈퍼비전 받고 싶은 내용: ① 사례 구조화가 잘 되었는지 궁금하다.

② 호소 문제를 적절하게 조력했는지? 상담목표가 잘 선정되었는지? 적절한 상담이론을 적용했는지 궁금하다.

3. 슈퍼비전 내용

1) 슈퍼바이저 A

(1) 상담자 격려

상담 10회기를 보면서 내담자에 대한 애정을 갖고 도움을 많이 주려고 노력하고 애쓰는 모습이 보였습니다. 감정조절이 안 되고, 여성스럽지 못하고, 싸우면서 지속적으로 인간관계가 어렵고, 불쑥불쑥 분노를 참지 못하는 내담자에게 굉장히 차분하게 이야기하였습니다. 내담자가 분노를 쏟아낼 때 안정적으로 갈 수 있도록 도와주었습니다. 내담자의 행동을 객관적으로 깊이 이해하는 태도를 보였습니다. 상담자에게서 일관성 있게 분노를 고쳐주고 도와주려는 모습이 보입니다. 인지행동 치료로 알아차리고 선택하고 행동하고 잘 들어서 해결하려는 의도가 보입니다. 상담에 올 때마다 이전보다 조금씩 분노가 가라앉은 내담자는 행동하는 게 달라졌고, 분노가 가라앉는 결과를 만드는데 상담자가 도와주었습니다. 상담자가 목회자일거라는 생각이 들었습니다. 애씀의 결과가 좋았고, 믿음과 성화, 칭의의 자리로 갈 수 있도록 애를 쓰는 모습이 보였습니다.

(2) 분노 감정 다루기

내담자를 잘 도와주기 위해 보완할 부분이 있습니다. 분노를 줄이려고 많이 애썼지만 표면적인 것만 건드렸지 깊은 뿌리는 그대로 남아있습니다. 심리검사를 했지만 해석하여 상담과 어떻게 연결이 되었는지 나타나지 않습니다. 내담자는 인지적 행동 변화로 끊임없이 자신이 달라지기를 원하며 도움받기를 원하는 마음이 절절합니다. 그러나 아직 정서적인 관계가 되지 않으며, 정서와 역동적인 삶의 자세가 변하는 모습도 보이지 않습니다.

가계도를 보면 원가족 부모님이 갈등관계입니다, 내담자 부부관계도 두 번 이혼했습니다. 전남편들의 가계는 탐색이 안 되었는데 전남편들의 역동도 탐색하여 균형을 맞춰야 합니다. 권위적이고 가부장적인 아버지가 가족들에게 폭언 폭력을 했습니다. 남존여비 사상이 강한 엄마는 남편에게 폭행을 당하면 딸들에게 돌려주었습니다. 동생들이 잘못해도 큰딸인 내담자가 많이 맞고, 공부하고 싶은데 책이 없어서 친구집에 갔다가 늦게 집에 왔을 때 문을 열어주지 않았습니다. 학대 경험이 끔찍하며 엄청난 수치심이 내재합니다. 어머니에게서 "죽고 없었으면 좋겠다", "내 자식이 아니었으면 좋겠다"는 말을 듣고 컸습니다. 어머니의 이런 독한 말이 내담자에게 내사되어 자신이 수치스럽고 창피한 존재, 자존감이 낮은 사람으로 성장했습니다. 정서적인 지지나 사랑을 못 받았습니다. 내적 작동모델은 두려운 애착입니다. 부정적이라서 친밀감이 거부될 것 같은 두려움이 큽니다. 부모로부터 받아서 억압하여 내재하다가, 표현하지 못하였다가 폭발적인 분노를 보입니다.

(3) 사례개념화 확인

상담자가 사례개념화가 잘 되었는지 궁금하다고 했습니다. 내담자는 자신의 감정과 타인의 감정이 구분이 안 되는 것으로 보입니다. 분화 수준이 융합입니다. 부모가 떠날 것 같은 유기불안이 있지만, 같이 있으면 불안해서 회피합니다. 가족 안에서 희생양이던 자신이 괜찮은 사람으로 보이려고 끊임없이 과기능을 합니다. 정서적 애착 손상이 큽니다. 자신을 보호하고 방어하려는 정서가 처리되지 못하고 남아서 역기능으로 내재된 분노가 폭발로 나타납니다. 성격이 급한 아버지는 자기 말이 법입니다. 어머니도 급하고 화를 냅니다. 모녀가 갈등인데 갈등이면서 융합되어 있습니다. 불안한 두 사람이 자녀를 끌어들여서 이어집니다.

상담자는 가계 탐색을 잘하였고, 가계도를 잘 그렸습니다. 내담자는 두 번 이혼했는데, 첫 남편과는 알코올과 외도, 폭력으로 이혼했습니다. 두 번째 남편과는 폭력은 없지만 알코올과 의처증으로 이혼했습니다. 부모에게서 내재된 관계가 두 남편 사이에서 그대로 작동되었습니다. 미분화 부분과 가족체계적 부분을 더 다루지 못해서 아쉽습니다. 자매들은 예뻤는데 내담자가 못생긴 딸이라는 이유로 학대받은 것, 많은 도움을 주었지만 성공한 남동생이 내담자의 애씀을 알아주지 않은 것, 학대와 외도 등 존재감이 없는 여성이라는 점에 더 관심이 필요합니다. 결혼마다 이혼하고, 용돈을 주어도 아들과 관계가 단절된 아픔들이 원가족의 영향으로 그렇게 될 수밖에 없었습니다. 내담자의 처절한 아픔을 근본적으로 담아주지 못하고 기법으로 가려고 했던 부분이 아쉽습니다.

2) 슈퍼바이저 B

(1) 학대로 인한 부정적 자기표상

상담자는 내담자의 화난 원인을 분석하고 파악했으면 좋겠습니다. 보고서를 보면 내담자의 성장과정을 탐색하고 부모에게 받은 학대를 그때 풀어내지 못했고 억울한 마음이 풀리지 않아서 화나 분노가 촉발되었다고 썼습니다. 대인관계에서 화나 분노를 없애거나 조절하면 좋겠다고 썼습니다. 그러나 치료는 '~를 알아차림을 하기' 등으로 써 있습니다.

전반적으로 상담자의 생각이나 의도는 좋습니다. 그러나 화가 날 때마다 화나 분노를 처리하면 좋지만 아예 화가 나지 않게 하는 마음을 갖는 게 더 나을 것 같습니다. 성장과정에서 부모에게 아주 심하게 학대를 받았습니다. 그 학대가 영향을 줘서 현재 어떤 심리를 갖게 하는데, 지금 자꾸 화가 납니다. 상담을 하면서 심리가 변화되는가? 성장과정이면 자꾸 화가 날 수밖에 없는 심리가 변화되면 화가 좀 덜 나던지, 화가 많이 안 나는 구조로 변화되는 마음을 갖게 됩니다.

화를 인식하고 치료하는 것은 인지치료 행동치료 인식 수준에서 나옵니다. 심리구조 변화를 목표하는 것은 통찰상담입니다. 내담자가 당한 경험들을 보면, 상담자가 표현한대로, 개같이 끌려갔습니다. 그런 경험은 우리 마음에 어떻게 남아있는가? 개처럼 끌려갔고 말도 안 되게 맞고 무시당하고 존중되지 못하고 끊임없이 거절당하는 경험을 통하면 마음에 무엇이 남았을까? 자기에 대해서 좋은 마음이 없겠다. 왜 끊임없이 까닭 없이 맞았을 때 자기감각(sense of self)인데, 내 모습에서 느끼는 자기 존재감을 어떻게 느끼겠는가? '나는 가치가 없다'라는 자기 표상이 생깁니다. 한 없이 부정적인 자기 표상이 생깁니다. '나는 존중할 만한 대상이 아니다', '나는 개만도 못하다' 이런 마음가짐을 가진 사람은 사랑을 많이 받은 사람과는 대상을 선택할 때 차이가 있습니다. 사랑을 해줄 사람을 소중하게 선택할 것입니다. 그런데 개만도 못한 사람은 결혼도 개만도 못한 팔자로 하게 됩니다. "내 팔자야!"라는 말은 자기 표상이 그런 것입니다. "무슨 부귀영화를 보겠다고 내 팔자에…"라며 대충 그런 이상한 남편을 얻게 됩니다.

첫 남자와 첫 여자인 아버지와 어머니가 사람이 어떤지를 알려줍니다. 대상표상으로 사람에 대한 이미지는 좋지 않습니다. 마음속에 '사람 관계는 존중하지 않고 배려하지 않고 걸핏하면 개 무시당하는 것이다'라고 자리 잡습니다. 각인은 어린 시절 경험을 백지에 그리는 첫 그림입니다. 똑같이 처음 만나는 부모의 관계가 인간관계로 각인됩니다. 나쁜 대상에 충성심을 갖고 거기에서 떨어지지 못하고 강렬하게 매달립니다.

1부

•

나
를
찾
아
서

(2) 현실에 영향을 주는 자기표상

내적 대상관계, 내적작동 모델로 '대상이 나를 함부로 한다. 나는 존중받지 못한다'는 관계 모델에 익숙합니다. 이런 사람이라면 놀이터에 나가서도 무언가 내가 무시당할 것 같고 함부로 대할 것 같고 안 좋은 일이 일어날 것 같은 느낌이 듭니다. 그렇게 내적 작동모델 대상관계가 계속 반복된다. 에피소드 가운데 전기고지서가 미납이라고 나왔을 때 직원에게 육두문자를 날리고 화를 냅니다. 보통 우리는 짜증 정도로 내는데 주 호소 문제가 화가 나면 참을 수 없다는 것이다. 손바닥으로 이렇게 [책상을 가볍게 치며] 탁 치면 아픈 게 없습니다. 만약 손바닥에 옛날에 가시가 박혀 있다면 이렇게 탁 치면 자지러지게 아플 것입니다. 우리 마음이 이렇습니다. 사람마다 반응이 다르겠지만 결국은 우리가 경험한 것을 바탕으로 지금을 경험합니다. 내담자는 지금 눈앞의 고지서 사건이 대단한 것이 아닌데 그걸 통해서 어린 시절의 아픔이 활성화되고 재생됩니다. 그냥 귀찮은 일로 생각하는 게 하니라 '개무시'당하는 일로 해석합니다, 정말 이유를 모르게 그렇게 화를 내며 반응합니다.

내게 잘해주는 사람은 너무 좋습니다. 아무리 나쁜 대상관계라도 없는 대상보다는 낫습니다. 좋은 대상이라서가 아니라 필요한 것입니다. 부모에 대해서 이런 식으로 사랑을 해주는데 지식을 못 줘도 좋기도 하고 나쁜 것을 전체적으로 받아들여야 관계가 안정적입니다. 너무나 상반적인 모습이면 부모를 받아들이지 못해서 분리시킵니다. 좋은 것과 나쁜 모습을 따로 떼어서 받아들입니다. 나에게 잘해주면 세상에 좋은 사람, 'All good!'입니다. 나에게 나쁘게 하면 세상이 나쁜 놈, 'All bad!'입니다. 어느 정도 나쁘냐면 우리 부모처럼 나쁜 놈입니다. 물론 의식적으로 그런 것은 아닙니다. 이런 사람들은 안정되고 평안하게 유지되는 대인관계가 어렵고 조율이 어려운데 양극단으로 왔다 갔다 해서 그렇습니다.

사람들은 아무리 어린아이라도 힘들고 고통스러운 마음은 나름대로 방어하고 처리합니다. 내담자는 나름대로 불편한 심기를 어떻게 처리해 왔습니까? 하나는 자녀들을 무자비하게 때립니다. 딸을 때릴 때 친정어머니가 "왜 딸을 때리냐?"고 하면 "엄마도 날 때렸는데 내가 어떻게 안 때려!"라고 대답합니다. 부모와의 경험에서 내재화되는 것을 세 가지로 이야기합니다. 대상표상, 자기표상, 부모가 자신을 대하던 태도와 방식입니다. 학습된 것이 완전히 자기 것이 됩니다. 다른 하나는 딸을 때리고 친구를 때립니다. 왜 맞아본 사람이 남들을 애틋하고 잘 보살펴야 하는데 왜 남을 때리지? 이 예를 들면 시어머니에게 고생하면 나중에 나쁜 시어머니가 됩니다. '공격자와 동일시'입니다. 공격자와 동일시를 통해서 심리가 성장합니다. 방어로서 동일시에 공격당하면서 두려움과 불안을 도망갈 수 없어서 방법이 없습니다. 두려움을 이길 방법이 없고, 맞으면서 불안을 이깁니다. 자기가 공격하면서 '나는 더 이상 맞는 존재가 아니다', '나는 더 이상 피해자가 아니다'라고 느낀 것입니다. 자기 딸을 때릴 때도 너무나도 무자비하게 때립니다. 그 순간을 잘 보면 딸을 때리는 것이 아니라 자기 눈앞의 두려움과 공포를 때리는 것입니다. 그래서 딸을 무자비하게 때릴 수 있으며, 때리는 행위를 통해서 자기 두려움과 공포를 벗어나는 것입니다. 난 더 이상 맞는 존재가 아니야 하면서 때립니다.

(3) 심리구조를 변화하는 해석과 불일치 경험

상담자가 어떻게 도와줄 수 있습니까? 잘 도와주면 됩니다. 치료인자가 크게 두 가지입니다. 첫째는 해석을 통해서 자기 마음을 이해하게 합니다. 프로이드 심리학을 비롯해서 '내가 무의식적으로 이런 것을 반복하고 있구나' '눈앞에 벌어지는 일을 이러이러한 심리영향으로 이렇게 하고 있다'고 이해하게 됩니다. 자기를 통찰하면 행동을 통제할 수 있습니다. 여기서 해석이란 의식과 무의식을 연결해주는 것입니다.

두 번째 치료인자는 상담자와 내담자 관계 자체입니다. 상담자가 너무 많이 도움을 주려고 접근했습니다. 목회자인가 싶게 신앙적인 접근도 많이 했습니다. 내담자의 입장에서 만났던 사람들인 아버지, 어머니, 동생들, 교수인 남동생, 고지서를 남긴 사무원, 외상값 안 준 사람들, 남편1, 남편2. 만나고 싶지 않은 사람들이었습니다. 이런 관계를 겪다가 상담을 했는데, 상담자가 이상한 사람이고 별종입니다. 그동안 만난 사람들과는 다르게 잘 대해주고 따뜻하고 이해해주는 사람입니다. 낯선 만남입니다. 이런 낯선 만남은 내면의 내적 대상과 일치되지 않는 경험입니다. 이것을 '불일치 경험'이라고 합니다. 불일치 경험을 하지 않으면 계속 내적 대상관계에 근거해서 만나고 부정적인 내적 대상관계를 계속합니다. 남의 시선을 계속 나쁘게 보는 것을 다르게 만드는 상담자의 태도인 불일치 경험을 하면서 있는 그대로의 상담자와의 만남이 반복되고 새로운 내재화된 경험이 쌓입니다. 이런 만남이 내재화되어 새로운 만남이 되고, 꾸준히 쌓이면서 시간이 걸리지만 대상표상 자기표상이 바뀝니다. 상담을 통해서 이뤄지는 변화는 다양합니다. 처음 이런 상담자를 만났기에 그것만으로도 마음이 좋아집니다. 상담자를 통해서 심리구조가 바뀌게 됩니다.

(4) 기독상담자 역할

상담이 종결되어서 내담자가 세상에 나가서 이런 심리구조가 유지되는지 알 수 없습니다. 상담자의 한계를 보면 '심리이론을 뛰어넘어 역사하시는 성령님의 은혜를 체험한다'라고 쓰여 있습니다. 상담자가 목회자이니까 이런 것이 참 강하고 필요합니다. 하지만 동시에 상담자니까 심리이론도 하나님께서 주신 것이라고 생각을 하고 그 이론 속에서, 이론에 따라 배우고 잘 상담하는 상담자를 통해서도 역사하시는 성령님의 은혜를 같이 보는 게 기독상담자 역할이라고 생각합니다.

4. 참석자 질문과 답변

질문: 내가 내담자라면 부모가 왜 나를 학대했을지 궁금할 것 같습니다. 내담자가 이런 상황 속에서 부모에게 순종하는 게 이해가 잘 안됩니다. 내담자가 치료되기 위해서 어떤 해석과 이해를 해주실 수 있으십니까?

슈퍼바이저B: 표현하고 싶은 건 자연스럽게 이야기하는 것이 중요합니다. 내담자의 화나 분노는 상처의 결과물로 드러납니다. 상처만이 아니라 학대로 인생이 무너진 것입니다. 목회자라서 용서를 이야기하지만 조심스럽습니다. 이해가 되어야 용서가 됩니다. '우리 부모도 이랬구나', '부모도 나에게 가해자지만 희생자였구나'를 알게 되면 자연스럽게 이해되고 용서가 됩니다. 그러기에 반드시 히스토리를 삼 대 살펴봐야 합니다. 부모가 어떤 분이지도 중요하지만 외조부모 조부모가 어떤 분인지, 할머니 할아버지가 어떤 분인지를 살피는 것이 중요합니다. 어떻게 부모님이 성장했는지 아는 게 중요합니다. 어머니도 아버지에게 폭력을 당했을 때 친정이나 친구에게 하소연하지 못했을 것입니다. 왜 그랬는지 살펴야 합니다. 이러한 과정을 이해하는 것이 용서의 시작입니다.

질문: 상담자를 통해서 불일치 경험을 한다고 했는데 불일치 경험이 학대를 했던 부모를 통해서 할 수 있습니까? 상담자가 인지왜곡에 초점을 맞추어서 많은 것을 놓쳤다고 하셨는데. 제가 초보자라서 그런지 내담자를 만났을 때 어떤 이론이 가장 적합한지 어떻게 계획할지가 궁금합니다.

슈퍼바이저 A: 첫 번째 대답으로 내담자는 학대받고 자기를 개처럼 취급하는 부모를 통해서 알게 모르게 세상을 바라봅니다. 그 세상 끝에서 살아갈 때 '나는 참 쓸모없는 인생이다', '존중하지 못하는 존재인가?'라고 생각합니다. '나는 사람들이 함부로 대해도 되는 존재다', '사람들은 날 배려하지 않는다'라는 내적 이미지를 갖습니다. 이런 내적 대상으로 낯선 사람들을 만나면 어떻게 경험되겠습니까? 항상 그렇지는 않지만 '저 사람이 나를 안 좋게 대할 것 같아' 만나는 사람들이 '잠재적 비판자'와 '잠재적 가해자'로 느껴집니다. 만나는 것이 꺼려지고 신경이 날카로워집니다. 낯선 사람들이 다가오는 게 편하지 않아 안 만납니다. 더 무시하고 소외시킵니다. 이 세상은 정말 힘들구나, 내 팔자에 무슨, 점점 다가가지 않고 내적 대상관계와 일치적인 경험을 계속합니다. 일상이 나쁜 의미로 강화됩니다. 그런데 따뜻한 대상관계로 다르게 경험합니다. 상담자를 통해서 자기 내면과 다른 사람이구나 하는 다른 만남의 불일치경험을 합니다.

누구하고도 가능한가? 부모와도 가능한가? 예, 가능합니다. 요즘에는 부모들이 달라졌습니다. 미디어나 강의 등으로 여기저기에서 듣고 보는 것들이 많습니다. 뭔가가 있다고 생각하고 변하고, 변하려고 노력합니다. 부모가 변화하면 예후가 훨씬 좋습니다. 질문하신대로 부모와의 불일치경험이 가능합니다. 피는 물보다 진해서 피를 나눈 관계는 합리성을 넘어서기에 가능합니다.

두 번째 대답으로, 우리가 내담자를 만날 때 무슨 상담으로 접근해야 하는지 정확히 알고 시작하는 것이 중요합니다. 상담 목표를 비롯하여 인지행동치료와 대상관계 통찰치료의 차이는 통찰치료는 무의식적인 심리를 포함하여 심리구조를 변화하는 게 목표입니다. 인지행동치료도 무관하지 않지만 가능할 수 있습니다. 인지행동치료의 핵심은 '자동화 사고' 같은 것을 변화시키는 것인데 인지행동치료만으로는 한계가 있는 경우가 있습니다. 우울이나 공황장애, 신경증적 증세에는 도움이 될 수 있습니다. 그러나 일반적으로 대부분의 경우에 인지가 나오는 밑바닥 심리 구조를 알아야 제대로 됩니다. 어떤 내담자든지 내담자의 큰 심리이해가 필요합니다. 내담자가 결국 좋은 양육을 받으면 좋은 심리를 갖는다고 봅니다. 좋은 양육을 받지 못해서 건강하지 못한 심리를 갖습니다. 좋은 양육이란 아이의 자발적인 욕구와 몸짓에 적절하게 반응해주는 좋은 엄마입니다. 아이가 원하는 대로, 자발적 욕구에 자연스럽게 반응하는 것만으로 내담자는 전혀 다른 사람이 될 것이다. 하나님이 내담자에게 준 본래 하나님의 형상대로 사는 것으로 지금의 모습과 사뭇 다릅니다. 어떤 내담자든지 건강한 양육이 이뤄졌는지 살펴보는 것은 모든 상담의 기초입니다. 어떤 심리를 갖게 되는 것인지를 봅니다. 건강하지 못한 심리가 어느 정도인지 진단을 내릴 정도의 신경증, 정신병이면 현실감각이 떨어지는지를 살펴봅니다. 심리적인 어려움이 없다면 인지행동 접근을 할 수 있습니다.

질문: 새로운 대상관계가 설정되어 내담자가 거기에 의존하면 적절히 분리할 때가 필요합니다. 상담자와 건강하지 않는 의존상태로 가는 징후는 무엇입니까? 내담자에게 최소한의 거절감을 주면서 어떻게 종결할 수 있습니까?

슈퍼바이저 B: 질문을 들으면서 점입가경이라는 사자성어가 떠오릅니다. 실제 상담을 하게 되면 내담자의 부정적인 내적 관계가 일상생활에서 영향을 미칩니다. 성장과정에서 부모와의 심리구조가 지금의 상담자와 내담자 관계에도 영향을 미칩니다. 성장과정에서 부모와 관계에서의 심리, 현재 대인관계에서의 심리, 내담자와 상담자의 관계 심리. 세 가지가 있습니다. 상담자에 대해서 원하든 원치 않든 처음에는 상담자를 불신해서 말도 소심하게 합니다. 점점 시간이 지나면 너무 상담자가 좋아집니다. 너무 좋아서 'all good'과 'all bad'를 왔다 갔다 합니다. 확 좋아해서 푹 빠질 위험이 너무 커집니다. 상담자를 상담자로 보지 않고 어린 시절에 나를 무시하고 거절한 부모로 보는 '부정적 전이'를 하다가, 좋아지면 전이가 바뀌어 '소망하는 부모 전이'로 바뀝니다. 의식수준이 아니라 내담자의 무의식 수준에서 일어납니다. 그래서 내가 이상적인 딸. 소망하는 딸을 재생하며 상담자에게 푹 빠집니다. 푹 빠진 다음에 과정은 상담자가 각성하고 경각심을 가지고 상담해야 합니다.

상담에서 제일 관심을 갖는 것은 전이 역전이입니다. 전이에 대해서 끊임없이 관심을 가지면 처음에 어렵지 않게 판단이 됩니다. 죄송하지만 여기저기서 하는 슈퍼비전을 보면 전이 역전이를 말하지만 공통적으로 보면 실제 상황에서는 전이 역전이에 집중하지 않는 것이 아쉽습니다. 전이 역전이에 더 집중을 하면 도움이 됩니다. 상담자에게 '평상시하고는 내가 좀 다르네' 다른 마음이 생깁니다, '조금 꺼려지고 껄끄러움이 느껴지네' 하면서도 '상담 이렇게 해도 되나?' 하면서 '과한 거 같다', '내가 더 가는 것 같다'고 집중하는 상담자는 그때그때 느낍니다. 제일 중요한 것은 그렇게 느껴지면 일단 멈추는 것입니다. 잠시 멈추고 생각하고 내가 뭘 느끼는지 인정하는 것입니다. 잠시 쉽니다. '내가 왜 그런지?' 내가 느끼는 것이 뭐고 그 감정을 인정하는 것입니다. 우리도 방어적이라서 인정이 잘 안 되고 움추려지며 차가워집니다. 조금 불편해지면 멈춤하고 그걸 받아들여야 합니다.

왜 느끼지 않으려는가를 세 가지로 생각하면 좋습니다. -내담자가 나를 이렇게 만드나? 내 심리 중에서 아직 처리되지 않은 게 있나? 전이 역전이가 맞물려 돌아가나?- 금방금방 잘 안 되지만 훈련을 하면 처리해 나가는 게 좋습니다. 염려되는 것은 상담자가 잠깐 멈출 때 내담자가 "왜 선생님 아무 말 안하세요?" 하고 물을 수 있습니다. 그때 대응할 수 있다면 편안하게 쉴 수 있습니다. 그때 "상황에 대해서 생각하고 있다", "네가 어떤 이야기를 하는지 생각하고 있다"라고 대답합니다. 가급적이면 자기 오픈을 하지 않지만 지금 이 상황이 어떤 의미인지를 탐색할 수 있습니다.

질문: 임상적으로 전이 역전이 현상이 나타난 것이 아닌가 하는 부분이 보입니다. 상담자가 내담자의 남자관계를 깊이 다루지 못했습니다. 사례보고서에 개인적인 프라이버시라서 더 묻지 못하였다고 괄호 속에 썼습니다. 그 당시 상담자는 자기 스스로를 어떻게 보고 있었는지 궁금합니다. 상담자가 어떤 정체성을 가졌다고 보았는지 성찰할 필요가 있을 듯합니다.

상담자: 일상적으로 있을 수 있는 일이라고 생각해서 더 물을 필요가 없다고 생각했습니다. 이것은 지워도 됩니다. 그냥 식당을 하다 보니 희롱하는 수준이라서 더 묻는 것이 상담자에게 의미가 없어서 질문을 안했습니다.

질문: 분노 감정 치료를 진행하는데 구체적인 것이 있습니까? EFT, 정서치료 면에서 다르게 하거나 더 보충하실 설명이 있습니까?

슈퍼바이저 A: 분노 자체를 정서로만 보는데 관계는 정서적인 연결이 되어야 합니다. 정서가 연결되지 않으면 관계가 안 됩니다. 분노는 이차적 정서로서 분노를 통해서 뭐가 있는지 찾아들어가는 것입니다. 내담자 안의 핵심 감정이 '무시당함'이면 분노를 하던지 말을 하지 않을 수 있습니다. 분노 안에는 박탈감이 있거나 중요하지 않다든지 관계가 끊어졌다든지 상실감이 있습니다. 내담자 안에서 분노에 머물러 주는 작업이 타당합니다. 그럴 수밖에 없는 정서적 경험을 그대로 인정해주는 것이 필요합니다. 부모로부터 양육 받았을 때의 부정적 경험을 인정합니다. 상담자는 나라도 그럴 수밖에 없었다고 내담자를 수용하고 지지해줍니다. 인지행동치료의 '수용전념체계'라고 말할 수 있습니다. 그런 작업을 계속하면서 부정적 경험을 긍정적 경험으로 바꾸어줍니다. 상담자와 '불일치 경험'을 하면서 대상표상이 달라지는 다른 경험을 하게 됩니다. 분노를 안 하는 것이 아니라 정서적으로 다른 경험을 합니다. "못해도 괜찮아. 그럴 수도 있어"의 경험을 하면서 분노하겠지만 점차 줄여가는 과정이 됩니다.

질문: 축어록에서 저희들이 도움을 받을 수 있는 많은 요소가 있습니까? 체크를 하신 것이 있으시면 나눠주시길 바랍니다.

슈퍼바이저 A: 발표자가 1회기를 축어록으로 제시하였습니다. 왜 1회기로 했을까부터 살펴봐야 합니다. 상담자와 내담자 대화를 보면 "용서가 안 되는군요? 이런 현상이 언제부터인지요?" 내담자는 자기가 심각하다고 느낍니다. 상담자는 그 심각함이 뭘 의미하는지 자신의 말로 표현하는 걸 도와주는 작업이 필요합니다. 상담자가 정답을 주려고 하는 모습이 많이 보이기 때문에 목회자가 아닌가 생각이 들었습니다.

할아버지의 가족관계를 이야기하면서 이 가계에 대해서 어떤 감정을 갖는지에 대해서 물어보면서 깊이 들어가야 하는데 상담자는 가족의 수 등 피상적인 질문을 합니다. 이런 부분을 보완해야 합니다. 사건에 대한 이야기로 상담자가 반응하고 있습니다. 내담자가 자기 마음을 자기 언어로 표현하도록 도와주어야 치료가 됩니다. 그 말이 무슨 의미인지 들으며 더 들어가는 작업이면 좋겠습니다. "나가면 엄마에게 맞아 죽는다"는 게 어떤 의미인지를 더 구체적으로 물어보면서 더 깊이 들어갈 수 있습니다. 첫 회기라서 뭔가 파악하려고 상담자가 그쪽으로 자꾸 알아야 한다고 생각합니다. 그보다는 이미 내담자가 자기 안에 가져온 실마리를 더 깊이 들어가면서 진행되어야 합니다.

슈퍼바이저 B: 상담자 입장에서 왜 이 회기 축어록을 냈는지를 설명하는 게 좋습니다. 축어록에 상담자 내담자 관계에서 상호작용이 잘 드러나는데, 상담자가 이것을 하고 싶은 이유를 내놓으면 좋겠습니다. 축어록이 1회기임을 고려하면 중요한 것은 내담자에게 말할 수 있는 편안하고 안전한 환경을 제공하는 것입니다. '상담은 이렇게 하는 것입니다'를 알게 모르게 보여줍니다. 의미가 있는 표현이 나오면 "자세히 이야기 해주시겠습니까?"로 충분합니다. "구체적으로 이야기해 주시겠습니까?" "당신의 경험을 이야기해주세요"를 계속 말하면 나중에 내담자가 변합니다. 상담에서는 객관적인 사건과 팩트를 어떻게 경험했는가 하는 심리적 팩트가 중요합니다. 최대한 구체적으로 에피소드를 생생하게 나누고, 형용사 부사를 사용하여 구체적인 생생한 사건의 이야기하는 게 더 좋습니다.

후반부에 상담자의 말이 아주 길어집니다. 내담자의 이야기를 일반화해버리면 생생함이 줄어듭니다. 내담자가 얼마나 힘들었는지 생생하게 말하는데 상담자가 일반적인 위로와 공감의 수준으로 받으면 생생하지 못하게 됩니다. '일반화'가 지칭하듯이 내담자는 일반적인 상황에서 성장하지 못했습니다. 일반적인 이야기는 내담자에게 적용되기보다는 잘 맞지 않는 것입니다. 내담자에게 이해받지 못하는 느낌을 줄 수 있습니다. 상담자 자신이 갖는 생각은 자제하는 게 좋습니다. 중립성을 지키는데, 중립성은 상담자의 가치관으로 판단하지 않습니다. 상담자가 볼 때는 맞는 이야기지만 내담자에게는 일반적이지 않기 때문에 맞지 않습니다. 상담자가 느끼는 것과 내담자가 느끼는 것은 항상 차이가 있습니다. 상담자가 내 가치관이나 세계관이나 신념을 주는 건 자제해야 합니다.

5. 상담자 소감

긴장이 되고 언제 끝나나 싶었습니다. 상담자가 되는 과정이 쉽지 않다는 것을 체감합니다. 사고의 확장을 가져온 기회였습니다.

6. 목회신학적 성찰: 약자에게 금지된 감정 분노

교회에서는 분노를 부정적이고 위험하게 간주한다. 분노만이 아니라 소위 부정적인 감정을 성숙하지 못한 신앙인이 갖는 특질로 보기도 한다. 분노가 이성을 망가트리는 강력한 감정이며, 억제하거나 다스리기 어려워 파괴성을 가졌다고 강조한다. 영적으로 성숙한 사람들은 분노를 잘 제어하며 드러내지 않는다고 가르쳤다. 중세 교회의 "일곱 가지 치명적인 죄"에 분노가 들어간다. 분노는 불순종과 동의어가 된다. 죄로 치부되는 분노 감정은 교인들에게 강한 족쇄가 되었다. 교인들은 분노보다 차라리 무감각하고 무감정한 상태를 영적이라고 여기게 되었다. 영과 육을 구분하는 이원론과 분노가 죄라는 교회 전통은 교인들이 자기감을 갖고 진정한 관계맺음에 많은 것을 제한한다. 특히 분노하는 것이 강자의 권력이지만 약자들에게는 허용되지 않는다.

내담자들이 분노하는 이유는 부모가 자녀들을 존중하지 않고 무시하고 심지어 학대했기 때문이다. 자녀들은 심리 언어 신체적인 학대를 당하고 충분한 애정과 돌봄을 받지 못해도 살기 위해서 분노를 내색할 수 없다. 부모의 태도를 변화시키려고 반항하고 저항하지만 대부분은 보복이 더 크다. 집에서 공동체에서 그나마 살아남으려면 권위자에게 불평하지 않고 복종하고 순응하는 것이 미덕이라고 강요받았다. 사춘기를 거쳐 성인이 되어 분노조절을 익히지 않으면 성격과 관계패턴에 부정적으로 뿌리내린다. 거칠고 폭력적인 언행으로 주변 사람들에게 더 거절되며, 중독이나 성격 장애의 모습을 보인다.

목회상담에서 분노를 어떻게 다루어야 하는가? 첫째, 분노 감정은 결코 죄가 아니라는 인식이다. 분노는 가장 표피적인 감정이며, 그 안에는 여러 감정들이 아니 수많은 감정들이 숨어있다. 수치스러워도 분노하고, 자존심이 상해도 분노하고, 질투하고 시기할 때도 분노하고, 억울하고 무시당해도 분노한다. 심지어 외로워도 분노한다. 그러기에 무조건 "분노하지 말라"고 조언하는 것은 도움이 되지 않는다. 지금 분노하는 나를 이상한 것이 아니라 자연스러운 반응으로 인정한다. 두 번째, 분노 스펙트럼을 살펴본다. 분노 뒤에 숨어있는, 분노 밑에 깔려있는 다양한 감정들을 찾아본다. 분노를 다른 이름과 다른 감정으로 표현하면 훨씬 이해받고 공감받는 느낌이 든다. 다른 이름의 감정으로 나누어서 표현되는 분노는 자기의 상황을 넓게 이해하며 깊이 접촉하는 데 도움이 된다. 분노 하나로 폭발하기보다는 여러 감정으로 나누어서 표현하면 쉽고 유연하게 흘려보낼 수 있다. 세 번째, 분노하는 자기 자신에 대한 자각이다. 분노하는 자신이 어떻게 보이는가? 어떻게 느껴지는가?'의 알아차림이 중요하다. 알아차림은 지각체계와 가치관과 신앙체계에 뿌리를 둔다. 분노 감정을 막고 제어하기보다는 분노로 표출하여 무언가를 얻으려는 의도를 먼저 성찰한다. 네 번째, 분노 감정이 문제가 아니라 분노하는 방법이 문제가 될 수 있다. 분노의 플롯은 자기 정당성이다. 분노하는 방법이 진정으로 자기 정당성을 지키려는 의도인지. 방법이 효율적인지, 자신의 자기감과 정당성을 유지하는 데 도움이 되는지를 실제 경험하는 것도 필요하다.

하나님도 분노하신다. 우리도 하나님을 향하여 분노할 수 있다. 분노를 통하여 우리는 관계를 변화시킬 수 있다. 첫째, 분노가 잘 전달되면 더 친밀해진다. 우리는 분노를 표출하면 관계가 멀어질 수 있다는 두려움이 있다. 분노를 잘 소화하면 안전한 신뢰가 쌓인다. 아이는 증오와 공격에서 견디고 살아남아주는 엄마를 경험해야 친밀감과 신뢰가 쌓인다. 하나님을 향한 분노도 하나님과 진정한 관계를 회복하는 정직한 신앙이다. 둘째, 분노는 정의와 사랑과 연민의 표현이다. 악한 권력이나 기만하는 사람들을 향하여 저항하는 약자들의 분노는 필요하다. 침묵과 순응을 강요받을 때 위험을 감수하고도 분노하며 맞서는 것이 건강한 영성이다. 자기의 정당성, 공동체의 본질이 훼손될 때는 용기 있게 분노하며 결집한다. 셋째, 분노는 참자기로 살게 한다. 거짓자기나 정상증후군 환자는 분노하지 못한다. 자신의 고유함을 잃은 이들은 무엇이 잘못되었는지 모르기 때문이다. 분노는 무엇인가 잘못되고 있다는 신호다. 자유로운 자기감은 물론 공동체의 정의를 찾아가는 여정에는 정당한 분노가 병행된다.

7. 토론을 위한 씨앗

1) 목회자가 상담 관련 공부를 하고서 목회상담자가 되는 경우가 있습니다. 이분들이 목회상담 장면에서 보여주는 특징이 무엇입니까? 좋은 점은 무엇입니까? 주의할 점은 무엇입니까?

2) 상담자로서 전이 역전이를 잘 다루려면 슈퍼비전은 물론 개인적인 자기분석을 받아야 합니다. 그러나 여러 이유로(비용, 시간, 체면 등) 분석과 슈퍼비전에 소홀하게 됩니다. 상담자가 정서적으로 접촉하지 못하거나 방어하여 내담자에게 어떤 모습이나 태도를 보이겠습니까?

3) 단기상담(10회기 내외)에서 각 회기 안에서 상담자의 주도성과 내담자의 자발성이 어느 정도 조합되어야 효율적이라고 생각하십니까?

4) 자기 삶에서 새로운 대상을 만나서 불일치경험을 한 적이 있으십니까?

5) 분노의 감정을 느끼는 것과 분노를 표출하는 행동을 구분할 수 있을까요? 즉, 분노하는 감정을 허용하지만 분노표현을 조절할 수 있을까요? 이것이 가능하다면 어떻게 이것을 가능한지 나누어봅시다.

6) 내담자의 분노에는 원가족에서의 희생과 폭력, 결혼과 이혼 등의 미시적인 조건들이 있습니다. 그렇다면 가부장제나 남성중심적인 사회문화와 같은 거시적인 조건들은 내담자의 분노에 어떤 영향을 미쳤을지 논의하여 봅시다.

2부

관계를 향해서

IV장

무얼 해도 비난 받아요

1. 내담자 이야기

내담자는 30대 초반 기독교인 여성이다. 20대 초반에 마트 도우미, 20대 중반에 일반회사 인턴으로 근무하면서 돈을 벌어서 대학에 진학을 하였다. 지금 '강사 알바'를 하면서 신학대학원에 다니고 있다. 상담자를 만나는 중에 스트레스가 심했던 전도사 사역을 그만두었다. 이전에 상담 경험이 두 번 있다. 1년 전에 길을 가다가 갑자기 헛구역질을 하면서 아무 생각 없이 찻길로 뛰어드는 무서운 경험을 해서 교회 상담실에서 상담했다. 그 상담자에게 학업이 힘들다고 호소하였더니 학생으로서 일과 학업을 병행해서 공부에 집중하지 못한다고 비난만 들었다. 두 번째 상담 경험으로 아버지 친구인 정신과 의사를 만났는데 어떤 이야기를 하더라도 성욕이 충족되면 불면증이 해소될 거라는 이야기를 들었다. 거기서 정직하게 말을 못하고 거짓말을 하고 상담을 마쳤다.

내담자 아버지는 직업군인이었다. 내담자는 어머니가 산후 우울증을 앓아서 방치되었다. 100일경에 연탄가스로 질식할 뻔해서 이모집으로 보내져서 자랐다. 나중에는 이모의 아들과 딸들이 부모님 집에 와서 살게 되었다. 아버지는 40대 중반에 전역하고 할머니의 서원 기도에 따라 신학 공부를 시작하였다. 이후 가족들은 경제적인 어려움을 겪으며 판자촌 비닐하우스에서 살기도 했고, 어머니가 피아노 학원을 운영하면서 경제적으로는 조금 나아졌다. 내담자가 중학교 때부터 어머니도 신학 공부를 하였고, 밤 기도를 많이 하는 기도원을 운영하였다. 내담자는 태어나서부터 부모와의 관계가 거의 단절된 상태로 성장하였다.

내담자가 어머니에게 말을 걸면 "벽보고 하나님과 대화해"라고 말하거나 "심심하다"고 하면 "책이나 읽어"라고 반응하였다. 자신에게 하나님은 '근두운을 타고 갑자기 나타났다가 사라지는, 장난끼 가득하여 나를 놀리고 떠나는 하나님'이라고 표현하였다. 자신에게 필요한 존재로서의 하나님과 얄미운 하나님이라는 양가적인 하나님 상을 표현하였다. 인간상도 극과 극으로 나뉘는데 자신에게 잘해주는 사람을 한없이 이상화한다. 반대로 자신을 해하려고 한다고 느끼면 더 강하게 반발하며, '절교'한다. 특히 남자에 대하여 극혐오의 마음을 갖고 있으며, 가난하거나, 연약한 사람, 여자들에게는 한없이 큰 자비를 베푼다.

고등학교 때부터 눈이 이상해서 어머니에게 호소했는데 돈이 없다며 병원에도 데려가지 않았다. 고등학교 졸업 후 스스로 돈을 벌어 병원에 가서 녹내장 말기 진단을 받고 수술하였다. 이후 백내장 진단을 추가로 받았다. 내담자는 대인관계에서 다른 사람들이 '무얼 해도 비난받아서 뭘 할지 모르겠어요'라고 호소하였다. 그러면서 '피해자 코스프레'를 잘하는 것이 관건이라고 한다. 대인관계 갈등 상황에서 상대방을 비난하는 말을 계속하고 있다.

아버지와의 관계는 소원하고 어머니와의 관계는 애증관계다. 내담자는 어머니를 필요로 하였고 어머니를 도와주고 싶은데, 어머니가 자기에게 무관심하게 반응하는 모습이 굉장히 싫었다. 어머니가 자신을 안 믿어주는 이유를 많이 생각하며 성장하였다. 어머니는 이모와도 애증관계다. 어머니는 외할머니로부터 사랑을 받고 싶어서 무척 애를 썼지만 그 사랑이 이모에게로 많이 갔다고 말하였다. 어머니는 이모에게 싫은 소리를 듣기 싫어서 또 지나치게 이모를 의식해서 내담자에게 쏟을 애정을 과하게 조카들(이모의 아들과 딸들)에게 기울이는 태도를 보였다. 그런 성장과정에서 내담자는 어머니 관심을 받으려고 심하게 눈치를 본다. 지금도 인간관계에서도 비난받을 것을 걱정하고, 눈치 보며 상대에게 애정을 구걸하는 모습을 보인다.

2. 상담 과정

1) 상담목표와 접근

상담목표: 다른 사람들의 말에 약해지거나 몰두하지 않도록 자존감을 회복하고 편안한 대인관계를 한다. 상담자는 내담자가 어떤 말을 해도 비난하지 않는 안전기지가 되어주고 안정적인 애착관계를 맺도록 해준다. 상담자가 없을 때도 내담자가 스스로 생각하며 자신의 고통을 탐색할 수 있는 기회를 준다.

신학적 접근: 늘 함께 계시는 임마누엘 하나님을 내담자가 느끼도록 한다. 일상에서 하나님이 어디에 계시는지, 어떤 마음으로 어떤 눈으로 내담자를 보시는지를 경험하게 한다.

2) 회기 요약

〈1-3회기: 성장과정〉

내담자 아버지는 직업군인이었으나 할머니의 오랜 서원기도에 따라 43세에 전역하고 신학공부 및 목회를 시작하였다. 아버지가 미자립 교회를 운영해서 어머니는 피아노 학원을 운영하면서 생활비를 보탰다. 내담자는 목회자 자녀로서 '연극적인 삶'(내담자 표현)을 살면서 절대 부모님처럼 살지 않으리라 다짐하였다. 직장을 얻어서 돈을 모으고 대학교를 다녔지만, 반복적으로 타인의 비난이 염려되어서 자신감이 떨어진다.

〈4-11회기: 교회 사역과 직장 생활의 스트레스〉

상담자와 친밀감을 느끼는 접촉을 경험였다. 전도사로서 사역 첫날부터 교회 사람들 사이에서 인간을 비하하는 말을 듣고 극심한 스트레스를 받았다. 학원 강의와 학교 과제까지 모두 스트레스를 준다. 교인들과 단톡방에서 이야기를 할 때 자기도 모르게 구역질이 나지만 어머니에게 이런 이야기를 한다면 어린 시절의 경험처럼 짜증만 내실 것이 예상된다. 다른 누구와 절대로 고민을 상의하지 못하고 결국 비난이 두려워서 교회를 사임했다.

〈12-19회기: 성장기의 아픔에 대한 탐색〉

20살 때에 대학교를 가고 싶었는데 돈이 없다는 이유로 어머니가 반대했다. 대학교에 가려고 마트 도우미를 하면서 학력, 여성, 나이 등의 이유로 무시당하고 성희롱을 당한 적이 있었다. 그 즈음 녹내장, 백내장의 질병으로 수술하면서 우울증에 시달리며 고난을 겪었다. 상담자의 도움으로 깊이 자기내면과 접촉하였다. 최근에 학원에서 강의가 잘 들어와서 자존감이 높아진 것 같고, 하나님과 친밀해지면서 타인의 이목이나 비난에 덜 신경 쓰는 자신을 발견하였다.

〈20-33회기: 학교 생활과 교우관계〉

상담자의 도움으로 내담자가 내면의 자신과 접촉하였다. 현재 교우관계가 어렵고 배신하는 친구들이 있고, 학교 임원을 맡으며 엄청난 스트레스를 느끼고 있지만, 임원활동을 하면서 자기 자신과의 연결을 느끼려는 무의식의 욕구를 깨닫게 되었다. 외적으로 활동적인 자신의 태도와 내면의 스트레스를 받는 심리의 불일치를 깨달았다.

〈34-42회기: 자신이 판단하는 '나'와 타인이 판단하는 '나' 사이의 불일치〉

자기 내면과의 접촉을 통하여, 지난 삶에서 타인이 판단하는 나와 스스로에 대한 판단하는 나 사이의 불일치의 원인에 대해여 깊이 탐색하였다. 타인에 의지하면서 수용 받고 보호받으려는 기존 태도에서 벗어나서, 스스로 자신을 수용하고, 보호하고, 보듬어주고 싶은 욕구를 느꼈다. 점점 타인의 판단과 비난에서 자유로운 삶을 살아갈 수 있고, 자신이 살아있다는 느낌과의 접촉이 가능해진다는 희망을 가지게 되었다.

〈43-48회기: 자신을 보듬을 수 있는 힘과 살아있다는 느낌과의 접촉〉

상담자의 격려와 지지를 받으며, 타인의 판단에서 자유롭게 자기 내면의 욕구와 살아있음을 느끼는 접촉을 하면서 스스로 위로하고 격려하는 심리적 힘이 증가하였다. 교우관계나 학교생활에서 친구들에게 덜 의지하는 자신을 발견했다. 상담을 종결하면서 다소 걱정되지만 지속적으로 스스로 내면과 접촉하며, 진정한 욕구를 느끼고 수용하고, 현실에 잘 대처할 수 있다는 희망적인 태도를 함양할 수 있게 되었다.

3) 상담자로서 한계와 슈퍼비전 받고 싶은 내용

완벽하게 일을 해냄으로 인정받으려고 애쓰는 내담자의 모습이 상담자와 동일선상에 있음을 알아차렸다. 종결할 때는 잘 작별했지만 상담하는 과정에서 내담자에 대한 저항과 함께 내담자가 떠나지 않을까 하는 염려도 경험했다. 내담자의 말이 빠를 때에는 집중력이 흐려졌다.

슈퍼비전 받고 싶은 내용: ① 말을 빠르게 하는 내담자를 다 들어주지 못합니다. 저항이 생기고 집중력이 흐려질 때 어떻게 하면 좋습니까? ② 남들의 평가나 지지에 의존하지 않고 스스로 자신을 지지하는 마음을 가지게 하려면 어떻게 상담하면 좋습니까?

3. 슈퍼비전 내용

1) 슈퍼바이저 A

(1) 고통에 대한 이해와 접촉경험

슈퍼바이저: 축어록을 보아도 그렇고, 상담자가 슈퍼비전을 받고 싶다고 언급하신 점도 그렇고 내담자가 대화가 안 되는 느낌이 듭니다. 상담 과정에서 내담자가 15분 이상 혼자 이야기를 합니다. 정말 속사포처럼 이야기를 합니다. 상담자가 내담자와 대화를 할 때도 뭔가 상담자가 얘기하면 쏙 쳐내고 전혀 다른 이야기들을 하는 모습을 볼 수 있었습니다. 상담자가 말을 걸면 그 말에 대해서 이야기를 하는 게 아니라 전혀 대화가 연결되지 않는 그런 느낌들이 있습니다. 그래서 지금 이런 식의 대화를 상담자와만 하고 있을까? 아니면 다른 관계에서도 이런 식으로 대화

하고 대인관계를 하고 있을까 염려됩니다. 선생님 보시기에는 어떠셨습니까?

상담자: 저도 그 부분 때문에 많이 힘들었습니다. 나아진 게 이 정도입니다. 초기에는 제가 A를 질문을 하면, 내담자는 거기에 대한 대답이 아니라 완전 생뚱맞게 이야기했습니다. 나아진 것이 이 정도이고, 과정 언급을 해줘도 전혀 다른 이야기를 했습니다.

슈퍼바이저: 43회를 상담해서 이 정도인데 이런 상태로 사역을 어떻게 할까? 이런 생각이 들었습니다. 내담자는 계속 좌절과 좌절의 연속일 거 같습니다. 돈 때문에 자기 역량에 비해서 굉장히 과한 일들을 벌리고 있어서, 매 순간순간이 이분에게는 트라우마라고 생각합니다. 초기 양육 경험에서 발달적인 트라우마가 있었고, 이후에도 아버지의 전역과 목회, 어머니의 사역으로 트라우마 경험이 연속되었습니다. 현재도 내담자는 계속 자신에 대한 평가를 제대로 하지 못하고, 역량 이상의 일들을 계속 하면서 트라우마를 겪는 상태입니다. 이런 시점에서 자기가 살기 위해서 상담자가 있어야 한다는 표현을 합니다. 내담자는 계속 생존과 관련된 싸움을 하고 있고 정말 살기 위해서 몸부림치는 고단함이 느껴졌습니다. 태어나면서부터 지금까지 내담자는 오로지 살아남기 위해서 몸부림을 치는 그런 삶을 살고 있었겠구나라는 생각이 들었습니다.

이런 내담자와 상담자가 어떤 접촉을 하고 있을까요? 잠깐 이야기가 오고 가면서 상담자 눈을 마주치는데 아주 눈빛이 따뜻하십니다. 눈빛이 따뜻하고 어조라든지 사람을 대하는 태도가 공격적인 느낌이 들지 않고 존중하는 느낌이 있습니다. 이런 느낌들을 내담자도 상담실 안에서 느끼지 않았을까 생각합니다. 상담실 안에서 부모와 경험하지 못했던 것들을 상담자와 경험했을 것 같습니다. 내담자가 사회화하는 과정을 겪기도 하

고, 모델링도 되어 주어서, 내담자가 의미 있는 경험들을 했다는 생각을
해봤습니다.

(2) 대인관계 패턴과 역동에 대한 이해

슈퍼바이저: 내담자가 '피해자 코스프레'라는 표현을 합니다. 내담자는
인간관계에서 피해자 코스프레를 잘 하는 것이 중요한 관건이라는 표현
을 합니다. 그 상황에서 상담자는 내담자에게 "자기주장과 자기표현을
하는 게 중요하다"라고 계속 이야기합니다. 그런데 내담자는 "피해자 코
스프레를 잘하는 게 관건이다"라고 이야기합니다. 내담자는 마치 자신이
상대방에게 공격받는 사람인 것처럼 구도를 만드는 대인관계 패턴이 있
는 것으로 보입니다. 상대방이 기분이 나빠서 자신을 공격하게 만들고,
자신은 공격을 받으면서 피해자가 되도록 상황을 만드는 패턴을 반복하
면서, '피해자 코스프레'가 중요하다는 말을 하는 것으로 보입니다. 내담
자가 후배나 사람들 사이에서 상대방을 '또라이' 같은 캐릭터로 만들어놓
고 자기가 그 사람에게 공격당하는 구조를 만들고, 사람들이 자기편을
들어주고 자기에게 "너는 대인배다", 또는 "안쓰럽다"라는 식의 느낌들
을 표현하게 만드는 것이 내담자의 대인관계 패턴으로 보입니다. 이런
대인관계 패턴을 흔히 '삼각관계'라고 합니다. 내담자 원가족 가계도를
봤을 때, 어머니와 아버지의 관계가 굉장히 소원한 관계입니다. 그 관계
에서 어머니와 내담자가 밀착되어 있으면서 '갈등관계'라고 표시되어 있
습니다. 원가족 관계구조에서 내담자가 이런 패턴들을 생존 방식으로 학
습한 것으로 보입니다. 이런 관계 역동이 현재 인간관계로 연결된다는
사실을 내담자가 조금이라도 인식하고 있습니까?

상담자: 말로 표현을 하니까 인식은 하는데 삶에서 드러나는 건 아닙
니다. 내담자 말로는 엄마와 아빠가 같은 편을 먹고 자신은 늘 혼자였다

고 합니다. 자기가 생활비를 줬을 때만 엄마가 자신과 동맹을 맺고, 생활비가 떨어지면 엄마는 다시 아빠의 편이 된다고 했습니다. 원가족에 대한 이해는 하고 있고, 현재 대인관계의 어려움에 대해서는 호소를 하는데 이거를 연결하고 있는지는 제가 확인하지 못했습니다.

슈퍼바이저: 상담자는 그런 부분들을 인식하고 있었습니까?

상담자: 인식은 하고 있었는데 어떻게든 얘기하려고 하면 내담자는 거절하면서 자신은 피해자라는 식으로 이야기를 하니까 어떻게 할지 몰랐습니다.

(3) 내담자와 눈높이를 맞추고 함께 하려는 상담자 태도
슈퍼바이저: 상담자는 뭔가를 내담자한테 주고 싶어도 내담자가 받아들이지 않고 뱉어버리는 거절경험을 하셨습니다. 선생님은 그런 경험을 하면서 마음이 어떠셨습니까?

상담자: 저도 무척 답답했습니다. '이게 상담인가?'라는 생각도 계속 들었습니다.

슈퍼바이저: 정말 힘들고 '이게 상담인가?' 싶을 정도로 어려움을 느꼈던 사례를 이 자리에 발표한다는 것은 큰 용기를 보인 것입니다. 어떤 면에서는 상담자는 요리 훈련을 받는 요리사 같다는 생각도 듭니다. 요리사가 자신의 실력을 보여주고 싶고, 뷔페도 차리고 싶은데 어떤 내담자는 미음도 못 먹어서 다 토하는 때가 있습니다. 어떤 때는 정말 물 한 모금 먹이기도 힘든 그런 내담자를 만나서 내가 상담자로서 갈고 닦은 역량들을 함께 나누지 못하는 데서 오는 안타까움을 느낍니다. 그러나 어떻

게든 먹이고자 하는 욕심이 들 때도 있습니다. 이런 것들을 내담자들에게 더 먹이려고 하면 내담자가 그걸 받아먹지 못합니다. 오히려 부정적인 경험을 하는 경우도 있습니다.

내담자는 첫 번째 상담도 좋지 못한 경험으로 끝났고, 두 번째 상담도 굉장히 불편한 경험으로 끝났습니다. 세 번째 상담이 48회기로 지속되었다는 것은 어떤 면에서는 상담자가 내담자의 눈높이에 맞춰서 상담했기에 가능했다고 생각합니다. 상담자와 관계에서 교류나 접촉을 하는 게 뭔가 상당히 어려운데, 상담자가 뭘 하였는지 모르겠는데도 내담자는 마음의 여유가 생겼다고 말합니다. 상담사로서 내가 뭔가를 보여주고 기능하려는 그런 욕구들을 내려놓고 내담자와 함께 머물러 있으려는 마음이 귀하게 느껴집니다. 성경을 인용하는 것이 어떨지 모르지만 "네 몸을 불사르게 내어줄지라도 사랑 없으면 아무 소용이 없다"는 말씀이 떠올랐습니다. 상담 스킬을 현란하게 펴고 내담자를 도와주려고 해도 그 안에 사랑이 없다면 아무 소용이 없고, 냉수 한 그릇을 주더라도 천국에서 상을 잃어버리지 않는다는 말씀이 있습니다. 내담자와의 관계에서 상담자에게 이것저것 이렇게 했어야 되고 저걸 저렇게 했어야 되고 지적들을 할 수도 있겠지만, 내담자와 상담자가 함께 하려고 했던 자세나 마음이 귀하게 느껴집니다.

(4) 근두운을 타고 나타나는 하나님 상에 대한 이해

내담자가 경험하고 있는 하나님은 근두운을 타고 나타났다가 사라지는 이미지입니다. 저희 아들에게 심리검사를 한 적이 있었습니다. HTP를 시켰는데 집 그림을 우주선으로 그렸습니다. 집 그림이 왜 우주선이냐고 물었습니다. 군인 가족이라서 열 몇 번을 이사했었습니다. 집이 항상 떠다니는 겁니다. 다른 사람들은 창의적이라고 하는데 저는 안타까웠습니다. 저희 아들 생각에는 집이라는 곳이 안정된 곳이 아니라 항상 떠

다니는 것입니다. 언제 이 집이 날아서 다른 데로 갈지 모르는 겁니다. 내담자는 백일 때에 이모 집에 맡겨집니다. 엄마 아빠는 계속 군 생활을 했고 열 살 때까지 이모 집에 맡겨져서 생활했습니다. 물론 엄마 아빠가 휴가를 받으면 아이에게 갔겠지요? 그때 가면 부모는 미안한 마음 때문에 내담자에게 비교적 잘 해주었을 거 같습니다. 열 살까지는 부모에게 뭔가 받은 게 있었을 것입니다. 내담자에게는 '근두운을 타고 갑작스럽게 나타나서 뭔가 필요를 채워주는 그런 하나님의 이미지'가 이런 양육과정에서 경험되지 않았을까 생각해봤습니다.

(5) 대상관계 경험에 대한 이해

내담자가 표현하는 이모와의 관계에서, 이모의 자녀들과의 관계에서, 내담자가 이야기할 때에, 자신이 주로 피해를 경험했다는 관점으로 이야기합니다. 관계에서 뭔가 기대하고 자꾸 사람을 찾는 걸 보면서 지속적이고 안정적이지 않았지만 무언가 부모와 관계경험이 있었던 게 아닐까 생각해봅니다. 내담자가 갑자기 숨이 막혀서 죽을 것 같은 순간에 아버지 친구 정신과 의사를 연결해주기도 하고, 부모는 내담자가 딱 원하는 순간에 원하는 걸 주지는 못 했지만 전혀 애정을 주지 않은 것은 아니라는 생각이 듭니다. 내담자의 대인관계나 부모 자녀 관계를 보는 시각이 조금은 왜곡되고, 무언가 자기를 굉장히 불쌍하고 피해를 입은 사람으로 이미지화하는 패턴들이 있지 않나 라는 생각을 해봤습니다.

내담자는 자기 대상이 상당히 취약한 반응들을 보이고 있습니다. 자기감정을 진정시키고 완화 시키는 자기 대상 반응을 잘 못 받았습니다. 예를 들어서 내담자가 어머니에게 요청할 때에 "벽보고 하나님과 대화해", 또는 "혼자 책을 봐"라는 식의 반응들을 받았습니다. 그러다 보니 내담자는 자신이 무언가 스트레스를 받으면, 어떻게 마음을 진정시켜야 되는지를 잘 모르게 되었습니다. 상대방으로부터 그런 경험들을 한 적도 없고, 스스로 진정시켜주는 자기 대상이 없는 이 세상이 너무 불안정하게 느껴집니다. 그런 세상에서 살 때 내담자는 편집증적인 반응들을 보이기가 쉽습니다. "다른 사람들이 나를 해칠지도 몰라", "내가 어떤 실수를 하면 나를 비난하고 버림받을 수 있어." 이런 식의 다른 사람이나 세계를 바라보는 관점을 갖게 되는 것 같습니다.

(6) 상담자와의 치료적인 관계 경험

상담자는 48회기까지 상담하면서 내담자에게 "당신과 나의 관계가 영원히 계속될 수 없는 관계이고, 우리 관계에는 종결이 있고, 내가 당신에게 적절한 좌절을 주겠다"라는 마음으로 내담자에게 적절한 좌절을 주려고 노력하셨습니다. 그 적절한 좌절은 작정을 해서 주는 게 아닙니다. 부모 자녀 관계에서 자연스럽게 생기는 좌절과 같습니다. 뭔가 너와 나의 다른 것들을 느끼는 것입니다. 상담자가 내담자 말을 막 그냥 쭉 따라가는 게 아닙니다 "잠깐만 내가 숨이 차서 이야기를 따라가기 조금 어려운데, 지금 이야기를 내가 잘 이해를 못 했는데 조금 천천히 이야기해 줄 수 있겠어요?" 또는 "제가 이해하기에 그 말을 이런 의미로 이해했는데 맞나요?"라고 물어주면서, 내담자는 자연스럽게 '상담자와 내가 다르구나'라는 것을 순간순간 경험하면서 적절한 좌절을 경험합니다. 상담자가 '내가 너에게 적절한 좌절을 주겠어'라고 결심하고서 주는 좌절이 적절한 좌절이라고 생각하지 않습니다. 상담자가 내담자에게 적절한 좌절을 경험하도록 하려면 '내가 너를 다 따라가고 이해해주는 이상적인 상담자가 되겠다'라는 마음에서 벗어나야 합니다. 상담자도 살아 있는 감정과 생각을 가지고 내담자가 이해되지 않고 공감되지 않을 때는 그때그때 물어보아야 합니다.

내담자는 자기 확신이 없다고 표현합니다. 자기 확신은 혼자 생기는 게 아니라 누군가 다른 사람의 확인을 통해 서서히 형성된다고 배웠습니다. 짧다면 짧고, 길다면 긴 상담자와의 만남을 통해서 순간순간 내담자가 하는 이야기를 끄덕여주고, 눈빛을 맞춰주고, 또 물어주고 뭔가 확인해 주고, 이런 과정이 내담자에게 자기확신을 조금이라도 만들어가도록 돕는 시간이었다고 생각합니다.

2) 슈퍼바이저 B

(1) 평행과정에서의 역동 이해

슈퍼바이저: 적어온 것도 있고 어떻게 흘러갈지 모르지만 개인 슈퍼비전 한다고 생각해주십시오. 시작부터 지금까지 어떠십니까? 자신의 내면 안에서 일어나는 역동이 어떤 역동입니까? 지금 1시간 15분 지나고 사례 발표하고, 슈퍼비전 받고 슈퍼바이저들이 자리도 바꾸었는데 지금 어떤 역동을 느끼십니까?

상담자: 처음 시작할 때 굉장한 긴장과 불안을 크게 느꼈습니다. 어제 잠도 못 잤습니다. 막상 시작하니 처음에는 빨리 읽어야겠다, 정보를 전달해야겠다고 생각했습니다. 슈퍼바이저 A가 말씀하시기 전에는 혼날 준비를 했는데 이야기를 부드럽게 해 주셔서 감사합니다.

슈퍼바이저: 지금 혼난다고 말씀하셨습니까? 내담자도 살면서 혼날까 봐, 비난받을까 봐 힘들었던 사람입니다. 상담자가 슈퍼비전에 왔는데 혼이 날 수도 있고 칭찬받을 수도 있는데 주로 마음의 큰 불안은 혼나지 않을까? 그것도 많은 사람 앞에서 수치를 당하지 않을까 그런 마음도 있었는데 막상 들어보니 혼나지 않았구나 하면서 많이 안심이 됩니다.

상담자: 상담이 20회기 지난 다음 개인분석을 받으면서 다른 사례보

다 내담자가 왜 이리 힘들고 어려울까 생각했습니다. 말씀해 주신대로 비슷한 부분이 많았던 내담자입니다. 저도 엄마에 대한 밀착이 심하고 양가감정이 심하고, 일을 통해서 저의 존재가치를 드러내려고 했고 일에 치이면서도 지금도 상황이 변하지 않았습니다. 하는 일이 굉장히 많은데 하나하나 하고 있는데 잘해야 되고 뭔가를 완벽해야 하는 데에 사로잡혀서 살았던 사람입니다. 내가 이런 사람이라는 걸 알게 되니 내담자가 그런 모습을 가진 사람이라 내가 힘들었나보다 느끼기는 했습니다.

(2) 역전이를 통한 공감과 내담자의 대상항상성 경험

슈퍼바이저: 힘들었을 수도 있고 한편으로는 긍정적으로 역전이를 잘 활용하면 내담자가 너무 공감이 잘 될 수 있습니다. 나의 일부를 가진 사람이구나. 왜 하나님이 나와 비슷한 역동을 보이는 이런 내담자를 나에게 보내주셨는가? 이 내담자도 상담자에게 끌린 겁니다. 서로에게 전이와 역전이가 일어나고 있습니다. '내가 힘들어 하는구나'가 아니고 내가 가진 내 삶의 이야기와 내담자의 이야기가 연결되어서 상담자가 내담자를 본인이 경험한 수준까지 이끌 수 있을까? 실제로 내담자가 "나도 상담 공부 좀 해볼까?"라고 말하기도 했습니다. 이상화도 하지만 1년 반의 시간을 보내면서, 동행을 하면서 같은 아픔을 갖는 상담자의 좋은 모습을 보고 "나도 상담 공부 해볼까?" 생각을 한 것 같습니다. 어떤 경우는 상담 받다가 예수 안 믿는 분들 중에 나도 예수 한번 믿어볼까? 그런 생각을 하게 됩니다. 그러기에 전체적으로 보자면 중간에 실수한 것도 있고 부족한 것도 있겠지만 의미가 있습니다. 의미 있는 상담으로 오늘도 한 사람을 살려내고 있습니다. 어쩌면 내담자도 그 이야기가 필요할지 모릅니다. 이런 열악한 환경에서 부단히 노력하고 거의 자수성가하다시피 하면서 인생을 살면서 1년 반 상담을 하면서 30여 년 삶을 살면서 인간다운 대접을 받아본 것이 처음일 수 있습니다. 빈약한 자기구조를 갖고 있는

이 내담자가 학교 숙제를 하러 왔다가 인간 대우를 처음 받았을 수 있을 것입니다. 말도 빠르고 답답하고 알아듣기 힘들었는데 1년 반을 이 내담자에게 버텨냈다는 것이 이 내담자에게 가장 큰 의미가 있습니다. '대상 항상성'을 제공하였다고 생각합니다. '내가 가면 만날 수 있는 사람이 있어. 내 편이 있어.' 엄마도 그거 안 되어주고 아빠도 안 들어줬는데 내 편을 들어줄 사람이 필요한 겁니다. 상담 과정에서 선생님이 내 편이 되어줬고, 어느 정도 내면화가 되니까 '이제 선생님이 없어도 살아갈 수 있을 것 같아요'라고 말합니다. 이렇게 내담자한테는 의미가 있었던 상담입니다.

(3) 슈퍼바이저의 자기 개방과 상담자 지지

슈퍼바이저: 내담자가 나중에 목사님이 되고 자기 엄마하고 다른, 아빠하고 다른, 희한하게 어떻게 보면 세 분이 다 목자입니다. 그런데 역기능적이고 빈약한 목자입니다. 지금은 희미하지만 30대, 40대를 거쳐서 어느 순간에 "OOO 선생님 만났는데 그래서 오늘의 내 모습이 있어"라고 말한다면 의미가 있는 것입니다.

저도 어젯밤에 잠을 못 잤습니다. 슈퍼비전을 몇 년 했는데도 역시 집단 슈퍼비전은 부담이 됩니다. 슈퍼비전을 꿈에서 몇 번 했습니다. 오늘 선생님 하는 걸 보니까 차분하게 발표를 잘합니다. 이 내담자에게는 필요한 정서일 수가 있습니다. 흔들리지 않으니까.

(4) 내담자에 대한 진단적 평가와 치료적 경험

슈퍼바이저: 내담자를 개념화할 수 있는 큰 그림이 무엇입니까? 내담자를 성격장애로 개념화한다면 가장 두드러지는 성격장애가 무엇입니까? 가장 핵심 부분인 성장 배경, 살아온 과정, 대인관계에서 드러나는 패턴, 헛구역질하는 신체화. 자살충동, 굉장히 공격적인 언어들 등등을 보면 생각나는 장애가 없습니까?

상담자: 모르겠습니다.

슈퍼바이저: 제가 볼 때는 대상관계 렌즈나 자기심리학 렌즈로 보면 이분에게 가장 두드러지는 게 경계선 성격입니다. 계속 내담자가 상담과정에서 공격성을 더 표현하는 치료적인 경험이 많이 있었더라면 더 좋았을 것입니다. 그 경험이 없이 좋은 경험만 하고 끝났습니다. 내담자가 두려운 것은 엄마를 잃을 수 있다는 사실입니다. 그러나. 사실은 내담자에게 상담자가 좋은 엄마고 이상화된 엄마입니다. 벽보고 얘기해 그런 말 안 하고, 무슨 말인지도 모르는데 말귀를 알아듣는 엄마입니다. 심리적으로 만약 내담자가 5살, 10살이라면 상담자가 바로 내담자가 어릴 때 만나고 싶었던 진짜 이상화된 엄마였을 것입니다. 결혼했습니까?

상담자: 상담했을 때는 미혼이었습니다.

슈퍼바이저: 서로 미혼으로, 나이도 몇 살 차이가 안 나는데 심리적으로 좋은 엄마 경험을 하고 있습니다. 상담자로서의 발달단계로도, 축어록에서 '기술이 어떻다'를 말할 단계가 아니라 상담자의 성장점과 내담자의 성장점이 어떻게 연결되어서 더 좋은 상담자가 될 수 있겠는가가 중요하다고 생각합니다.

(5) 슈퍼비전 경험에 대한 탐색과 상담자 자원 지지

슈퍼바이저: 어떤 분이 자기가 지금까지 받았던 슈퍼비전이 주로 슈퍼비전이라고 합니다. 개인적으로 슈퍼비전을 많이 받았습니까? 따뜻한 공감도 많이 받았습니까?

상담자: 학교에서 4학기 동안 수련을 받았습니다. 이론적으로 이 사람은 이렇게 분석해야 한다는 슈퍼비전을 받았고 한 학기 정도만 교수님이

잘했다고 하셨습니다. 특별한 이야기 없이 제 이야기를 들어주신 건 한 학기 정도였습니다.

슈퍼바이저: 본인에게 충분했습니까?

상담자: 아닙니다.

슈퍼바이저: 본인이 성장한 경험에서 나 있는 모습! 내가 뭔가를 더 많이 갖추고 실력을 많이 갖춰야 인정받는 것이 아니라 상담자 000의 고유한 모습, 너가 살아온 모습 그대로 무조건적인 사랑, 하나님의 사랑이 상담자에게 경험이 된다면, 이 내담자와도 그런 상담을 할 수 있을 것입니다. 저만 해도 이 내담자가 중간에 포기하고 싶었을 수 있습니다.

상담자: 저도 중간에 그만했으면 했습니다.

슈퍼바이저: 끝까지 그래도 상담했습니다. 내담자 입에서 "선생님이 아니라도 내가 살아갈 수 있어요"하는 끝까지 인내하고 기다렸다는 점에서 상담을 정말 잘했습니다. 잘했습니다.

4. 참석자 질문과 답변

질문: 슈퍼바이저 B는 슈퍼비전 받고 싶은 부분에서 "빠르게 자신의 삶에 대해서 이야기하는 내담자의 말을 끊으면 다 들어주지 못하게 되고, 상담사로서 그러면 안 될 것 같고, 다 듣고 있자니 집중력이 흐려짐을 경험하였습니다"라고 질문하고 있습니다. 말을 전반적으

로 빠르게 하고 따라가기 힘들면 이야기를 끊고, "말이 너무 빠른데 내가 따라가기 힘들고 숨이 찬데 천천히 하면 안 될까요?"라고 말을 하면 어떻겠습니까?

상담자: 말을 한 적은 있습니다. 심호흡도 시키고 그랬는데 이 분이 무슨 말을 하고 있었는지를 모르고 있었습니다. 내가 괜히 끊었나 생각했습니다.

슈퍼바이저 B: 내담자가 이야기를 하는데 연결이 안 되고 무슨 말을 했는지 모르는 것 같으면 본인이 연결이 되도록 중간중간 한두 번씩은 브레이크를 밟아줄 필요가 있습니다. 내담자는 자기가 충동을 조절할 장치가 안 만들어졌습니다. 외부에서라도 브레이크를 밟아주면 상대방을 배려합니다. 이분은 공감 받아본 경험이 없어서 자기 말만 하고 상대방을 배려할 여유가 없습니다. 적절한 좌절일 수 있는데 말 알아듣기 힘드니까 천천히 해 달라, 몇 번을 말해도 괜찮습니다.

질문: 내담자가 신학을 하게 된 계기가 예언이라고 했습니다. 내담자의 내적 확신이 현실적으로 소명에 영향을 끼쳤는지의 여부에 대해서 이야기를 나누어보셨습니까?

상담자: 예언기도가 내담자에게는 90% 이상 삶의 방향을 정하는 데 영향을 줍니다. 내담자가 부모님이 하시는 기도원에 가서 기도하다가 "이런 예언을 받았다"라는 말을 종종 했었습니다. 기도에 대한 확신은 상당히 많이 있었고 소명에 대해서는 자기가 감당해야 된다고 생각했습니다. 따라서 제가 생각하기에 내담자에게 예언 등의 경험이 현실적으로 소명에 영향을 충분히 주었다고 생각되기는 좀 어려웠습니다.

질문: 심리 내면에 깊이 포커싱하는 것에 관심 있는데 내담자는 해결책만 내놔라 요구해서 맥락도 없이 던져주어야 하는 경우에도 브레이크를 걸어야 하는지, 브레이크도 걸어봤고 메타 커뮤니케이션으로 상호작용도 해 봤습니다. 안 왔으면 좋겠는데 계속 오는 내담자에게 어떻게 해야 할지 여쭙고 싶습니다.

슈퍼바이저 B: 우리가 양육경험이 20년 정도 됩니다. 어떤 행동을 백 번 한다고 해서 전혀 해리된 경험처럼 다른 행동을 하면 한 번 하고 두 번 하고, 또 하고 상담자의 진솔성과도 연결되는데 나도 듣고 싶은데 놓칩니다. 바깥에 가서 이렇게 하면 사람들이 다 도망갑니다. 반복해서 자꾸 이야기를 해줄 필요가 있습니다. 내가 빨리 말을 하고 있구나 나 혼자 이야기하고 있네 하는 인식이 들어올 때까지 반복해서 이야기해줄 필요가 있습니다.

질문: 상담자가 종결할 때 내쳐진다는 기분으로 내담자를 떠나보냈다는 말씀을 하셨습니다. 종결과정을 어떤 식으로 밟아간 건지 설명해주실 수 있으십니까? 그 느낌이 상담과정에서 상담자분이 어려웠다고 생각하던 내담자와의 심리적 접촉과 관련이 있습니까?

상담자: 일단은 상담을 시작할 때부터 제가 내담자에게 "상담은 평생 갈 수 없다"라고 했었습니다. 다만 상담을 통하여 내담자가 힘을 받을 수 있는 경험과 자신이 가진 능력을 회복하는 경험이 필요하다고 이야기했었습니다. 상담이 진행되면서 내담자가 "이제 더 이상 상담을 하지 않아도 괜찮을 것 같아요"라고 말하는 순간부터 몇 회기 후에 상담을 종결할지를 나누었습니다. 지방에 있는 친구들과 대화하는 것과 레고를 사서 쟁여놨는데 그걸 통해 힘을 얻겠다고 했고, 사람들이 비난하는 게 여전

히 있지만 상담 종결하기 네 달 전쯤에 자기가 모든 걸 다 퍼주었던 사람한테 배신당한 일이 있었습니다. 안타까워서 그 부분에 대해서 지금 현재 지지자를 통해 또 그런 배신당하는 경험을 한다면 어떠하겠느냐고 이야기를 했었어요. 그래도 주저앉아 있다가 다시 일어나야죠 라고 말했습니다. 종결단계 가면서는 계속 물어봤습니다. 저는 그런 내담자의 이야기를 들으면서 심리적 접촉이 원만하지 않았다고 생각되는 느낌에 대해서 나름대로 이유를 찾았다고 봅니다.

질문: 헛구역질을 하는 것에 대해 어떻게 탐색하셨는지? 종결 무렵 신체적 반응은 어땠는지 궁금합니다.

상담자: 헛구역질은 상담실 찾아가기 전에 이런 일이 있었는데 다른 모임에서 갈등이 있으면서 마트생활에서 있었던 일이 떠오르면서 헛구역질이 나고 뛰어들려는 게 있었다고 했고, 완전히 없어졌다고 장담을 못할 것 같습니다.

슈퍼바이저 A: 제가 헛구역질 관련해서 궁금한 게 있었는데 녹내장의 증상 중에 헛구역질이 있습니다. 실명의 위험이 있는 질환이고 신경손상이 회복이 안 된다고 들었습니다. 실명의 위험에 대한 불안은 어땠는지 궁금합니다.

상담자: 실명 위기도 신학교에 오게 된 계기가 되었다는 이야기를 했습니다.

슈퍼바이저 B: 실명 위기가 왔다는 게 유전적 요인이 있는지 모르겠지만 이것도 심리적인 것과 무관하지 않을 것 같습니다. 젊은 시절에 실명하고 살면서 여러 트라우마를 겪은 분이 있는데 눈이 먼 것을 은총이라고 이야기했습니다. 엄마는 수술해줄 환경도 안 되고 열악한 상황에서 한편에는 신학을 공부하는 게 눈을 잃기 전에 신학을 하면 하나님이 고쳐주실지도 모른다는 타협을 했을 수도 있겠습니다.

슈퍼바이저 A: 그와 관련돼서 떠오른 것은 내담자가 실명의 위협을 느끼고 소명으로 불안을 포장해서 신학을 공부하고 내담자가 학원에서 강의가 하나도 안 잡히는 사건이 나오는데 당장 친구는 어떻게 먹고 살래? 되게 불안한데… 불안하지 않다. "하나님이 보내주실 거라는 뭔가 이상한 믿음이 있어" 하고 합리화하고 부인하는 방어기제를 쓰는 모습이 나옵니다. 내면이 취약하면 방어를 사용하는 걸 이해 못하는 건 아닌데 그럴수록 자아가 약화되기 때문에 "나 같으면 경제적으로 어렵고 굉장히 불안할 것 같은데 불안한 마음을 표현하지 않고 잘된 것처럼 표현하십니다." 이런 것들을 반영을 하면 어땠을까 생각을 해봤습니다.

상담자: 이런 종류의 이야기가 상담 중에 계속 있었고 답답함을 느꼈던 것 중에 하나가 힘든 상황에 대해서는 얘기하는데 그것에 대해 어떻게 생각하느냐고 물으면 "지금 다 괜찮아요"라고 하고 나 같으면 속상했을 것 같은데 괜찮다고 합니다. 그러면 하나님 얘기하면서 "괜찮아요"라고 합니다.

질문: 상담자 이야기를 들으면서 상담을 잘 해왔는데 어디선가 벽을 만난 느낌이 들었습니다. 그 벽이 뭔가 봤더니 대답할 때 "더 이상 깊이 못 들어갔어요"라는 이야기가 반복적으로 나옵니다. 듣기에 상담이 몇 회기를 하든지 깊이 들어가는 게 심리상담 아닌가 생각합니다. 깊이 못 들어간 건 내담자만이 아니라 상담자도 그런가 보아야 하지

않는가 하는 점에서 두 분 감독님께 의견을 듣고 싶습니다.

슈퍼바이저 A: 저도 축어록을 보면서 '상담자의 원인이 있지 않을까?'라는 가설을 세워봤습니다. 초반에 내담자의 말을 못 끊고, 뒤에도 상담자가 면접 형식으로 상담을 진행했습니다. 내담자가 그런 얘기를 했을 때 지금-여기에서의 감정을 물어보고, 어떤 감정이 느껴지는지 물어보고, 그 얘기를 들을 때 너의 마음이 어떤지 물어보고, 지금 여기에서 네가 하고 싶은 게 무엇인지 물어보고, 내담자가 하고 싶은 얘기를 하려 하기보다는 상담자가 주고 싶은 뭔가를 주려고 질의응답 형식으로 후반부가 진행됩니다. 이런 부분들은 상담자로서 훈련이 진행되어야 하지 않을까 생각합니다. 오늘 상담자를 만나고 상담자의 자질이 소통이 안 되는 사람으로 느껴지지는 않았습니다. 훈련 과정에서 스킬이나 관계하는 면들을 훈련해야 된다고 생각합니다.

이런 내담자를 만나고 상담자로서 기능하려는 모습이 있지 않았을까 생각해봤습니다. 저도 슈퍼바이저로서 불안이 올라오니까 자료가 너덜너덜해질 정도로 정보를 수집했습니다. 슈퍼비전 내용을 쏟아내려는 마음을 발견했습니다. 그 부분을 멈추고 지금 여기에서 만나자 하는 마음으로 왔습니다. 불안이 상담자도 내담자도 기능하려고 하는 게 아닐까 생각해봤습니다.

슈퍼바이저 B: 지금 저도, 슈퍼바이저 A도 말하는데 긴장되거나 불안하면 목소리도 떨리는데 상담자는 별로 그렇지 않습니다. 그게 상담자가 성장해야 할 점이 아닌가 싶습니다. 내담자도 마찬가지입니다. 불안한데도 불안한 게 표현이 안 됩니다. 상담자가 기쁜지 불안한지 잘 표현이 안 됩니다. 그게 걸림돌이 됩니다. 내 몸이 느끼는 대로 얼굴이 긴장할 수 있고 목소리가 떨릴 수도 있습니다. 아마 그걸 내담자가 알게 모르게 배울 수도 있습니다.

상담자: 제가 정서를 느끼는 부분에서 문제가 있다는 걸 너무 잘 알고 있습니다. 얼굴은 괜찮은데 정서가 있다는 걸 캐치하는 게 어려웠습니다. 서른 살에 목사 안수를 받고 개척하면서 제 감정을 감추는 게 단련이 된 것 같습니다. 사실 분노하는 사람, 화내는 사람에 대한 두려움이 강합니다. 내담자가 공격성을 드러냈으면 좋겠다는 마음과 '드러내면 어떻게 하지?' 하는 마음이 있어서 그것 때문에 공격성이 더 드러나지 않았나 스스로 판단하고 있습니다.

슈퍼바이저 B: 조금 전에 상담자 목소리가 떨렸습니다. 살아 있는 느낌이 듭니다.

질문: 어떻게 내담자가 하나님 이미지를 갖게 됐는지 궁금합니다. 상담 종결 후에 이미지의 변화가 있었는지 궁금합니다.

상담자: 갑자기 긴장이 올라와 가지고… 내담자가 신학을 하시는 아버지 얘기를 쭉 했습니다. 아버지가 경제적으로 어려워서 가족들이 난방도 안 되는 판자촌 비닐하우스에 살아서 하나님이 떠났다라고 생각하게 되었고, 서울로 올라와서는 한쪽에서 교회를 하고 가정생활을 할 때도 있었는데 어머니가 피아노 학원을 하면서 하나님이 우리와 함께 하시는구나라고 느꼈답니다. 어떤 때는 하나님이 함께 해주시려고 했는지 애들이 오고 돈도 많이 벌었답니다. 애들이 없으면 왜 하나님이 나를 시험하시지? 하면서 근두운을 타고 오시는 하나님을 얘기를 했습니다. 상담 초에는 절벽 끝에서 "옛다, 하나 먹어라" 주시는 하나님에서 종결 때는 내 곁에 계시고 나와 함께 하시는 하나님을 이야기합니다.

5. 상담자의 소감

두 분 감독님이 칭찬해주셔서 감사합니다. 개인 분석을 받아서 자기를 알게 되면서 종결 단계에 대한 아쉬움이 많았습니다. 상담자가 내담자를 빨리 내몰려고 했던 것 같습니다. 조금 더 했었더라면 어땠을까 생각했습니다. 그러나 내담자 입에서 "이제 그만해도 괜찮아요" 했고 저도 "이제 그만하면 됐다" 하고 보냈습니다. 사례발표와 출판 동의서를 받으려고 찾아가서 다시 상담 필요한지를 물었는데 안 해도 괜찮다고 대답했습니다. 그래도 다시 만나면 더 잘 할 수 있겠다고 생각합니다. 상담과정을 통하여 제가 끊임없이 시도했던 것은 내담자의 마음속에 안전한 기지를 만들어 주기 위해서 애를 썼었던 것입니다. 저의 시도에도 불구하고 내담자가 제게 100% 속내를 다 드러내지 않는다고 느껴지기도 했습니다. 왜냐하면 자기가 이야기하는 경험들을 설명할 때에 자기 감정을 이야기하기보다 사건적인 나열을 많이 했습니다. 상담 중간 중간 "느낌이 어땠느냐?"라고 물었을 때는 거의 "기억이 안 나요"라고 이야기를 했었던 기억이 납니다. 그리고 내담자가 저를 상당히 이상화시켜 놓고, 또 부담을 느끼고 상담한 것 같다는 생각이 듭니다. 이제 사례 발표를 마치면서 여전히 제 안에 숙제가 많이 있습니다. 상담을 진행하면서 느낀 감정에 대한 것도 그렇고, 내담자만이 아니라 저도 인간관계에서 건강한 분화를 해야 된다는 깨달음 등이 앞으로 상담을 계속하면서 풀어야 할 숙제인 거 같습니다. 감독님들께서 너무 좋은 이야기 해주셔서 감사하고 제가 부족한 점을 가르쳐 주셔서 감사드립니다.

6. 목회신학적 고찰: 살아있는 접촉 경험

인간은 두 번 탄생을 경험한다. 첫 경험은 육신의 탄생이며, 두 번째 경험은 정신적 탄생이다. 애너 마리아 리쥬토(Ana Maria Rizzuto)는 인간이 두 번째 탄생을 경험해야 비로소 살아있음을 경험하는 존재가 된다는 암시를 준다. 두 번째 탄생은 육신의 탄생 이후에 주요 양육자와의 신체적, 심리적 접촉을 통하여 이루어진다. 갓난아기 때에 어머니와 수 없는 사랑의 눈빛 교환, 정서적 따스함의 공유, 사랑받는 느낌 등의 접촉 경험으로 살아있음을 느끼게 한다. 그런 경험이 축적되면 이후 만나는 사람들과 진솔한 정서를 나눌 수 있는 접촉이 이루어지는 인간관계로 이어진다. 접촉으로 생생한 살아있음의 존재감을 부여하며 살아갈 수 있다. 한마디로 생의 초기에 안전하고 수용적인 환경에서 누리는 심리적, 정서적 접촉 경험은 그 어떤 것보다 값진 인격적 자원이다. 상담 현장에서 상담자가 만나는 내담자들 중에 이런 접촉 경험이 부족해서 심리적 어려움을 겪는 경우를 많이 볼 수 있다.

그렇다면 생의 초기에 이런 접촉을 충분히 경험하지 못한 내담자에게 어떤 목회상담적 접근을 생각할 수 있는가? 도널드 캡스는 '재구조화'(Reframing)라는 개념을 통한 목회상담적 접근을 설명한다. 그는 살아가면서 한번 지나간 시간을 되돌릴 수 없고, 지나간 시간 속에서 마음의 상처가 되는 사건을 경험하여 그 사건을 부정적으로 인식할 수 있음을 인정한다. 그러나 상담이나 어떤 계기를 통하여 새로운 통찰을 통하여 마음의 상처를 주었던 사건을 새로운 관점에서 바라보면, 마치 그 사건과 관련된 과거의 시간에 대한 부정적 인식이 변화될 가능성이 있다고 말한다. 이런 관점에서 캡스가 주장한 재구조화의 개념이 빅터 프랭클(Victor Frankl)의 의미의 발견과 연결된다. 과거의 경험이 바꾸어질 수는 없지만, 경험에 대한 인식들이 달라지면서, 마침내 그 경험에 대한 해석이 새롭게 재구조화될 수 있으며, 이런 재구조화는 의미의 발견으로 이어질 수 있다.

　구체적으로 캡스는 *Living Stories*에서 사람들은 삶 속에서 겪은 제한된 경험으로 자신만의 인지적 오류나 상처를 가지고 살기 때문에 삶을 새로운 각도에서 바라보는 시각을 잃기 쉽다고 말한다. 많은 사람들은 자기 삶을 말하는 이야기들에서 삶을 새로운 가능성으로 보기보다는 이미 결정된 입장으로 전달한다. 그들은 다시 현재 그리고 미래의 삶을 새로운 각도에서 바라보고 희망적인 의미를 발견할 수 있는 기회를 놓친다. 그는 이런 결정된 삶의 의미를 말하는 이야기는 "죽은 이야기"라고 표현한다. 죽은 이야기는 몸이 살아있어도 이미 생명을 잃어버린 삶을 살아가게 만든다. 반대로 자신의 삶에 대해서 타인에 의해서 고정된 관점에서 벗어나, 자신만의 삶의 의미를 발견하는 재구조화를 통하여 만들어낸 해석과 이야기는 죽은 이야기가 아닌 '살아있는 이야기'(*living stories*)가 된다. 이 사례의 내담자는 상담자와의 접촉의 경험을 통하여 바로 자신의 삶에 대해서 타인이 일방적으로 부여한 관점이나 비판에서 벗어나서, 자신만의 해석을 통하여 죽은 이야기가 아니라, 생생하게 살아있는 이야기로 재구조화를 경험할 가능성을 갖는다.

7. 토론을 위한 씨앗

1) 성장 과정에서 생생하게 살아있는 인간관계인 '접촉'경험을 살펴보고, 그 접촉 경험이 인격 형성에 어떤 영향을 주었는지 살펴봅시다.

2) 타인에게 나의 불안과 비슷한 불안이나 걱정을 느끼면서, 충분히 위로해주지 못한 경험이 있었는지 살펴보고, 그 원인이 되는 불안의 내

용을 진지하게 탐색하여봅시다.

3) 상담 현장에서 내담자가 자기 삶의 이야기를 감정이 배제된 태도로
이야기하는 패턴을 보일 때, 내담자가 자기 내면과 접촉하도록 돕는
경험 및 방법에 대한 의견을 나누어\봅시다.

4) 매회기마다 상담자가 기독교인 내담자에게 하나님 이미지에 대하여
질문한다면 어떤 저항과 변화가 예상됩니까?

5) 상담자와 내담자는 역할이 다를 뿐이지 각자가 가지고 있는 힘
(power)은 평등한 것이 좋습니다. 이번 사례와 같이 상담자-내담자
의 나이와 비슷할 경우에, 상담자는 어떤 역할과 힘을 인식해야 좋을
지를 논의하여봅시다.

V장

편한 마음으로 살고 싶어요

1. 내담자 이야기

내담자는 60대 초반 기독교인 전업주부로서 중졸 학력이다. 삼십여 년 결혼생황 내내 남편과 긴장하며 부담스럽게 살았다. 출석하는 교회 남성 목사인 상담자에게 남편이 아내에게 불편하게 하더라도 휘둘리지 않고 편하게 살고 싶다는 소망을 표현했다. 내담자는 뚜렷한 질병은 없었으나 30년 이상 불규칙적으로 정신건강과에서 처방한 약을 복용했다. 복용하는 약 이름을 모르고 '우울증약이나 불안약'이라고 설명했다. 딸이 권유해서 예전에 10회기 상담을 받았지만 만족스럽지 않았다.

내담자 아버지는 생활력이 부족했고 술을 많이 마셨다. 어머니가 생계를 책임지며 가족을 돌봤다. 아버지와 어머니는 사별과 납북으로 헤어진 전 배우자와의 사이에서 각각 얻은 두 아들을 데리고 재혼했다. 결혼 후 셋째 아들과 내담자와 막내딸이 태어났다. 성이 달랐던 둘째 오빠(어머니의 아들)는 충동적이고 난폭한 사람이어서 내담자를 심하게 괴롭혔다.

남편은 60대 중반으로 생활력이 강한 비기독교인이다. 퇴직 후에도 지자체에서 연계하는 일을 꾸준히 하는 등 돈을 벌어야 한다고 굳게 믿었다. 결혼해서 아들과 딸을 양육하는 동안 극심하게 경제적으로 어려운 적은 없었다. 남편은 결혼 생활 내내 돈을 벌지 않고 나약해 보이는 내담자를 혐오하며 강하게 비난해 왔다. 남편이 전에는 간혹 신체적 폭력을 가하기도 했지만 지난 5년간은 폭력이 없었다. 내담자는 자신의 경제적인 무능력을 비관하면서 자신을 거부하는 남편에게 반발하면서도 가까이 있고 싶은 양가감정을 느꼈다. 내담자가 챙겨주고 싶어 하고 얘기 나누고 싶어 할 때마다 남편은 귀찮아하며 거친 말로 뿌리쳤다. 상담이 진행되던 중, 내담자는 용기를 내어 평생 처음 부업을 시작했고 상담이 일단락되었다. 부업을 하며 보람을 느꼈지만, 남편이 수술을 받게 되어 간병하였다. 남편을 회복시키고 나자 수액을 맞을 정도로 피로에 시달렸다. 결국 과로로 부업을 그만두게 된 내담자는 다시 좌절감을 느끼며 상담자를 찾아와서 상담이 재개되었다.

내담자는 돈을 벌지 않고 살아온 자신을 무능하며 쓸모없다고 느꼈다. 남편의 비난 섞인 일방적 평가를 그대로 받아들여서 불안감과 외로움을 깊이 느꼈다. 남편이 주는 돈을 받아 최선을 다해 살림을 꾸렸고 자녀들을 키워 냈지만 이러한 애씀을 중요하게 느끼지 않았다. 가족이라면 서로 이해하고 돌봐야 한다고 생각하기에 남편이 자신을 거부한다고 생각하며 분노하고 괴로워했다. 내담자는 "왜 나만 이런 고통을 받는가?"라고 호소했다. 하나님을 향한 확실한 믿음이 있었지만 살기 싫거나 남편에게 강하게 화날 때는 믿음이 부족하다고 느끼며 부끄러워했다. 교회 생활을 성실하게 하는 편이지만 열심히 하지 않는다고 말하며 죄책감을 느꼈다. 상담자는 내담자가 하나님에 대한 확실한 믿음, 교회 안에서의 교제와 활동, 위로하는 자녀들과 삶을 나누는 좋은 친구들 안에 있는 모습을 발견하였다. 상담자가 심리검사를 실시하지 않았으나, 상담을 진행할 당시 내담자의 전반적인 정신 상태는 안정적으로 유지되었다.

2. 상담 과정

1) 상담 목표와 접근

상담 목표: ① 남편과 분화하고 자아경계 강화하기 ② 내사된 비난의 부당성과 강화된 자멸감 알아차리기 ③ 외로움과 불안 가중시키는 의존 욕구 알아차리기 ④ 자기의 긍정적 자원과 현실 남편 알아차리기.

상담자는 게슈탈트 심리치료를 중심으로 접근하겠다.

신학적 접근: 하나님은 인간을 사랑의 관계적 삶으로 창조했다. 바로 공조하고 대화하고 협력하며 자유롭게 서로 응답하는 삶이다. 서로를 위해 자신을 비울 줄 알아야 하며, 서로 다름으로 일어나는 충돌과 조화에 대한 하나님의 깨우치심과 우리의 알아차림을 전제한다.

2) 회기 요약

2년 동안 유료상담으로 총 53회기 진행되었다. 상담자는 슈퍼비전을 8회 받았다. 상담자의 교회 보직이 내담자의 교구로 이동되자마자 이중 관계를 고려하여 상담을 종결하였다.

〈1-4회기: 불안과 수치심〉

상담자는 내담자가 남편과의 관계에서 어떤 상황에서든 편안하면 좋겠다고 말했기에 상담목표를 남편과의 관계에서 건강한 분화를 경험하고 자아경계를 강화하는 것으로 설정하였다. 상담목표는 내사된 비난의 부당성과 비난 중심의 자멸감 알아차리기, 외로움과 불안을 가중시키는 의존 욕구 알아차리기, 자기의 긍정적 자원과 현실 남편 알아차리기로 세분화 되었다. 상담자는 게슈탈트 심리치료를 중점적으로 사용하려 했고, 내담자 자신의 내면에서 일어나는 자기 욕구와 정서, 행동 패턴을 알아차리도록 지도하고 선택적으로 반응하도록 안내하고자 했다. 내담자는 자신이 돈을 벌지 않고 살아온 것에 대한 양가감정이 있었다. 돈을 벌지 않는 자신을 비난하는 남편에 대한 분노와 자신에 대한 부정적 평가로 인해 수치심을 강하게 느꼈다.

〈5-20회기: 원가족 탐색〉

내담자는 상담자와 함께 원가족을 탐색하면서 가족 안에서 이루어졌던 방치와 과보호의 주제를 발견하였다. 내담자는 자주 화를 내고 폭언을 하는 남편과 둘째 오빠가 많이 닮았다고 느꼈고, 남편에게 둘째 오빠의 모습을 보며 적개심을 느끼기도 했다. 동시에 남편이 자신을 부모님처럼 이해해주고 돌봐주기를 기대했다. 상담자는 역할극을 통해 내담자가 자주 경험하는 화와 분노를 표현하도록 지원했고, 내담자가 익숙한 일상에 더 이상 제한받지 않고 돈을 벌 수 있는 기회를 찾도록 함께 탐색했다. 상담자는 공감적 지지를 제공하는 가운데 내담자가 남편에 대해 느끼는 불안, 분노, 슬픔, 실망 등의 격정을 알아차리고 표현하면서 위로받도록 돕고자 했다. 남편에 의해 내사된 비난을 외재화 하고, 자신의 긍정적 자원을 발견하며 힘써 가정을 가꾸어 온 공로를 알아차리는 과정을 통해 오랫동안 경험해 온 자멸감에서 벗어날 수 있도록 노력하였다.

〈21-33회기: 경제활동을 방해하는 불안의 의미 탐색〉

내담자는 생애 처음으로 집 밖에서 일할 수 있도록 준비하기 시작했다. 상담자는 하루 5시간 정도 일하는 부업을 시작할 수 있도록 내담자를 격려하고 도왔다. 일터에서 둘째 오빠와 남편과 닮아 보이는 사람을 보고 심하게 동요하였다. 돈을 벌기 시작하면서 내담자의 태도와 감정은 보다 당당하게 바뀌었다. 내담자는 일이 재미있으며 즐겁다고 응답하였다. 상담자는 상담의 종결 기간 동안 불안에 대처할 수 있는 방법을 연습했다. 내담자가 일상에서 편안함을 경험할 수 있게 되었을 때, 상담자는 상담을 33회기로 종결하였다.

〈34-46회기: 강점 찾기와 부정적인 자기평가에서 벗어나기〉

상담이 종결된 후 내담자의 남편은 수술을 하였다. 내담자는 남편을 간호하며 과로했고, 애써 얻은 부업도 그만 두어야 하는 상황을 겪으면서 심하게 불안해졌다. 내담자가 다시 상담자를 찾아와서 상담이 재개되었다. 상담자는 이전에 진행한 상담 내용과 내담자를 충분히 파악했는가 되짚어보았다. 앞서 진행된 상담에서 내담자는 가정을 돌봐 왔고 용기를 내어 부업을 하게 된 자신의 변화된 상황을 평가하면서 당당함과 편안함을 경험하는 모습을 보였다. 그러나 그러한 모습이 상담목표였던 남편으로부터의 분화된 상태를 의미하지는 않았다. 내담자는 경제활동을 할 수 있을 때에나 없을 때에나 자신의 모습을 있는 그대로 수용할 수 있어야 했다. 상담자의 슈퍼바이저는 내담자의 강점을 끌어내려는 노력만큼이나 약점을 수용하는 태도를 상담을 통해 익힐 수 있는지 살펴보도록 했다. 다시 시작된 상담은 내담자가 일을 계속할 수 없을지라도 전과는 다른 당당함과 편안함을 자기 안에서 경험할 수 있도록 하는 데 초점이 맞춰졌다. 상담자는 역할극을 통해 내담자가 내면화한 남편의 비난하는 목소리를 알아차리도록 지원했다. 내담자도 점차 이러한 목소리에 대항하는 모습을 보이기 시작했다.

〈47-53회기: 현실 남편에게 적응하며 살아가기〉

내담자는 돈을 벌지 않는 자신의 상황을 받아들이면서 이전과는 다르게 떳떳한 태도를 갖게 되었다. 상담자의 눈에 비친 내담자 문제의 핵심은 의존성이었다. 상담자는 의존욕구를 투사하여 만들어낸 가상의 남편이 아니라 현실에서 함께 살아가는 남편을 있는 그대로 받아들이지 못하는 것을 내담자 문제로 보았다. 내담자는 따뜻하게 반응해주지 못하는 남편이 변화할 수 있기를 바랐다. 특히 자신이 챙겨주면 귀찮아하며 화를 내는 남편을 원망했다. 상담자는 남편이 독립적으로 살아가기를 원하는 마음을 알아차리는 인식의 중요성을 강조했다. 더 나아가 스스로 외로움을 극복하고 지지할 수 있는 방법을 찾아야 한다는 것과 오랜 세월 가정 살림을 꿋꿋하게 돌봐 온 자신의 공로를 기억할 수 있도록 지원했다.

3) 상담자로서 한계와 슈퍼비전 받고 싶은 내용

내담자의 변화는 상담자의 의욕보다 더딜 때가 많기에 상담자는 참고 인내하며 내담자의 심리를 그대로 따라가고 그 자체를 존중하는 것이 우선되어야 할 필요를 느꼈다. 상담자가 목회자라서 내담자와 이중관계가 된 사정으로 조기에 상담을 마친 것이 한계가 된다.

슈퍼비전 받고 싶은 내용: ① 의존적인 내담자를 상담할 때 주의할 점은 무엇인가? ② 의존의 심리 기저에는 무엇이 있는가? ③ 자신의 약함을 타인의 이해와 돌봄에 의지해 해결하려는 내담자에게 효과적인 접근은 무엇인가?

3. 슈퍼비전 내용

1) 슈퍼바이저 A

(1) 내담자 경험 해석과 사례 개념화의 부조화

상담을 시작하는 상담자는 내담자를 먼저 지지해 주어야 합니다. 내담자의 모든 행동과 말에 관심을 쏟는 것이 아니라 무엇보다도 그 분의 정서에 공감해야 합니다. '당신이면 그럴 만하다', '당신같이 살았으면 그럴 만하다'라는 반응이 필요합니다. 상담자는 게슈탈트 상담기법을 사용한다고 설정하면서 상담목표로 세 영역의 알아차림을 제시하였습니다. 상담자는 내담자가 분화하고 자아경계를 강화하는 목표를 제시했고 자멸감, 의존욕구, 현실남편 알아차리기를 함께 다루려 했습니다.

첫 번째, 내사된 비난에 의한 내담자의 자멸감은 어떤 의미일까요? '억울하다, 주눅 든다, 속상하다, 살 맛 나지 않는다, 부끄럽다, 창피하다, 서럽다, 우울하다' 등의 정서가 내담자의 머릿속과 가슴을 떠다니는 상태일 것입니다. 두 번째, 상담자는 내담자가 의존욕구를 알아차리기 바란다고 했습니다. 의존욕구를 다루려면, 이런 아내를 남편이 방치했었던 상황을 고려해야 합니다. 이 분의 일상적 정서는 '외롭다, 허전하다, 심심하다, 섭섭하다, 서운하다, 무섭다, 두렵다, 걱정된다' 등일 것입니다. 세 번째, 긍정적 자원 알아차리기와 현실남편 알아차리기를 상담 목표로 했을 때 고려할 사실은 아내로서 내담자가 참으로 억척스러운 분이라는 점입니다. 남편이 주는 돈을 모아 집도 사고 애들 등록금도 댔습니다. 내담자는 남편에게는 비난받지만 책임감 있고 아이들에게 따뜻하고, 살갑고, 예의바르고, 경우가 밝은 분으로 보입니다.

내담자가 하신 정말 크고 귀한 일은 예수를 안 믿는 남편과 30여 년이나 살아주었다는 점입니다. 슬프게도 내담자는 30여 년 동안 정신건강과 치료를 받고 우울증약을 먹었습니다. 도대체 그동안 교회는 열심히 교회를 다니는 교인인 내담자를 위해 그 무엇을 하셨는지, 왜 이 분의 정신건강을 방치했는지 묻고 싶습니다. 아내는 책임감이 강하고 헌신적인 분입니다. 제가 알기에는 이런 분들이 교회에 많이 계십니다. 이 자리(참석자)에도 계신다고 생각합니다. 현실남편의 긍정적인 면은 외도가 없었으며 수십 년 동안 가장으로서 경제적 책임을 다했다는 것입니다. 하지만 아내의 말에 따르면 남편 외모는 노숙자와 같고 말과 태도가 무척 거칠다고 합니다. 제가 봐도 별로 매력적이지 않고 곁에 두고 싶지 않은 남자입니다. 그나마 다행히 남편은 5년 전부터 신체적으로 위협하지 않습니다.

상담자는 내담자가 "왜 나만이 이런 고통을 겪습니까?"라고 분노하며 질문하는 자신을 신자로서 부끄러워한다고 영적인 평가를 합니다. 우리 남편이, 시어머니, 친정어머니가 나에게 함부로 할 때 여성은 분노합니다. 기독교인들은 분노했을 때 대부분 부끄러워하고 죄책감을 느끼는 경우가 많습니다. 이러한 상황은 교회가 어떻게 살면서 참다가 참다가 분노한 이들의 편에 설 수 있는지 질문하게 합니다. 기독교인인 내담자가 믿고 따르는 하나님의 이미지를 살펴보아야 합니다. 내담자가 분노하고 하나님을 원망할 때 하나님은 어디에 계시는지 상담자도 함께 질문해야 합니다. 그러나 발표한 회기 내용이나 축어록에는 내담자가 하나님을 어떻게 경험하고 고백했는지, 하나님이 어떤 분이신지 상담자와 충분히 대화를 나누었다는 것을 찾기 어렵습니다.

상담자는 자신의 신학적 접근이 '자신과 타인의 다름을 존중하고 자신을 잃어버리지 않으며 서로에게 잘 적응하는 것'이라고 말했습니다. 내담자가 나됨과 타인됨을 인정하고 그 사이에서의 충돌과 차이를 알아차리는 것이 남편으로부터의 분화를 지향하는 상담 목표와 연관됩니다. 내담자는 현재 남편의 있는 그대로의 '남편됨'을 인정하지 않았습니다. 상담자는 분명한 경계의 필요성을 강조하며 '나 됨'과 '타인 됨'을 구별하여 이해해야만 내담자와 남편이 서로에게 적응할 수 있다는 의견을 피력합니다. 상담자의 신학적 접근을 보면 공존, 대화, 협력, 응답, 자신을 비울 줄 아는 적응력, 다름에 대한 강조가 있습니다. 이런 신학적 접근을 하는 상담자가 상담 목표를 정할 때에는 분화를 경험하고 자아경계를 강화하는 것으로 정했습니다. 공존, 대화, 협력, 상호 응답과 같은 신학적 의미와 상담자가 목표로 하는 분화와 경계강화가 상담 과정에 어떻게 잘 담겨지고 전해지고 해석되는지 의문이 듭니다.

(2) 내담자 의존성과 상담자 수용성의 간극

상담자가 의도한대로 내담자의 호소문제가 다루어졌는지, 실제로 상담이 어떻게 전개되었는지 축어록에서 살펴보겠습니다. 게슈탈트 치료 방법에서는 내담자의 마음, 감정, 욕구가 밖으로 잘 흘러가는지에 주의합니다. 흘러가는 것은 액체 같기 때문에 감정과 마음과 욕구를 담아주는 그릇이 필요합니다. 상담현장에서 내담자를 담는 그릇은 결국 말입니다. 또 말이 전부가 아니기에 몸도 말합니다. 상담자는 내담자의 말뿐 아니라 웃음, 울음 등의 몸짓을 전부 살펴보아야 합니다. 상담자는 외부로 드러나는 내담자의 그릇을 통해서 현재 여기에서 어떤 마음이 흘러가는지에 집중할 필요가 있습니다.

축어록으로 발표한 회기의 첫 부분을 보면 상담자가 먼저 그동안 자신이 여러 일을 하느라 힘들었다고 내담자에게 말합니다. "지금 저의 목소리와 태도가 상담자에게 어떻게 들립니까?" 이 질문의 의도는 상담자 스스로 자신의 상태를 어떻게 알아차리고 있는지 성찰하도록 초대하는 것입니다. "2주간 시험 치느라 힘들었다"고 말한 것은 상담자의 자기개방 의도였다고 설명합니다. 자신은 내담자에게 "있는 그대로 상태를 개방하고 있었다"고 덧붙입니다. 상담과정에서 상담자는 내담자에게 '당신 마음을 여기 펼쳐보세요' 하고 장을 비워놓고 열어놓아야 하는데, 축어록을 보면 상담자가 먼저 찾아온 내담자 앞에서 '내가 그동안 힘들었다'고 장에 먼저 누워버린 상황이 됩니다.

상담자가 주목한 대로 의존적인 성향의 내담자는 의존성 문제를 다루려고 상담자를 만나러 왔습니다. 하지만 내담자는 50회기 이상 진행된 상담에서 여전히 자기개방을 먼저 하기 어려운 상황을 경험합니다. 상담자가 먼저 자기개방을 안 하면 내담자가 자기개방을 시작하지 못하는 것입니까? 상담자가 내담자를 기다리지 않고 먼저 앞질러 자기개방을 한 상황의 문제는 어디에 있겠습니까? 상담자가 자신의 상황을 먼저 언급하며 힘들었다고 장을 열지 않으면 내담자가 먼저 시작했을 것이다. 당연히 내담자가 먼저 시작해야 한다고 생각합니다. 상담의 장은 누구를 위한 장입니까? 이 장면은 상담자와 내담자가 뒤바뀌어 있는 장입니다. 내담자의 주도성이나 독립성이 당연하게 보호받지 못하는 상황으로 보입니다.

의존성을 다루는 다른 미흡함을 이야기하겠습니다. 내담자는 원래 칭찬하고 배려를 잘 하는 분인데 이러한 칭찬과 배려의 행동 밑에는 의존성이 깔려있어 보입니다. 상담자와의 상호작용이 의존적 패턴을 반복시켰는지를 되짚어보아야 합니다. 내담자가 "제가 너무 아팠어요. 지금도 아파요. 제 마음을 감당 못하겠는 거예요" 하고 말했을 때는 "이제 내 장이에요, 아파요, 목사님에 대한 칭찬은 그만 할래요, 빨리 나를 돌봐 주세요" 하며 장을 펼치는 겁니다. 이 순간 상담자는 내담자가 이미 처리하고 온 구체적인 사안인 복비에 관해 질문합니다. 내담자가 "아프다"고 하면서 상담자에게 의지하려고 할 때 상담자는 내담자의 감정에 집중하는 대신 현실 정황으로 끌고 나가는 질문을 던집니다. 내담자는 이를 받아서 충실하게 설명하고 나서야 "그런 게 있어서 마음이 아프다"고 말합니다. 이 충실함이 상담자에 대한 의존성의 강화가 될 수 있습니다. 내담자가 마음을 열어서 하는 이야기를 상담자가 빨리 못 알아듣고 있습니다. 내담자가 표현하는 "아파요, 어디가 아파요"라는 마음에 집중하여 들어가면 상담시간을 더 효율적으로 쓸 수 있습니다.

(3) 치료 동맹의 과정

상담자는 내담자가 울 수 있도록 안전한 환경을 제공했고, 눈물이 그치자 "답답하겠어요?" 하고 묻습니다. 사실 울음을 그친 내담자가 답답했을지 화가 났을지는 알 수 없습니다. '지금 어떠신가요?' 하고 물어보는 게 좋습니다. 지금-여기(Here and Now)에서 이 분의 상태를 물어봐야 합니다. 내담자들은 종종 상담자가 알아듣든지 못 알아듣든지 욕구가 흡족히 충족되지 않으면 뜨문뜨문 자기가 하고 싶은 말을 줄기차게 합니다. 내담자 역시 울고 난 뒤에는 "그런 것 가지고 답답하고 힘들어하나, 대범하게 생각하자" 하며 스스로 경험한 통찰을 표현합니다. 울고 나니 통찰이 생겼습니다. 내담자는 다시 재개된 대화에서 "이렇게 대범하게 살고 싶다"하고 말하는데 그 다음에 이 말을 받는 상담자는 "충분히 답답할 것 같아요" 하고 말합니다. 이때는 평소에 의존성 많은 분이 순간 자기 통찰을 하고나서 "대범하게 생각하고 살고 싶다"고 말했습니다. 상담자는 이 자발적인 통찰과 변화에 집중하여 무엇을 대범하게 생각하고 처리하고 싶은지 물으면 좋을 텐데 묻지 않고 넘어가서 아쉽습니다. 내담자가 대범하게 살고자 하는, 자각한 부분은 상담자가 원하던 의존성의 알아차림이었는데 놓쳤습니다. 내담자가 대범함과 자기주도성에 대해서 싶은 마음이 있었을 것입니다.

내담자는 이어서 나름대로 대범하게 생각하고 행동했던 얘기를 하면서 웃습니다. 이에 상담자는 내담자 남편이 어떻게 반응했는지 여전히 궁금해합니다. 저라면 지금-여기에서 말하는 내담자에게 관심을 갖고, 어떤 의미로 내담자가 웃으셨는지? 내담자의 중심과 마음에 초점을 맞추어 질문할 것 같습니다. 상담자는 현실에서 떠돌아다니는 이야기보다 지금 여기에서 이야기를 하고 있는 내담자의 내면과 보이는 현상에 더 집중해야 합니다. "여전히 의존적이지만 동시에 대범함을 말하고 있는 자신이 어떻게 느껴지시나요?"라고 한 번 물어보면 좋겠습니다. 마음을 바꾸니 편해졌다는데 그게 아까 말했던 대범한 경험과 어떻게 연결되는지 물으면 좋습니다. 이 대범함이 남편의 비난에 주눅이 들어서 마음이 편하지 못하고 나에게 어떤 변화를 줄 수 있을지 물었으면 좋았을 듯합니다. 상담자는 내담자의 욕구와 마음을 따라가며 장을 펼쳐야 합니다.

내담자는 이렇게 자신의 통합성을 말하다가도 마음이 좀 분열된 상태를 보여줍니다. 남편을 수용해야지 하면서도 복수심 같은 것이 부글거립니다. 조금 편해지기도 했지만 마음이 상할 때도 있습니다. 이러한 복수심과 노여움을 느낄 때 상담자가 지금처럼 내담자에게 부부가 대화했던 구체적 사건을 떠올려 말하도록 끌어가면, 내담자는 자기중심에서 자꾸 일탈하게 됩니다.

내담자가 '남편에게 말해 보았자 들어주지 않는다'고 상담자에게 표현하는 의미를 정신분석적 관점에서 살펴본다면 다음과 같습니다: 지금 너(상담자)와 나(내담자 자신)는 남편 얘기를 하고 있다. 내담자가 상담자 앞에서 '남편이 이럴 때 들어주지 않았어요'라고 말할 때는 상담자 당신이 내 말을 잘 들어주지 않는다고 느낄 때일 수도 있습니다. 이럴 경우에 상담자는 "상담자로서 제가 지금 당신 말을 잘 들어준다고 느끼시나요?"라고 물으면 좋습니다.

2) 슈퍼바이저 B

(1) 목회자-상담자로서 이중관계 해석

상담을 53회기로 진행했다는 것 자체가 라포가 형성되었다는 뜻입니다. 상담자의 전문성이 전제될 때, 이중관계를 나쁘게만 보지 않아도 됩니다. 예를 들면, 모든 가족상담, 부부상담, 아동 및 청소년 상담은 이중관계가 될 수밖에 없습니다. 목회·기독 상담 역시 이중관계가 될 가능성이 높습니다. 이중관계가 나쁘다고 결론을 내리는 것보다는 어떻게 상담자가 전문성을 발휘할 수 있는지, 서로 다른 상황에서 어떻게 상담자와 내담자가 상호관계를 이끌어갈지 고민하는 것이 더 적합하다고 할 것입니다. 윤리적인 고려도 필요합니다. 이 사례를 가지고 현장에서 만나는 교회 교인들과의 상담을 어떻게 이끌어 가야 할지를 고민하면 좋겠습니다.

상담에서 이중관계에 대해 수용하고 지지하는 이유는 다음과 같습니다. 내담자는 대인관계에 있어 훈습, 훈련이 되어야 하는데 교회만큼 대인관계의 훈련을 잘 할 수 있는 곳은 없습니다. 어떻게 보면 교회는 집단상담의 장입니다. 이를 목회돌봄으로 끌어간다면 변화를 촉진하기에 효과적입니다. 이 부부의 경우는 부부상담을 진행하기 전에 아내의 자기성찰과 변화가 우선되어야 할 것입니다. 아내의 태도가 먼저 자신을 존중하고 세우려는 확신이 뚜렷해지면, 남편의 태도에도 변화가 나타나게 될 것입니다. 관계의 변화는 역동적입니다. 역동적이라는 것은 에너지를 쓴다는 뜻으로 하나님께 부여받은 자신을 거부하지 않고 받아들일 때 자신을 표현할 수 있다는 의미입니다. 아내인 내담자가 남편과의 관계를 통해 자신을 발견할 수 있지만 스스로 독자적인 상황을 끌어갈 수 있어야 합니다. 그리고 나면 자연스럽게 부부상담이나 가족상담을 통해 보다 구체적인 훈련을 할 수 있을 것입니다.

(2) 제시된 상담목표의 한계

상담자가 게슈탈트 이론에 입각하여 이루려는 상담 목표를 상담 개입과 연결하고, 행동지침을 개발하는 과정이 효과적이었는지에 초점을 맞추어 사례를 보았습니다. 내담자의 준비도와 상담자의 전문성을 고려하여 남편으로부터의 분화로 설정한 상담목표의 기본 틀이 유효성을 가지는지 궁금합니다. 내담자는 남편이 어떤 상태에 있든지 자신이 편안하고 싶다는 기대를 말했고, 상담자는 자아분화와 자아경계 강화를 상담의 목표로 정하여 상담을 진행했습니다. 그러나 장기상담 임에도 불구하고 여전히 내담자의 관심은 남편의 이야기를 벗어나지 못합니다. 51회기 축어록 내용을 봐도 여전히 남편 이야기에 집중하고 있습니다. 자기 경계, 자아 강화가 상담목표인데 왜 내담자의 자아 이야기가 나오지 않을까요? 결국 상담의 틀을 어떻게 설정하는가의 문제가 상담의 진행과 개입에서 핵심이 될 수 있습니다.

상담자는 내담자의 자아찾기를 상담목표로 생각합니다. 내담자는 자아분화 과정을 통해 자아 정체성이 확보되어야만 선을 긋든 말든 할 수 있습니다. 의존성이 많은 내담자의 경우, 자칫 잘못하면 자기가 자기를 쳐 낼 수 있습니다. 어디까지가 나이고 어디부터가 남인지가 구분이 되지 않은 상태에 있기 때문입니다. 이런 상태에서는 내담자의 자아 정체성 찾기가 우선이어야 했는데, 상담목표나 내용을 보면 남편이라는 틀에서 벗어나지 못하는 의존적 상태가 지속되고 있습니다. 가족상담이나 부부상담 사례들을 살펴보면 분화의 문제가 나올 수밖에 없는데 여기에서도 내담자의 정체성 찾기는 핵심이 됩니다.

이런 점에서 내담자의 미해결 과제는 의존성으로 정해져 있습니다. 상담목표인 분화와 자아경계 강화를 이루기 위한 세 개의 상담전략 중에도 두 개는 남편과의 관계와 연결됩니다. 이런 점에서 남편에게서 어떻게 벗어나 분화될 것인가 보다는 나를 어떻게 찾아야 할 것인가의 문제가 궁극적인 목표가 되어야 합니다. 더 나아가 나의 정체성 찾기의 핵심은 하나님과의 관계에서 나라는 존재는 어떨 것인가에 대한 명료화 작업이 필요합니다. 본 상담 사례에서는 이 문제가 충분히 다루어지지 않았고, 내담자의 호소문제인 남편의 태도와 남편이라는 대상을 벗어나지 못하고 있습니다.

(3) 강점과 자원 찾기의 차이

상담자는 처음부터 내담자의 강점을 찾으면서 지도를 받았습니다. 여기에서 주의해야 할 점이 나타납니다. 내담자의 강점과 자원 찾기는 다르다는 사실입니다. 강점은 내담자가 잘하는 일, 원하는 것, 현재 하고 있는 일이라고 할 수 있지만, 종종 불만족스러운 정서를 가지고 있을 수 있다는 것입니다. 반면에 자원은 때로는 묻혀 있거나 내담자의 희망과 기대를 반영하거나 현재 원하는 내용을 담고 있을 수 있습니다. 강점과 자원은 이런 부분에서 혼란을 줄 수 있습니다. 일반적으로 내담자의 강점을 찾는 과정에서 상담의 흐름이 왜곡되는 경우가 생기게 됩니다.

묘하게도 내담자는 일을 안 해도 돈을 잘 법니다. 본인이 직접 벌어서가 아니라 남편이 잘 가져다준다는 의미입니다. 스스로 자원이 없는 사람이라면 가져다주는 월급을 탕진할 수도 있는데, 이 내담자는 주는 돈을 지키고 관리할 수 있습니다. 내담자의 자원은 지키고 관리하는 능력입니다. 이런 자원이 없으면 남편이 돈을 잘 벌어도 사기를 당하거나 사고가 나서 어려움을 겪습니다. 그렇게 봤을 때 이 분의 현재 가진 자원은 어쩌면 경제활동일 수 있습니다. 경제활동을 통해 돈을 벌었을 때 내담자는 자기가 당당하다고 느끼며 힘을 느꼈습니다. 그러나 내담자는 오랜 세월 동안 남편에게 여러 말을 들었어도 밖에 나가 돈을 벌지 않았습니다. 왜 돈을 벌지 않았을까요? 남편에게 경제적으로 의존하고 있습니다. 지금 얘기는 자꾸 정서적인 의존으로만 해석이 이루어지는데, 오히려 경제적인 의존이 훨씬 더 큽니다. 게슈탈트 상담의 관점에서 상담자는 내가 보는 전경과 배경, 여러 배경 중 어느 것을 전경으로 끄집어내서 볼 것인가 아니면 넣어서 볼 것인가를 고민해야 합니다. 남편은 아내가 돈을 벌어야 한다고 주장합니다. 내담자는 남편이 하는 다른 말들은 거의 듣지 않는데 유독 '경제활동을 해야만 사람이 능력 있고 쓸모 있다'는 말은 비판 없이 그대로 수용합니다. 내담자가 남편의 말에서 뭔가 이끌림,

알아차림을 느꼈다는 뜻입니다. 남편은 계속 얘기합니다. 네가 돈을 벌었으면 훨씬 더 잘 살았을 텐데 돈을 벌지 않아서 요만큼 밖에 못살았다. 이 말이 내담자에게는 어쩌면 하늘의 소리일 수 있습니다. 이 여성이 실제로는 능력이 있어서 돈을 벌어야 하는 사람일 수 있는데 자신은 남편이 벌어온 돈을 쓰는 사람이라고 믿고 있기에 오히려 왜곡된 에너지가 나올 수도 있습니다.

상담자는 내담자의 경제활동 여부와 관계없이 자기 자신과 가족들 앞에서 떳떳해져야 한다고 생각하고 설명하고 있습니다. 하지만, 치료적 개입을 위해 상담전략을 적용하는 과정에서 내담자가 어떻게 경제활동을 하는지는 상당히 중요합니다. 상담자는 내담자가 경제활동을 하지 않아도 충분히 공로와 장점이 있다는 것을 알기 원했으나, 바로 이 점이 상담의 상당한 난제가 될 수 있습니다. 어떤 측면에서는 허상이 될 수도 있기 때문입니다. 오히려 내담자의 교육 수준이 중졸이므로 경제활동은 나라는 존재를 실증적으로 검증할 수 있는 가치를 지닙니다. 상담자 수준에서 얘기하는 자아 찾기, 영성, 신념 이런 것들이 어쩌면 내담자에게는 허상일 수 있습니다. 내담자의 수준은 실질적으로 손에 돈이 얼마 잡히는가, 남편하고는 만원에서 이천 원 가지고 티격태격하고 있습니다. 내담자의 수준이 낮다는 뜻이 아닙니다. 오히려 이 내담자만의 방법으로 경제적, 물질적 가치를 생산하는 실제 활동을 한다면 자아 찾기와 자원을 찾아 강점을 활용한 상담을 할 수 있다는 말입니다.

(4) 고유한 자기의 활동에너지

전체적으로 53회기 내내 내담자는 남편에게서 벗어나기를 원하지만, 아이러니하게도 이 여성은 결국 남편을 벗어날 수가 없었습니다. 전체적으로 보면, 내담자를 접했을 때 내담자의 삶에 흐르는 정신적 에너지를 읽어볼 필요가 있습니다. 게슈탈트로 접근한다면, 내담자가 호소하는 문제는 내담자에게 중요한 전경입니다. 상담사는 내담자를 이끌어 왔던 배경들을 살펴보면서 맥락을 찾아야 합니다. 내담자의 가장 큰 에너지는 에너지의 획득입니다. 묘하게도 이 내담자의 남편은 돈을 가져와 그 일부를 떼어 아내에게 주는데, 자신은 돈을 아내에게 준 뒤 필요한 대로 타서 씁니다. 복덕방 복비나 도배 비용을 지불하고 집을 구할 때도 마찬가지입니다. 남편은 나쁜 사람 같이 보이지만 꼬박꼬박 돈을 가져다주었고 바람도 피우지 않았습니다. 이렇게 사람들이 필요한 것을 내담자에게 타갑니다. 내담자는 남편이 '독고다이'라고 생각하고 자신이 챙겨주는 것을 간섭이라고 생각하는 남자라고 느끼지만, 여전히 챙겨주고 싶어 합니다. 내담자는 자신을 위해 돈을 쓰지는 못하지만, 에너지는 경제적 자원인 돈을 다른 사람들을 위해 통제하고 분배하고 관리하는 가운데 나타납니다. 이런 에너지는 이 내담자의 힘이고 자원이기에 돈을 가지고 자기 힘을 써야 합니다. 일상에서 다른 사람들이 의존하는 여성인데도 자신은 계속 누군가를 의존하려고 하니 에너지의 흐름이 어긋나 있는 상태입니다.

자신을 이해하기 위한 에너지가 중졸의 내담자에게는 어쩌면 경제라는 실물에너지로 경험되는 것으로 보입니다. 내담자는 현재 돈을 줄여서 쓰거나 가급적 쓰지 않으려고 하지만 실제로는 밖에 나가 돈을 벌고 오히려 써야 하는 사람처럼 보입니다. 남편이 은퇴한 시점에서 내담자는 부업을 하며 돈을 벌게 되었습니다. 평소에도 돈을 벌어야 실제로 인정받을 수 있다고 생각합니다. 이런 이해가 내담자의 에너지가 됩니다. 이러한 통찰이 축어록 곳곳에 나타납니다. 남편은 은퇴 후에도 지자체에서 하는 청소일을 했고, 수술을 받은 뒤 몸이 회복되자 다시 꾸준히 일했습니다. 내담자는 몸이 아픈 남편도 일하는데 나는 일을 하지 않는다는 부담을 느꼈습니다. 내담자의 고유한 에너지 순환을 고려해야 합니다. 결국 내담자가 돈을 벌거나 관리하는 일을 할 때, 자신이 인정받고, 남편에게도 당당한 사람이 될 수 있습니다. 내담자가 자신의 생각에 머물기보다는 활동성을 높여 적극적으로 삶을 수용할 필요가 있습니다.

내담자에게는 인정과 칭찬을 받고 싶은 욕구가 있지만, 고려할 사안이 있습니다. 현재는 남편이 인정하지도 칭찬하지도 못하고, 주지 못하는 상태입니다. 당장 남편이 없으면 어떻게 되는가? 만약 남편한테 더 이상 기대할 수 없다는 생각이 들면 남편을 바꾸어야 하는가? 대상을 바꾸어야 하는가? 상담자에게 왔지만, 상담사도 일부 칭찬하고 존중했다가 일부 지적하고 참견했다가 하며 왔다 갔다 합니다. 상담자가 주려고 하는 치료적 에너지와 내담자의 호소가 필요로 하는 에너지 사이에서 계속 혼란이 발생합니다. 이를 정리해서 치료적 에너지를 어떻게 끌어갈 것인가 고민해야 합니다.

인정과 칭찬을 받기 위해 애쓰기보다는 오히려 자기 자신이 스스로 인정하고 칭찬해야 합니다. 내담자는 스스로 인정해 주어야 한다는 해결책을 가지고 있었습니다. 내담자의 관점에서 보면, 돈을 벌면 쓸모 있는 인간입니다. 상담자는 내담자가 일차원적 사고를 벗어나서 신앙인으로서 하나님께 인정을 받고 있다는 마음을 가지도록 인도할 수 있어야 합니다. 상담자는 내담자가 자신을 위로하고 스스로 지지하는 사람이 되기를 바랐습니다. 그런 측면에서 목회상담적 개입과 치료방법을 찾아야 합니다. 53회기의 상담을 하면서 하나님과의 관계에서의 자아 찾기, 자존감으로서의 자아 찾기가 다루어지지 않았기에 이 내담자가 나아가려면 이러한 면을 살펴보아야 합니다. 목회상담적 관점에서 내담자의 신앙을 통해 하나님 안에서 자기 정체성 형성이 이루어지는 것이 중요하다고 강조합니다.

4. 참석자 질문과 답변

질문: 의존적인 내담자를 상담할 때 주의할 점은 무엇입니까?

슈퍼바이저 B:상담사는 내담자의 미해결된 과제를 의존이라고 했습니다. 의존 해결이 곧 독립을 의미하는 것인지 궁금합니다. 치료 목표는 궁극적으로 독립이라고 볼 수 있지만, 자립이라고도 할 수 있습니다. 의존적인 내담자를 치료한다고 해서 의존을 즉시 벗어나게 하는 것은 위험할 수 있습니다. 의존적인 내담자를 상담할 때 분리, 독립, 자립을 급하게 서두르면 관계와 심리적 차원에서 와해를 경험할 수 있습니다. 이 경우, 내담자가 과거의 의존을 향해 돌아가려는 복원력이 강해져서 더 강하게 집착하게 될 수 있습니다. 알아차림은 변화의 시작이지만 문제는 알아차린다고 변화가 되는 것은 아닙니다. 의존적인 내담자는 의존할 수 있는 대상을 전환해 주어야 합니다. 치료적으로 얘기하면, 남편에게 의존했던 아내를 상담자에게 의존하게 하고, 의존의 상태를 유지하면서 치료적 개입을 해야 합니다. 치료의 과정을 거치면서 내담자의 상태가 안전해졌다고 판단할 수 있을 때 건축과정에서 임시로 세우는 '비계'(가족치료에서도 사용하는 용어)를 서서히 제거해 줍니다. 내담자가 상담자로부터 서서히 분리되면서 자립하게 되고, 결과적으로 일상에서 자신있는 삶을 살게 됩니다.

상담자가 내담자의 억압을 드러내도록 살펴보았다면, 감정을 열어 다음에 무엇을 경험할 수 있는지 고민해야 합니다. 이 고민은 상담 과정이나 축어록에서 거의 나타나지 않습니다. 상담자는 과연 치료적 방안을 가지고 있었을까요? 표현하여 열어놓는 것이 다는 아닙니다. 격한 감정을 표현하고 나서 내담자가 경험할 수 있는 허탈감, 공허감이 가져오는 흡인력은 훨씬 강합니다. 내담자는 계속 남편에게 돌봄과 보호를 받으려고 했지만, 상담을 통해 현실적으로는 남편을 통해 이러한 지원을 받기 어렵다는 것을 발견했습니다. 남편이 상담에 오지 않는데 어떻게 바꿀 수 있을까요? 보호하고 돌보아주며 의지할 수 있는 새로운 대상을 찾아야 할까요? 새로운 대상을 찾았다고 그 대상이 주는 에너지를 과연 내담자가 받아들일 수 있을까요? 의존적인 내담자를 위한 치료적 방안은 무엇일까요? 남편에 대한 기대를 내려놓는 것일까요? 내려놓는다면 그에 대한 대안이 무엇이어야 하는지 고민해야 합니다.

질문: 이 상담에서 게슈탈트 심리치료가 어떻게 사용되고 있는지 궁금합니다. 간혹 상담자가 다른 접근법을 사용하는 듯이 보입니다.

슈퍼바이저 B: 상담자는 다른 회기에서 역할극을 통해 드러내기를 시도했고, 논박, 지적이라는 말을 많이 사용했습니다. 게슈탈트 심리치료에서 논박과 지적을 통해 알아차림을 줄 수도 있겠지만, 기본적으로 논박과 지적은 인지적 접근에서 많이 씁니다. 상담자가 왜 이런 태도를 보이는지 확인해 봐야 합니다. 지시적이며 교육적이고 때로는 강요하는 듯한 태도와 메시지가 내담자를 향해 나가고 있습니다. 이런 상담자의 특성이 상담자와 내담자 사이에서 어떤 상호관계를 만드는지 파악하는 작업은 중요한 통찰을 가져올 수 있습니다.

억압된 감정이 있는 사람이 이러한 감정을 몇십 년 동안 가지고 있었던 이유는 생존하기 위해서입니다. 생존을 위해 갖고 있던 억압된 감정을 한순간에 터뜨려 놓으면, 상담자로서는 통쾌한 일이지만, 내담자는 와해나 공허감을 경험할 수 있습니다. 그래서 억압의 감정을 무엇으로 대체하면서 서서히 순환시킬 수 있는 방편을 고민해야 합니다. 이 내담자는 기독교적 배경을 갖고 있으므로 오히려 성경이나 말씀을 통해 상호적 관계를 만들어나갔으면 어떠한 반응을 보였을지 궁금합니다.

질문: 내담자는 남편에 대한 이야기를 끊임없이 하면서 이해받고 싶은 욕구를 표현합니다. 상담자가 목사님이시고 남자이기 때문에 여러 전이가 일어나고 있는 상태에서 아마도 남편과의 관계를 계속 연습하고 있지 않을까 생각합니다. 아내와 남편의 역할이 어떠해야 한다고 생각하는 상담자의 관점이 상담에 어떤 영향을 미쳤다고 생각하십니까?

상담자: 현실 남편에게 적응한다는 것은 폭력을 십자가로 알고 받아들이라는 것이 아닙니다. 제 목표는 '이 분이 신체적 폭력은 없어도 폭언하는 남편과 어떻게 상처를 덜 받고 살 수 있을까'였습니다. 남편과 아내의 역할이 정해져 있다기보다는 서로 존중하며 합의할 문제라고 생각합니다. 내담자가 일할 수 있도록 지원했고 실제로 용기를 내어 부업을 시도했습니다. 내담자에게는 일하는 경험은 죽었다 살아난 것과 같은 경험이었다고 비유할 수 있습니다. 내담자가 일하려 했던 제일 큰 동기가 남편으로부터 온 내사된 비난이라고 봅니다. '일을 하지 않으니까 한 것이 없어, 가치가 없어, 넌 쓰레기야'라는 비난의 목소리였습니다. 내담자가 그 어려운 상황에서도 살림을 얼마나 잘 꾸려냈고, 두 자녀를 잘 키웠다는 것을 남편과 동등한 입장으로 자신을 볼 수 있도록 도우려고 했습니다. 내담자가 앞으로 일을 하지 않아도 난 떳떳하다고 자기고백을 말할 수 있는 상태가 된 것이 중요합니다.

슈퍼바이저 A: 아내와 남편의 역할에 대한 상담자의 태도가 상담의 장에서 어떻게 전이되었는지 짚어 봅시다. 상담자는 자신에게 보이는 구원자 콤플렉스를 언급했습니다. 상담자의 위치는 목사님으로서 평신도인 내담자를 위에서 내려다보는 입장이었다고 생각합니다. 상담자와 내담자의 관계에서 게슈탈트 기법을 쓰셨다고 하셨기 때문에 사례보고서 곳곳에서 나오는 '안내'라는 표현도 적절하지 않다고 느꼈습니다. 안내는 어느 장소에 가는 법을 모를 때 도움을 주는 것입니다. 그런데 내담자가 어디로 가야 할지도 모를 때는 안내가 아니라 결국은 지시하는 것으로 보입니다. 그래서 상담자가 자주 쓰는 표현으로 '시켰다', '지도했다', '지적했다' 등이 반복해서 나옵니다. 상담자가 수평적 관계를 만들려 했으면 다른 언어로 표현되어야 합니다. 축어록에서 내담자보다도 상담자가 먼저 말하고 결론을 내리는 모습이 보였습니다. 하지만 내담자 스스로 '내가 이렇게 해보겠습니다'라고 자기 목소리를 낼 수 있도록 상담자로서 기다렸으면 어떻게 변화되었겠습니까? 내담자는 상담을 통해서 자발적으로 반응할 수 있는 경험이 적었기에 상담회기가 50회기가 지나도록 상담자에게 계속 의존하는 모습으로 보이지 않았을까 조심스럽게 추측합니다.

슈퍼바이저 B: 상담자가 자신의 모습을 자각하고 이 에너지를 갖고 내담자를 세워주는 작업이 이루어져야 하겠습니다. 자기 자각에 대해 내담자 스스로 확신을 가져야 합니다. 이때 상담자는 자연스럽게 떨어져 나갑니다. 이 상담관계에서 상담자가 점차 부담을 느낀 이유는 내담자가 계속 상담자를 의존하면서 내담자가 집에서 남편과 경험하는 관계를 상담과정에서 상담자와 재경험하기 때문입니다. 이런 표현을 쓰기 조심스럽지만, 상담자가 간혹 일방적이거나 권위적인 언어를 쓰고 있는데 본인은 잘 모르십니다. 내담자가 상담자에게 자연스럽게 반발할 수 있으며, 자기 고백의 장으로 나와서 내 경험이 무엇인지 직접 설명해야 합니다. 상담하는 사람들에게는 상담관계에서 나타나는 현상을 꾸준히 통찰해야 하는 과제가 있습니다.

질문: 의존적인 내담자에게 갑작스럽게 의존상태를 벗어나게 하는 것이 위험할 수도 있다는 말씀이 깊이 마음에 와 닿았습니다. 목회상담 안에서 추구할 수 있는 건강하고 안전하며 성숙한 의존은 어떤 의미일까요?

슈퍼바이저 B: 기독교인 내담자는 상담자가 목회자이기 때문에 의존할 수 있었습니다. 내담자가 하나님께 의존하고 하나님이 사랑하시는 나를 사랑할 수 있다고 고백할 수 있게 변화하면 됩니다. 예를 들어, 배우자가 서로를 의존한다는 것은 건강한 의존입니다. 상담에서는 내담자가 깨달아서 고백하는 것이 기독교적 의미의 '말씀이 육신이 됨'이기도 합니다. 예수님이 제자들에게 사람들이 나를 누구라 하느냐 물으신 뒤, 너희들은 누구라 하느냐 물으셨지요. 다른 사람의 고백이 아니라 자기 고백이 중요한 것이지요. 일반상담은 자기고백의 언어화라고 합니다. 성경 구절을 읽다가 깨달을 수도 있고 상담자와의 관계에서 안전한 의존을 통해 깨달을 수도 있습니다. 내담자가 자기감정을 다 꺼내놓고 나서 새롭게 무엇인가를 느꼈더니 이런 마음이 들었고 전과 다른 결심이 생겼다는 고백을 한다면 신앙고백이 될 수 있습니다.

질문: 과연 내가 상담을 할 수 있을 만큼 제대로 된 자질이 있는지 스스로 반문하고 있습니다. 상담사는 어떤 자질을 가지고 상담에 임하여야 하는지요? 정말 좋은 상담자가 되고 싶습니다.

슈퍼바이저 A: 분석을 많이 받으셔야 합니다. 자기 분석을 많이 받으십시오. 내 속을 다른 전문가를 통해서 많이 째보셔야 합니다. 내 속이 이렇게 생겼구나 들여다보아야 합니다. 해부도를 책으로 보는 것보다 내 속을 내가 직접, 집도의를 잘 만나서 보아야 합니다. 자기 속을 많이 째보아야 자기를 잘 압니다. 제 표현이 약간 과합니다. 중요한 건 내 속을 잘 알아야 남이 보입니다. 그래야만 상담자로서 내담자와 잘 소통하며 상담할 수 있으리라고 믿습니다.

5. 상담자 소감

지금 게슈탈트적으로 솔직하게 이야기하면 제가 언어적으로 권위적이고 폭력적이라는 말이 불편합니다. 좀 불편하게 들렸습니다. 그러나 그 부분을 더 살펴보겠습니다. 시켰다고 해서 꼭 권위적이라고 할 수 있는지 모르겠습니다. 축어록을 자세히 살펴보면서 상담의 프레임을 바꾸어야 할 필요성을 느꼈습니다. 상담 과정에서 교훈적으로 말하는 자신을 점검할 수 있었고 내담자의 욕구와 감정을 따라가는 원칙의 중요성도 배웠습니다. 상담 회기를 마무리하는 과정에서는 내담자가 여러 자원들을 활용한 협력 관계를 연습하도록 지도할 필요를 느꼈습니다. 개입을 시도하기 전에 내담자의 감정과 아픔을 충분히 느끼는 태도의 중요성도 다시 생각했습니다. 내담자 개인의 노력뿐 아니라 가족의 영향, 내사된 목소리, 상담자와 주변의 자원이 내담자의 성장에 영향을 준다는 점을 고려하겠습니다.

6. 목회신학적 고찰: 소명 안에서 자기 이해

인간의 소명(Human Vocation)은 하나님과의 관계를 경험한 인간이 자신의 정체성에 대해 질문하면서 형성된다. 하나님의 나라를 위한 동반자적 관계는 이러한 소명에 의해 자신 이외에도 하나님의 창조세계를 돌보는 관계이다. 성숙한 인간이 되어가는 과정은 자신의 가능성을 성취해가는 삶이지만 하나님의 동반자가 되어 살아가게 되면 공동체 안에서 소명을 통해 하나님과 이웃을 더욱 사랑하게 된다. 제임스 파울러(James W. Folwer)에 의하면, 소명은 우리 생계의 근거인 일이나 직업이 아니고 전문성 그 자체와 동일한 의미도 아니다. 소명은 개인이 일생

동안 수행하는 경력 그 자체로 축소되지도 않는다. 소명은 인간이 자신의 '전체적 자기자신'(total self)과 함께 하나님의 말씀과 동반자 관계에로의 부르심에 대한 응답이다. 하나님이 보여주시는 소명 안에서의 자기이해는 자아실현 그 이상을 의미하며 말씀 안에서 "하나님의 사람으로 온전"하여 "선한 일을 행할 능력"을 갖추게 된다(딤후 3:17).

자신의 소명을 이해하는 과정은 인간의 전생애에 걸쳐 진행되며 개인적 영역과 사회적 영역을 아우르며 진행된다. 소명은 일상에서 각 개인이 경험하는 은사와 한계, 다양한 인간관계, 수행하는 여러 역할들의 통합 안에서 존재한다. 캐롤 길리건(Carol Gilligan)의 연구는 소녀들과 여성들이 윤리적 딜레마의 의미를 생각할 때, 그 특정한 상황 안의 사람들이 어떤 관계 안에 있었고, 그들이 속한 이웃과 공동체의 역할은 어떠했는지 질문하는 경향을 보여주었다. 여성들은 대인관계의 상황을 고려하면서 도덕적 선택의 상황을 평가하려 했다. 파울러는 마틴 부버(Martin Buber)의 연구가 길리간의 연구에 결정적으로 영향을 주었다고 말한다. 그는 여성이 남성보다 덜 발달했거나 복잡미묘한 사안의 이해능력이 부족하다기보다는 남성과는 다른 방식으로 생각할 수 있다는 주장에 동의한다. 길리건은 지나친 일반화를 주의하면서도 남성의 발달은 구별과 분리 중심으로 이루어지지만 여성의 정체성 발달은 자신에게 의미있는 사람들과의 관계를 통해 형성되는 경향이 뚜렷하다는 면을 강조하였다. 타인의 필요와 요구를 경험하고 정서적 연대를 형성하려는 경향이 도덕적으로 성숙한 사람들에게 나타난다. 도덕적으로 성숙한 여성과 남성은 자신의 권리와 자신이 돌볼 책임을 느끼는 사람들의 권리를 함께 생각하고 효과적으로 돌볼 수 있는 사람들이다.

소명은 성인 발달의 각 단계에서 서로 다를 수 있는 초점과 형식을 통해 성장할 수 있고 본질적으로는 하나님이 자신을 부르셨다는 고백이 꾸준히 이어지면서도 깊어지는 가운데 존재한다. 일상에서의 기쁨과 고통, 좌절과 소망 가운데에서 삶의 모습은 변화한다. 인간 소명을 기독교적 관점에서 살펴볼 때, 목회상담은 내담자가 하나님과 자신의 동반자로서의 관계를 회복하고 삶의 구조를 믿음 안에서 새롭게 세울 수 있는 길을 제시할 수 있다. 찰스 거킨(Charles V. Gerkin)은 인간의 상황과 문제를 해석하는데 필요한 돌봄의 언어는 기독교 역사와 전통의 언어임을 상기시킨다. 담화적인 해석적 모델(Narrative hermeneutical model)은 이야기에 따라 자신의 삶을 새롭게 구조화하려는 인간의 경향과 삶을 형성하고 하나님 은혜 안에서 돌봄을 표현하는 해석의 힘을 함께 강조한다. 목회돌봄과 상담을 통해 상담자는 인간의 인생이야기와 기독교 공동체의 이야기가 상호 연결되거나 긴장 가운데 맞서는 가운데 사람들이 자신의 상황에 대해 보다 구체적으로 생각하고 느끼도록 지원할 수 있다. 목회상담 안에서의 긴장은 인생을 어떻게 살아가야 하는지에 대한 의미를 발견하는 과정에서 피할 수 없다. 이때의 긴장은 하나님의 백성이 되어감과 세상을 위한 하나님의 돌봄을 함께 실현하는 개인과 공동체의 소명을 분명하게 드러내기도 한다. 그러므로 평신도는 단순히 돌봄을 받는 수동적인 수혜자에 머무르지 않고 하나님 나라의 동반자로 성숙해 갈 수 있는 주체이다.

7. 토론을 위한 씨앗

1) 상담자가 사례개념화한 내용과 축어록에서 드러난 상담자 모습에 간극이 있다면 그 이유가 무엇이라고 생각합니까?

2) 상담자의 전문성이나 특정 상담기법에 대한 자신감이 내담자에게 미칠 영향에 대해 긍정적인 면과 부정적인 면을 생각해 보고 나누어봅시다.

3) 상담자의 내담자에게 충분히 공감하며 기도하기는 어떤 모습으로 나타날 수 있습니까? 또, 공감하며 기도하기의 유익은 무엇일지 생각해 보고 나누어봅시다.

4) 자신의 약함을 타인의 이해와 돌봄으로 해결하려는 의존적인 내담자들에게 적절한 목회상담적인 개입에는 어떤 것들이 있을지 생각해봅시다. 특히, 소명과 달란트라는 목회신학적인 관점에서 어떻게 내담자로 하여 자신의 약함을 수용하고 감당할 수 있게 도울 수 있을지 생각해 보고 나누어봅시다.

5) 스스로 경제적인 능력이 없음을 탓하는 내담자의 문제는 내담자가 몸담고 살아가는 현대 자본주의 사회제도와 어떤 관련이 있는지 논의하여봅시다.

VI장

눈치 안 보고 맘대로 살고 싶어요

1. 내담자 이야기

내담자는 50대 초반으로 결혼한 지 26년 된 기독교인이다. 호소문제
는 남편하고 말만 하면 싸운다는 것이다. 남편은 공무원으로 소아마비를
앓아서 보행이 약간 불편하며, 어릴 때부터 시어머니가 떠받들어 키웠
고, 스스로를 "왕자병"이라고 부르며, 자기중심적이다. 남편이 시어머니
와 삼각관계를 맺었는데 시어머니가 힘이 약해지자 동료 여성과 정서적
외도를 하는 삼각관계를 형성하면서 가족관계에 위기가 발생하였다.

큰딸은 지방 국립대를 졸업하여 취업준비 중으로 우유부단하여 자신
이 하고 싶은 일을 똑바로 이야기하지 못하며, 아직도 진로를 유보하고
있다. 내담자는 자신이 큰딸을 자주 다그치며 양육했기 때문이라고 생각
한다. 큰딸은 아버지에 대한 어머니의 불평을 자주 듣고 자라서 아버지
에 대해서 부정적인 이미지를 가지며, 어머니 마음 상태를 한눈에 알아
챈다. 작은딸은 큰딸과 같은 대학에 다니고 똑똑하고 자기 할 말을 하면
서 내담자를 닮았다. 작은딸은 큰딸과 달리 아버지와도 사이가 좋고, 원

하는 것이 있으면 아버지에게 말해서 잘 받아내는 적극적인 면이 있다. 언니가 입학에 실패한 지방 명문고에 진학했다. 자매가 고등학교 때는 갈등이 있었는데, 작은딸이 대학을 입학하면서 서로 소통하고 원만해졌다. 내담자는 시댁의 집안일을 다 하면서도 시집 식구들에게 무시당하고 소외당했다. 둘째 딸을 임신한 후에는 시댁 일을 거부하고 7년 만에 분가했다. 시집 식구들에게 무시당한 게 억울해서 작정하고 남편에게 공격적인 말들을 하는데, 그것이 남편과의 관계에 영향을 미칠 것이라고 생각하지 못했다. 주로 큰딸에게 어려움을 토로했으며, 그만큼 큰딸은 내담자의 정서적 상태에 민감하다.

현재 두 딸들은 내담자가 원하면 이혼을 선택하라고 권고한다. 이런 두 딸을 보면서 내담자는 성장기에 심리 내적으로 끊임없이 아프고 까다로운 두 언니를 보면서 자신은 엄마를 힘들게 하지 말아야 한다는 마음으로 엄마가 원하는 것들을 알아서 했었던 어린 시절이 자주 생각난다. 친정어머니는 좀처럼 내담자를 인정하지 않아서, 내담자는 '거절하는 대상 표상'을 가지고 있다. 친정어머니나 남편 같은 중요한 대상으로부터 있는 그대로 수용된 경험이 부족하여 사람들은 잘해줄수록 자신에게 기대려고 하거나 자신을 이용해 먹으려 한다는 불신이 있다. 자신에 대해서 '있는 그대로 괜찮다는 자기 표상'을 형상화하지 못하고 있다. '인정받을 때만 가치 있는 자기 표상'이 형성된 것으로 생각된다. 이런 이유로 인간관계에서 인정을 받기 위해서 과도하게 상대방의 눈치를 보고 열심히 애쓰는 경향을 보이게 된 것으로 생각된다.

2. 상담 과정

1) 상담목표와 접근

상담목표: ① 남편과의 싸움 줄이기 ② 부부싸움에서 내담자의 기여를 깨닫기 ③ 감정반사 줄이기

보웬의 다세대가족치료 이론과 대상관계이론을 토대로 한다

신학적 접근: 내담자는 인정받지 못했던 초기 대상관계의 경험으로 '노력하지 않으면 인정해주지 않는 하나님 표상'을 갖는다. 교회생활에서도 인정받으려고 과도하게 노력하고 오버한 것은 아닌지 불안해지고 있다. 내담자를 존재로 발견하고 인정하며 감탄하는 이전과 다른 대상관계 경험을 통해서 내담자가 인정으로부터 자유하게 하시는 하나님을 찾게 된다.

2) 회기 요약

〈1-5회기: 살면서 노력했는데도 인정받지 못한 아픔들을 이야기〉

상담자의 공감적 반응을 통하여 가족관계에서 친정어머니, 주변 지인들과의 관계, 남편에게서 위로를 기대하였으나 실망한 사연, 특히 둘째 언니에게 관심이 많았던 친정어머니가 내담자 자신에게는 냉담해서 어머니에게 버림받을까 봐 걱정하며 엄청 불안해서 자신이 원하는 것을 말하지 못한 성장기의 삶의 경험을 이야기했다.

〈6-8회기: 남편을 떠나고 싶은 현재의 고민을 털어놓음〉

내담자가 남편에게 위로를 받고 싶었으나, 식모와 같은 시집살이에

지친다. 남편은 일방적으로 시어머니의 편만 들고 자신에게 냉담한 반응을 보여서 상처받았고 이제는 이혼하고 싶다고 말했다. 상담자의 도움으로 내담자의 하소연을 해도 시어머니 편만 드는 남편의 태도에서 성장기에 둘째 언니 편만 들었던 어머니 태도를 연상함을 깨닫게 되었다.

〈9-14회기: 부부싸움이 상호적임을 깨닫기 시작〉

상담자가 내담자로 하여금 결혼하게 된 동기를 파악하도록 이끌었으며, 내담자는 성장기에 원가족으로부터 받지 못한 지지를 받고 싶은 무의식의 강렬한 욕구로 남편과 결혼을 하게 되었음을 깨닫게 되었다. 시댁과의 관계가 힘들어서 남편으로부터 강력한 지지를 받고 싶었으나, 그렇지 못하게 되어서 실망하게 되었지만, 상담을 통하여 남편과 시어머니가 심리적으로 독립하지 못해서 내담자가 시어머니를 비난하면 불안이 올라와서 바로 시어머니를 방어하는 태도를 보인다는 것을 알게 되었다. 결국 내담자는 남편이 자신과 비슷하게 분리불안을 겪고 있음을 깨닫게 되었다.

〈15-19회기: 부부갈등이 자녀 관계에 미치는 영향력 파악〉

상담자가 내담자 부부의 갈등이 자녀와의 관계에도 전수되고 있음을 파악하도록 이끌었다. 특히 큰딸은 내담자의 눈치를 많이 보고 자신의 생각을 편하게 말하지 못해서, 성장기의 내담자 자신을 닮았다. 내담자가 부부관계에서 원하는 것을 평안한 태도로 이야기하고, 큰딸도 자신이 원하는 것을 안정되게 말할 수 있도록 도와주기로 했다. 내담자 부부가 겪고 있는 분리불안이 자녀에게 전수되지 않도록 노력할 필요성을 깨달았다.

〈20-27회기: 남의 눈치 덜 보고, 원하는 것을 편히 말하기〉

내담자는 남편이 냉담해서 이야기를 잘 들어줄 것 같지 않다는 생각이 들 때에, 위축이 되기보다, 큰 기대를 하지 않겠다고 생각하며, 차분하고 안정된 태도로 대화하여 남편의 입장을 확인하는 시도를 반복하기로 상담자와 약속하였다. 여러 회기 동안 연습해서 남편이 우호적이지 않더라고 실망하지 않고, 남편이 받아들일 수 있는 반응에 만족하기로 마음먹고 원하는 것을 이야기할 수 있음을 어느 정도 확신하였다. 상담자의 도움으로 내담자는 살아가면서 언제나 만족할 만한 인정을 받지 못할 수 있지만, 바로 관계가 완전히 단절되고 버려질 수 있다는 지나친 불안에 휩싸이지 않을 수 있음을 깨닫고, 불안을 견디며, 지나치게 타인의 눈치를 보지 않고 자신이 원하는 것을 말하는 노력을 지속하기로 약속하였다.

3) 상담자로서 한계와 슈퍼비전 받고 싶은 내용

내담자의 감정 분출을 충분하게 이루어지도록 돕지 못했다. 내담자가 자신을 부족함이 없는 사람이고 남편은 부족하고 문제 많은 사람이라는 태도를 보였다. 상담자가 내담자에게 공감하고 감정을 분출하게 돕는 것이 내담자가 자기확신에 차서 남편을 더 비난해서 부부관계가 악화될 것 같은 불안이 있었기 때문이다.

슈퍼비전 받고 싶은 내용: ①내담자가 원가족 경험이 투사되어 가족관계에 영향을 미친다고 판단되는데 잘 개입이 안 될 때 개입하는 방법은? ② 부부상담을 받자고 요청해도 남편이 비협조적이며 거부한다. 아내는 부부관계를 개선하려고 혼자서만 노력하는 것 같아 억울해진다. 상담자는 내담자가 더 과대기능을 하게 만드는 것은 아닌지? 어떻게 개입하면 좋을까?

3. 슈퍼비전 내용

1) 가족체계론적 관점

가족체계적 관점을 본다면 굉장히 잘 활용하고 있고 가계도도 잘 그렸습니다. 가계도를 그려보신 분들 그 정도로 관심을 가지고 잘 그리셨는데 그것이 치료과정에도 많은 도움을 줬을 거라고 생각합니다. 내담자가 원가족에서 본인이 했던 역할이 현재 가족에서 어떻게 이어지는지, 기능체계 안에서 기능 부분에 대한 관심을 갖고 내담자와 잘 나누고 있어서 치료적으로 상당한 효과가 있습니다. 전체 치료 과정에서 잘 반영이 돼 있을 것입니다. 그러나 보고서에는 이 체계적 관점이 어떻게 적용되었지 그 내용이 구체적으로 설명되지 않아서 아쉽습니다.

체계적 관점으로 보면 친정 부모님의 부부관계, 남편 부모님의 부부관계에 대한 질문에 대답해 주셨는데 굉장히 중요한 부분이 될 수 있습니다. 하지만 체계적 관점이 사례발표 자료에는 잘 안 나타나고 있습니다. 회기 중에 이야기하면서 체계적 관점으로 나누었을 텐데 보고서에서도 그 부분이 강조되었으면 좋았을 것입니다.

2) 하나님 이미지

저는 영적 평가 부분을 다음과 같이 말씀드리고 싶습니다. 내담자는 "내가 있는 그대로 너를 다 안다"라는 하나님을 경험했지만 그것이 내담자의 실제 삶에서 제대로 적용되지 못하고 있습니다. 우리가 잘 아는 애너-마리아 리주토의 『살아있는 신의 탄생』에서 밝힌 것처럼 이러한 하나님 이미지는 내담자의 쉽지 않은 관계 경험을 버티게 하는 힘일 수도 있습니다. 하나님 이미지를, 실제 관계 경험에서 경험했던 것들을 하나님에게 투사해서 하나님 이미지를 형상화할 수도 있습니다. 그러기에 이 이미지는 현실로 연결될 가능성은 거의 없지만 내담자의 현재의 절망적인 삶의 경험을 일정 부분 견디게 하는 중요한 지렛대가 될 수 있습니다. 중요한 것은 이러한 하나님은 현실과 격리된 상태로 내담자의 심리 내면에서만 의미를 가질 뿐이고 매우 비밀스러운 하나님이 될 수도 있습니다. 그렇다면 상담 목표가 이런 부정적인 하나님 이미지를 긍정적인 것으로 바꿔줘야 하는 것인지를 고민할 수 있습니다. 그동안 제 경험과 기독교 상담사들이 훈련받으면서 부딪치는 문제가 이 질문과 연결되는 것으로 보입니다. 기독교상담 공부하시는 분들이 공부하면서 많이 경험했을 것입니다.

한편으로 비록 왜곡되고 현실과 반대되는 하나님 이미지지만 그런 의미를 가지고 살아야 하는 이유가 내담자에게는 있습니다. 그런 점에서 내담자를 공감해 주고 존중할 필요가 있습니다. 새로운 하나님 이미지는 내담자가 자유롭게 스스로 형성해 가는 것이고 상담자와의 관계에서 주요하게 형성해가는 것입니다. 상담자가 간섭할 수 있거나 주어질 수 있는 것은 아닙니다. 왜냐하면 우리 모두에게 현재 우리가 믿는 하나님이 중요한 것처럼 내담자에게도 현재 그런 울퉁불퉁한 하나님도 매우 중요한 의미를 가지는 하나님이기 때문입니다. 일단 내담자를 충분히 공감하고 거기서부터 시작하는 것이 필요하지 않을까 생각합니다. 사례의 내담자의 현재 상황은 매우 척박합니다. 내담자 남편은 내담자를 별로 존중해주고 인정해주지 않으며, 냉담한 태도를 보입니다. 심지어 부부의 신뢰를 깨뜨릴 행동까지 했습니다. 시댁의 상황이 더욱 좋지 않습니다. 시댁 가족과의 관계에서 내담자는 자신을 계속 종살이를 시키려는 경험을 하였습니다. 내담자는 누군가가 자신을 수용해주는 경험을 해야 시댁식구와의 관계를 견뎌 낼 수 있었을 것입니다. 저는 이런 상황에서 내담자가 갖고 있는 하나님 이미지를 붙들고 있어야 조금 살만하지 않을까라는 생각을 합니다.

3) 상담자와 내담자 관계

상담과정에서 건강가정지원센터에서 시작한 상담을 지금 상담자가 일하는 센터까지 안내한 상담자의 역량이 매우 돋보입니다. 축어록을 들으면 상담자는 내담자에게 매우 중요한 사람으로 경험되고 있습니다. 내담자 역시 상담자에게 중요한 사람인 것 같습니다. 내담자의 인정욕구가 상담자의 인정욕구와 적절하게 상호작용하는 것으로 생각됩니다. 사례를 보면서 내담자는 자신을 전적으로 인정해 줄 사람이 필요하고, 상담자는 자신을 좋은 상담자로 전적으로 인정해주고 따라오려는 내담자가 필요하다는 생각을 한 번 더 합니다. 이런 서로의 필요성은 라포를 형성하고 치료적 관계를 형성하는 데 매우 중요한 역할을 했습니다. 동시에 이러한 필요성은 상담자에게 상담이 더 진전되기 어렵다는 부담감도 안겨줍니다. 그 이유는 상담자가 내담자에게 잘 보이기를 멈추는 것이 쉽지는 않기 때문입니다. 내담자가 상담자에게 실망하고 상담자에게 실패 경험을 안기고 상담의 진행을 어느 정도 방해하고 그런 다음에 경험할 내용들이 분명히 있을 것입니다. 내담자는 자신이 타인에게 필요한 사람으로 경험되는 것이 중요하고, 그래서 열심히 애쓰는 사람입니다. 그러기에 자신이 열심히 노력하지 않아도 관계가 제대로 진행되는 경험, 자신이 절망하고 포기한 관계도 마지막이 아니라는 경험을 해보는 게 필요합니다. 상담자는 내담자에게 본인이 내가 얼마나 큰 자유를 주고 있는가라는 것을 한번 성찰해보는 질문해 보는 시간을 가지면 어떨까요?

4) 내담자의 과대 기능

마지막으로 내담자의 과대기능에 대한 것입니다. 내담자는 남편의 집에 가서 과대기능을 하면서 열심히 자신을 증명하고 인정받으려고 했습니다. 상담 장면에서 보면 남편을 위해서 막 뛰어가서 버스를 잡아주는 순간에 남편이 완전히 마음을 빼앗긴 것 같습니다. 나를 위해서 어디든지 뛰어갈 것 같은 여성을 보았던 것입니다. 다시 말해서 내담자의 과대자기의 욕구를 충족시켜주는 남성을 만나서, 호감을 가졌습니다. 자신이 남편의 집으로 들어가서 남편의 집의 체계 안에서 계속해서 필요로 했던 과대기능자의 역할을 합니다. 남편의 가족을 위해서 죽도록 희생하고 실패했습니다. 내담자는 끊임없이 열심히 노력하다가 "다 싫어요", 열심히 노력하다가 "다 싫어요"라는 메시지를 내놓습니다. 기능 수준이 똑같다 보니까 그럴 수밖에 없는 것입니다. 불안감이 내려가지는 않는다는 의미입니다. 남편이 좋은 반응을 했을 때 잠시는 내려갈 뿐입니다.

5) 여성주의 관점으로

상담자는 여성주의 관점에 관심이 많고, 석사 논문도 그런 관점에서 쓰셨습니다. 여성주의적 관점에서 봤을 때 상담자와 내담자가 맺고 있는 치료적 관계는 어쩌면 '과대기능자들의 연대'가 아닌가? 그렇다면 오히려 '이런 역동을 해방을 위한 연대로 한번 바꿔볼 수 있다면 어떻게 될까?' 여성주의적 관점이 이 내담자에게 과대기능을 덜할 수 있도록 도와줄 수 있는 새로운 관점을 제시할 수 있습니다. 이 관점에서 해방의 연대는 뭐가 될 수 있을지 생각할 필요가 있습니다. 치료 공간에서 같은 여성으로서 본인들이 얼마나 힘든 삶을 살아왔는가를 나누고 진정으로 서로를 존중하고 인정하고 격려합니다. 그리고 내담자의 가족생활 주기상에서도, 개인적인 발달시점에서도 내담자는 자신만의 길을 걸어가야 하는 시점이 되었습니다. 내담자가 남편을 구슬려서 자기 말을 듣게 만드는 방법에서 벗어나서, 지금 공부도 하고 있으며, 자기 발견을 위한 노력들을 하고 있습니다. 이 여성을 더 격려하면서 자기 발로 삶을 만들어가도록 돕는 시도는 다른 사람의 마음에 들기 위해서 '자기를 억누르던 체계'에서 '자기를 해방시키는 체계'로 변하는 계기가 될 수 있습니다. 상담자가 그렇게 지원하고, 함께 연대하고, 증인이 되고, 협력자가 되어준다면 보다 바람직한 상담이 될 것입니다.

4. 참석자 질문과 답변

질문: 내담자의 과대주의에 대한 질문입니다. 사례에서 과대기능하고 있는 네 분의 등장인물이 있습니다. 친정어머니, 내담자, 시어머니, 상담자. 과대기능을 하는 네 분의 아마조네스 여인들이 계십니다. 슈퍼바이저께서 여성들이 연대를 하면서 가부장적인 해방에 대한 얘기를 하셨습니다. 인류 역사 이래 가부장이라는 어마 무시한 이 무의식을 어떻게 다룰 수 있을지에 대한 팁을 듣고 싶습니다.

슈퍼바이저: 남성 목회자들이 산모들 특히 금방 아이를 낳았거나 출산 과정에 어려움을 겪는 여성들을 돕는다고 면담하지만, 현실적으로 의도치 않게 상처를 준다는 이야기를 듣습니다. 우리 사회에서 여성이 처해 있는 사회 경제적 계층적 부분을 제대로 이해하지 못하면 오히려 그 돌봄이 상처가 될 수 있습니다. 기본적으로 '내가 상담자이니까 내가 하는 말이 내담자를 도울 수 있다'라는 관념에서 탈피해서, 내담자가 처한 상황에서 어려움을 보려는 부단한 노력이 필요합니다. 그러려면 상담자는 항상 자신의 자원과 한계를 살피려는 태도가 필요합니다. 상담 현장에서 상담자가 내담자가 가지고 오는 목표에 동의할 때에도, 내담자가 얼마나 가부장적인 문화의 영향을 받는지를 탐색할 필요가 있습니다. 미국의 제시카 벤자민이라는 정신분석가가 그런 성찰 과정의 필요성을 언급했습

니다. 내담자와 상담자 사이에서 상호인정의 과정이 이루어질 때, 바로 이런 면이 고려되면서, 치료적 삼자관계가 형성이 될 것입니다.

질문: 내담자가 가족에게 어떤 영향을 주고 있다고 스스로 생각하는지를 알려면 심리검사가 필요하다고 생각합니다. 이 사례 내담자도 병리적인 면이 강할 수 있다는 생각이 드는데, 상담자께서 DSM-5 평가를 하지 않으신 것 같습니다. 보통 우리가 심리검사하면 MMPI를 많이 하는데, MMPI를 하지 않아도, 다른 검사를 했으면 좋았을 것이라고 아쉽게 생각합니다. 예를 들어서 MBTI, 기질검사, 에니어그램 등 편하게 비진단검사를 해서 내담자가 '내가 이렇게 나만의 생각에 꽉 차 있었구나. 나는 이런 사람이고 배우자는 이런 사람이구나'라고 통찰하여서 스스로 왜곡된 인지가 풀어지는 경험이 초기에 있었다면 좋았겠다고 생각합니다.

저는 비진단 검사를 많이 하고 진단에 해당되는 검사는 제가 할 수 있는 영역에서만 합니다. 보통 다른 데서 상담을 했던 내담자들이나 상담사들이 쉽게 말하는 것이 MMPI 몇 번 점수가 높아서 '이 사람은 강박증이다'라는 식으로 말하는 태도는 조심스럽습니다. 반대로 어떤 내담자들이 다른 곳에서 진단명을 듣고 오면 그것을 교정해 주기가 쉽지 않습니다. '나는 공황장애가 심해요.' 이러면서 병원에 가지도 않고, 스스로 진단하는 경우를 심리검사와 진단검사에 대한 위험성으로 봅니다. 슈퍼바이저께서 심리검사를 어떻게 상담 현장에서 활용하시는지 궁금합니다.

슈퍼바이저: 예전에 제가 일했던 곳은 목회상담사를 비롯해서 사회복지사, 정신과 의사, 심리학자, 임상심리학자가 다 모여서 내담자를 보는 센터였습니다. 내담자가 왔을 때 접수 면접을 해서 그런 검사가 필요하

다고 하는 경우에만 임상심리사에게 보냅니다. 검사를 받고 검사에 대한 상담을 받고 상담사에게 오게 되는데 그런 경우는 거의 없습니다. 열 케이스가 있으면 한두 케이스 정도가 대부분 상담사에게 갑니다. 상담사에게 오는 케이스들도 의사를 만나서 약을 먹고 싶은 그런 케이스들도 있어요. 그런 경우도 상담사를 다섯 번 만나면 의사를 한번 만나게 해 주겠다라는 조건을 해서 제가 다섯 번 만나고, 그다음 의사를 만나서 약을 처방받고 저를 다섯 번 만나고 상담을 진행을 했었습니다. 제가 한국에 와서 상담현장에 보니까, 심리검사가 너무 활성화되었고 사람만 오면 Full Battery 검사를 하는 것을 보면서 놀랐습니다. 저는 필요한 경우에만 심리평가를 받도록 하는 요청하는 편입니다. 부부를 만날 때 무슨 검사가 기초 검사도구로 상담에 도움이 되지만, 상담자 자신이 갖고 있는 치료적 관점이 어떤 것인가가 더 중요하다고 생각합니다.

5. 상담자 소감

저는 상담하면서 중간중간 슈퍼비전을 받을 때, 그리고 지금 인정욕구와 과대기능에서 정서를 먼저 다루어야한다고 조언을 받을 때에도 느꼈는데, 지금도 제가 경험하는 제일 큰 어려움이 역시 동일하다고 생각하게 됩니다. 제 불안 때문에 그런 시도를 못하고 '아 이 분 어떻게든 좀 좋아져야 되는데…'라는 생각에만 몰두하는 경향이 있는데, 그런 부분에 대해서 더 나아지도록 노력해보겠습니다. 또한 상담을 하면서, 만족할만한 "해결방안을 찾지 못하면 이혼하겠다"는 내담자의 말이 저에게 약간 협박같이 느껴졌습니다. 막상 상담을 진행하면서 내담자의 시각과 다른 관점으로 부부관이나 남편을 보도록 이끌려고 하면, 매번 반복적으로 "이혼해버리고 싶어요"라는 말이 나와서, 저는 무의식적으로 '내 관점을 건드리지 마세요'라는 메시지를 보내는 것으로 생각했습니다. 그래서 솔직히 이 상담이 상당히 부담이 되었습니다. 그러나 한편으로 제가 이 내담자에게 해 줄 수 있는 일을 너무 크게 기대하지 않으려는 제 마음속의 어떤 역동을 느꼈습니다. 저는 제가 할 수 있는 부분만 담당하는 것이고, 그 이외의 부분은 내담자 본인의 몫이거나, 더 나아가서 하나님이 내담자에게 주실 선물일 수 있다는 생각을 하게 되면서, 상담 중반기를 지나면서 마음이 편해진 면도 있습니다. 이런 과정이 저에게는 도움이 되었지만, 다른 한편으로 결과가 좋은 상담을 해야 한다는 무의식의 욕구로 인해서, 상담 결과가 좋지 않을 수 있는 부담과 책임을 내담자에게 돌리고 싶다는 심리적 경향에 대한 반영일 수 있다는 생각이 들게 되었습니다. 많은 가르침을 준 슈퍼비전과 저 자신에 대한 유익한 통찰을 선물해 주셔서 감사합니다.

6. 목회신학적 고찰: 분리불안

내담자가 자신이 원하는 것을 적극적으로 시도하기보다, 타인의 마음에 드는 일을 하게 되는 태도를 '버림받음에 대한 불안'에서 비롯되는 듯 보인다. 보웬에 따르면 부정적 정서를 일으키는 중요한 요인이 불안이다. 불안이 높은 개인은 자아분화의 정도가 낮을 수 있다. 자아분화가 이루어지지 않은 개인은 불안을 경험할 때에, 약해지는 것이 두렵거나 남에게 지는 것이 두려워서 누군가를 끌어들여서 일시적으로 정서적 위안을 얻으려 하지만 그 위안으로 오래갈 수 없고 새로운 갈등을 일으킨다. 세상을 살아가면서 불안을 경험하지 않을 수 없다. 불안을 경험할 때에 건강한 자아분화를 통하여 감정적 동요를 분별하고, 수용할 수 있다고 자신의 연약함과 한계를 받아들이면서 공동체의 다른 구성원들을 수용하게 될 것이다. 자아분화가 잘 이루어지지 않으면, 자신에게 찬성하지 않는 이들과 대화와 소통의 방법을 사용하지 않고, 자신과 부정적으로 정서가 융합된 이들을 이용해서 마음에 들지 않는 이들을 적대시하게 만드는 부정적 삼각관계의 형성은 공동체를 분열시키게 만들 가능성을 높게 만든다.

상담자가 불안이 높고 자아분화가 낮은 내담자를 만나게 되면, 스스로를 낮추고 그들의 입장에 설 필요가 있다. 이런 상담자의 태도에서 자아분화가 낮은 내담자는 자신의 약함이나 한계를 의식하게 될 때에 이전과 같이 억압하거나, 회피하거나, 투사하지 않고 자신의 것으로 받아들이도록 심리적 힘을 제공하게 된다. 마태복음 산상수훈 6장 26-34절은 인간이 자신이 원하는 대로 삶을 통제할 수 없는 실존을 암시한다. 도날드 캡스는 인간이 역경을 경험할 때에 불안 때문에 그 상황을 현시로 받아들이지 못하고, 자신이 원하는 방향으로 완벽하게 처리하려고 시도할 때에 '이상주의'(Utopism)가 발생한다고 말한다. 이상주의는 현실과 괴리되어 있는 목표를 설정하게 만들고, 그 목표를 성취하도록 끊임없이 노력하고 지치게 만들며, 결코 그 목표를 성취할 수 없게 만든다는 근본적 문제를 가지고 있다. 따라서 인간이 역경을 경험하게 될 때에, 어느 정도 불안을 느낄 수밖에 없지만 그 불안을 회피하거나, 부인하거나 투사하기보다, 수용하면서 묵묵히 견디려는 태도를 갖추는 게 필요하다. 보웬이 말하는 자기분화의 수준을 높인다는 의미는 바로 삶의 현실에서 불안을 경험하게 될 때에 그 불안을 억압하거나, 회피하거나, 타인의 것인 것처럼 투사하지 않고 자신의 실존의 상황으로 받아들여서 수용하고 견디려는 태도를 갖추는 것이라고 생각한다.

이런 관점에서 목회상담의 현장에서 상담자를 통하여 내담자가 얻게 되는 건강한 자기분화는 내담자가 하나님의 주권과 현존을 풀어내어서, 내담자가 자신의 연약함과 한계를 수용하고 견딜 심리내적 힘을 얻게 되도록 돕는 과정이라고 말하고 싶다. 다시 말해서 목회상담자는 내담자가 자신의 삶 뒤에서 자신을 더욱 잘 아시고, 언제나 함께 하시는 하나님의 현존의 경험을 통하여, 불안해하고, 정서적으로 부정적인 융합과 삼각관계의 형성을 통하여 잠시나마 위안을 얻고 싶은 욕구를 뛰어넘어서 보다 안정적인 심리적 위안을 얻도록 돕는 이의 역할을 감당해야 한다. 결국 내담자의 건강한 자기분화의 가능성은 목회상담자가 지속적으로 수용해주고, 지지하고, 격려해주는 상담 과정을 통하여, 내담자가 하나님의 현존을 경험하게 되면서 형성되는 심리내적인 힘의 여부에 달려있다.

7. 토론을 위한 씨앗

1) 성장과정에서 부모의 눈치를 많이 보면서 자란 사람은 자신이 원하는 것보다 타인이 원하는 것을 선택하게 될 가능성이 높다고 합니다. 이 관점에서 자신의 경험과 내면을 성찰하여봅시다. 그렇지 않은 경험들이 있으면 나누어보십시오.

2) 타인이 원하는 것을 선택하지 않으면, 버림받거나 미움을 받을 것 같아서 두려웠던 경험이 있었습니까? 어떤 방법으로 그 두려움을 해소하려고 노력하였습니까?

3) 사람들에게 버림받거나 미움받을 수 있다는 불안과 걱정을 느낄 때에 하나님을 믿는 신앙이 어떤 도움을 주었습니까?

4) 내담자들이 묘사하는 왜곡된 가부장적인 하나님 이미지에는 어떤 것들이 있는지 나누어봅시다.

3부

/

희망을 담아서

VII장

엄마와 잘 살고 싶어요

1. 내담자 이야기

　내담자는 30대 초반의 여성으로 같은 교회에 다니는 청년의 권유로 상담에 오게 되었다. 현재까지 12회기를 진행한 상담이며 종결에 대해 고민하고 있다. 주된 호소문제는 엄마와의 갈등이지만 직장생활의 어려움 그리고 남성과의 관계를 비롯한 다른 대인관계의 어려움도 있다. 내담자는 무남독녀로 어릴 때 부모가 이혼해서 이곳저곳에 맡겨졌다. 중학교 때 엄마와 함께 외국에 나갔다가 미술대학을 졸업한 후 귀국하였다. 최근 2년 정도 혼자 살다가 엄마와 몇 개월 전부터 같이 살고 있다.

　아버지는 의지가 약하고 순응적인 성격인데 음주 후에는 난폭해졌고 폭력을 행사하였다. 현재는 20년가량 관계 단절 상태이다. 주기도문을 하다가 용서라는 말이 마음에 걸려서 아버지를 용서하려 몇 차례 대화를 시도했으나 소통이 되지 않았다. 엄마는 이혼 후 술장사를 하고 식당을 운영하며 문란하게도 사회적으로 용납되지 않는 남자(유부남)들과 만나기도 했다. 내담자에게 경제적 지원은 지속적으로 하지만 정서적 지원은 제대로 하지 않았다. 내담자가 못생겼다고 성형을 강권한다. 내담자는 엄마를 갈망하면서도 엄마와 사사건건 대립하는 양가적인 관계패턴을 보인다. 엄마에 대한 분노가 심해서 복수하고 싶다는 말을 반복한다. 부모로부터 버림받았다는 느낌에 부모 모두에게 연대감이 없다.

초등학교 입학 전에 백부 집에 보내져 3~4년 사는 동안 친조모의 사랑을 받은 것이 내담자에게는 유일하게 좋은 기억이다. 하지만 가족과의 연대감은 거의 없다. 그나마 이종친척 동생들과는 정서적 동반관계를 유지한다. 어렸을 때 피부병을 앓았고, 대학 때는 그 증상이 매우 심했으며 붕대를 감고 다닐 정도였다. 현재도 스트레스 상황에서는 약하게 재발한다. 스트레스 상황에 취약한 심리적 특성 때문에 쉽게 좌절감과 분노를 느낀다. 최근에 갑상선 기능저하를 경험하고 우울증상으로 심리검사를 받고 약물복용 여부를 기다리고 있다. 심리적으로는 친밀감을 원하면서도 거리를 두고 적대적이면서도 보호받고 싶어 한다. 난관에 부딪치면 심하게 혼란스러워하며 사람들과의 관계에서는 유기불안과 회피의 모습을 보인다.

내담자의 하나님 이미지는 상황에 따라 원망스러운 하나님과 고통과 아픔 중에 구원을 주신 하나님 사이를 오간다. 대인관계에서의 억울함이 하나님에 대한 원망으로 표출되고 있다. 기본적으로 사람에 대한 신뢰가 부족하나 교회공동체의 멘토들의 조언에는 수용적인 태도를 보인다. 교회모임과 활동에 나름대로 열심히 참여하며 그 속에서 자신의 존재 의미를 발견하려는 태도를 보인다.

2. 상담 과정

1) 상담목표와 접근

상담 목표: ① 직장 내 부적응 요소를 탐색하여 안정된 자기감과 대인 관계를 촉진한다. ② 엄마에 대한 갈등과 긴장의 해소를 위해서 상호작용을 향상시킨다. ③ 회피행동을 최소화하여 관계적 적응 유연성을 향상시킨다.

치료적 접근: ① 상담자를 안전기지로 제공하며 내담자의 부정적 인식이 미치는 영향을 탐색하고, 정서조절과 새로운 사고 패턴을 형성한다. ② 보웬의 다세대 정서과정 이론을 근거로 내담자와 엄마에 대한 이해를 증진한다. ③ 해결중심치료 접근으로 내담자의 강점과 자원을 발견하고 성취감을 경험한다.

신학적 접근: 하나님은 빛이 어둠을 들춰내듯 인간 내면의 어두운 면을 드러내시는 분이다. 어둠을 직면하는 고통을 통해서 하나님의 구원이 필요한 존재가 바로 인간임을 자각한다. 내담자의 고통스러운 사건은 하나님의 구원이 필요한 존재임을 인식하는 계기가 되고 영적 여정이 되는 것이다.

2) 회기 요약

〈1~5회기〉
상담을 통해 좋아지고 싶은 것이 무엇인지 질문하여 내담자가 진정으로 원하는 것을 인식하도록 하였다. 사회생활과 대인관계가 어려운 것이 엄마 때문이라고 비난하며 엄마에게 원망과 복수심을 표출할 때 부정적 관계와 정서를 전수하는 가족구조와 분화에 대한 교육도 병행하였다.

〈6~10회기〉

내담자에게 변화가 생겼다. 피부 발진이 가라앉기 시작했고 우울증 약을 먹지 않아도 된다는 진단을 받았다. 자신과 엄마 그리고 직장 동료들과의 관계를 성찰하면서 객관적으로 상황을 볼 수 있는 심리적 능력이 생겼다. 하나님에 대해 원망이 많았는데 잔인한 하나님과는 다른 하나님 이미지가 등장하기 시작했고 하나님에 대한 감사도 조금씩 생기기 시작했다. 상담시간에 안색이 밝아지고 발랄하게 웃는다. 신체적 측면, 정서적 측면 그리고 영적인 측면에서 점점 안정 되어갔고 새로운 일을 시작할 수 있겠다는 자신감도 증가했다. 교회공동체에서도 직책을 맡아 섬기고 여성으로서 자신을 가꾸고 돌보기 시작했다.

〈11~12회기〉

내담자는 '이전보다 단단해졌고 훨씬 건강한 아이가 되었다'고 말한다. 상담자는 내담자가 보인 빠른 호전이 한편으로 당황스러웠다. 다른 한편으로 내담자가 엄마와의 관계를 여전히 힘들어하는데 이것을 어떻게 개선해가야 할지 막막했다. 내담자와 12회기로 종결하게 된 상황에서 아쉬운 마음에 세 번의 추가 상담을 제안한 상태이다.

3) 상담자로서 한계와 슈퍼비전 받고 싶은 내용

부정적인 자아상과 관계의 어려움을 갖던 내담자가 다시 출발할 수 있는 힘을 갖고 자기 돌봄을 시작할 수 있는 것이 상담의 성과지만 현재 상황은 급한 불을 끈 소강상태로 보인다. 스트레스 상황이 되면 상담 전과 같은 증상이 재발현될 여지가 있어 보인다. 제삼자적 존재이신 성령의 안내를 받을 수 있는 상담 자리를 경험하였지만 모녀관계가 개선될 기회를 제공하지 못한 것이 상담의 한계다.

슈퍼비전 받고 싶은 내용: ① 어머니가 모순적인 두 메시지를 보내는 이중구속 패턴을 보이는데 내담자가 이중구속에서 벗어나려면 어떻게 해야 하는가? ② 내담자가 빠른 호전을 보였다. 상담자는 일시적인 현상이라 보므로 상담을 더 진행하고 싶은데 내담자는 종결을 원한다. 어떻게 해야 하는가?

3. 슈퍼비전 내용

1) 슈퍼바이저 A

슈퍼바이저는 최근 자신의 삶에서 일어난 고통과 이 슈퍼비전 시간이 자신에게 어떤 의미인지 나누는 것으로 시작하였다. 자신의 삶에서 벌어지는 일들을 계기로 깨닫게 된 한계를 나누었다. 동시에 이 한계로 인한 시간과 '함께함'의 귀중함을 표현하는 것이 마음으로 쑥 열려서 들어오는 느낌이 들었다.

최근에 제 인생의 어두운 터널을 갑자기 통과하고 있습니다. 남편에게 암이 발견되고 수술하고 항암치료 받는 중이라 마음을 온전히 여기에 몰두하지 못했습니다. 그럼에도 오늘 와서 느끼는 거는 남편과 제 인생에도 굉장히 중요한 시간인데 이 시간들이 살점을 떼어내는 것 같은 시간(목소리가 떨림)이라고 느껴집니다. 상담실에 가든지 강의를 가든지 그만큼 그 시간이 참 소중하다고 느껴집니다. 상담자를 뵙게 되어서 너무 좋고 제가 도움이 되었으면 좋겠다는 마음으로 충분히 준비는 못했지만 해보겠습니다. 목회상담협회에서 저에게 인지행동 쪽으로 슈퍼비전을 했으면 좋겠다고 의뢰하셨습니다. 평소에 인지행동 쪽으로 슈퍼비전을 많이 하지 않지만 오늘은 그렇게 해보겠습니다.

(1) 호소하는 고통

상담에 오게 된 내담자의 고통이 뭔가? 고통에는 감정이나 사고나 행동이 있습니다. 3년간 짝사랑한 남자가 분노의 글을 보내서 좌절했습니다. 직장에서 상사가 텔레마케터로서 명령조로 말하고 고객 관리를 못한다는 지적을 하여 마음의 상처를 많이 받았습니다. 헛구역질하고 코피가 나고 갑상선 기능저하로 손 떨림이 있어도 주변 동료들의 무관심한 태도에 화가 났습니다. 직장에서 인간관계의 문제가 온 것 같습니다. 신체적으로는 얼굴에 울긋불긋 발진이 나고 세 군데 병원을 다니던 중 상담자를 찾아왔습니다.

내담자는 우울감과 직장 갈등과 남자친구와의 관계 악화 등이 엄마 때문이라고 생각해서 엄마에 대한 복수심을 품습니다. 엄마와의 긴장, 갈등, 대치 상황을 가지며, 전화수신 차단으로 행동화합니다. 모든 사건의 전말이 자기 때문이라는 죄책감과 부정적 자기감을 드러내고 있는 것이 현재 상태입니다.

(2) 고통을 이해하기

학습과 조건화에 초점을 맞추어서 역동과 상호작용을 파악해 보겠습니다. 무남독녀로서 외롭고 부모에 대한 부담감이 많았을 것입니다. 중학교 때 부모님이 이혼하셨고 아버지는 5남매 중 막내고 의지가 약하고 순응적이고 음주 후 난폭해지고 폭력을 행사하셨습니다. 큰아버지 집에서 3, 4년 지내면서 할머니로부터 사랑을 받았던 것 같고, 아버지랑 20

년간 단절상태를 겪고 있고 아버지를 용서하려고 3번 만남을 시도했지만 실패했습니다. 엄마는 자신을 고아라고 여기고 외가와 연을 끊고 내담자에게 외가 출입을 금하고 있습니다. 내담자는 자신의 우울이 엄마 탓이며, 엄마가 딸이 어떤 상태인지 알고 본인도 무엇을 잘못했는지 인정하기를 바랍니다. 엄마가 경제적 지원을 계속해줬지만 내담자를 버리고 00(외국)으로 건너가 술장사하면서 남자들과 부적절한 관계를 맺고, 얼굴 전체를 성형하고 내담자에게도 성형을 종용했습니다. 폭언과 대치, 갈등과 긴장의 연속입니다. 엄마를 끊임없이 갈망하면서도 스트레스 상황에서는 복수심을 표현하는데 전화수신 차단, 가출을 통해서 그것을 표현합니다. 대인관계와 사회생활 곤란의 주원인이 엄마라며 원망과 복수심을 표출합니다. "나는 부족한 게 많은데 그중에서 가장 부족한 게 부모다." "엄마는 내가 못생겨서 성형을 하라고 권한다." 이런 말에는 엄마를 향한 불쌍함과 슬픔이 동시에 깃들어 있습니다.

(3) 고통에 대한 대처

내담자가 자신의 문제와 이 고통에 어떻게 대처하고 있습니까? 그 고통이 심화되는 과정을 봤습니다. 불안과 회피로 신체화로 도피적인 모습을 보입니다. 대학 졸업하고 한국에 왔고 7~8년의 시기가 공백상태입니다. 2년 동안 텔레마케터로 일하면서 직장생활을 했고 퇴사하면서 엄마와 살았는데, 7~8년 동안 어떻게 엄마와 지냈을까 궁금했습니다. 현재는 엄마와 단절 상태입니다. "거실 소파에 옷을 놓지 말라"는 엄마 말 때문에 짐을 챙겨서 나옵니다. 이를 통해 '나를 함부로 대하지 말라'는 메시지를 전달하려고 했던 것 같습니다. 수신을 차단할 때 엄마가 무서워하는 걸 보면서 내담자는 수신차단을 통해 '내가 엄마를 버리고 떠날 수도 있다'고 암시하는 것 같습니다. '어렸을 때는 엄마가 나를 버리고 떠났지만 이제는 내가 엄마를 버리고 떠날 수 있어'라는 공격자와의 동일시하는 것으로 보입니다. "엄마가 내 인생도 엄마 인생도 끝났다고 했는데 맞는 것 같다"라는 표현에서 융합적 사고도 볼 수 있습니다. "텔레마케터로 부족하다"는 직장상사의 말에 일이 자신과 맞지 않다고 생각합니다. 텔레마케터를 낮은 사람, 저급한 일로 생각하는 것도 엄마가 "너 설거지 하지마. 그건 저급한 일이야"라고 말했던 엄마의 생각과 융합된 것으로 보입니다. "갑자기 사직하는 게 민폐 끼친다"는 상사의 말에 '모든 게 자신의 잘못'이라고 생각하고 '스스로 다른 사람이 나를 싫어하게 만든 것 같다'라고 생각하는 것 역시 직장 상사와 인지적으로 융합한 것으로 보입니다. 이렇게 융합하면 심리적 유연성이 떨어지는데 그것으로부터 거리두기를 할 수 있도록 상담자가 그것이 내담자 자신으로부터 나오는 온전한 느낌과 생각인지, 아니면 어머니로부터 내사된 자기비난적인 생각들인지 구분할 수 있도록 도와주었어야 했습니다.

⑷ 고통 속에 담긴 소망

내담자의 고통이 가리키는 방향이 어디인가? 내담자가 가장 중요시하는 생각이나 감각이나 기억, 감정 등은 무엇이고 내담자가 취하는 행동과 방해물은 무엇인가? 내담자의 진심에서 우러나오는 열망이나 소망은 엄마와 친밀한 관계입니다. 엄마가 자신의 상태를 알아차리고 잘못을 인정했으면 좋겠다는 마음에서 내담자는 전화수신을 차단하거나 가출하는 행동을 합니다. 엄마와 잘 지내고 싶은데 엄마와 똑같이 화를 내거나 혹은 집 나가는 것을 하지 않고 어떤 다른 행동을 해야 하는지 상담자에게 묻고 있습니다. 내담자의 방향은 엄마와 잘 지내고 싶은 욕구가 큽니다. 그리고 잘 지내는 것이 구체적으로 어떤 건지 그 방법을 찾는 것 같습니다.

교회에서 고아였던 오빠가 잘 지내는 것을 보면서 자신도 결혼생활을 잘 하고 싶은 소망이 있습니다. 짝사랑했던 남자와의 관계에서 남자관계를 이 지경까지 몰고 온 자신이 싫어집니다. 남자가 관심을 보이면 싫어하는 것처럼 이상한 행동을 할까 봐 두렵습니다. '나는 수치스럽고 부끄러워서 나를 이상하게 생각할 것'이라고 생각하고 있습니다.

(5) 상담 성과와 효과적인 접근

내담자가 교회 공동체에서 찬양선교를 하고 순장으로 섬기는 모습이 상담을 받으면서 살아나는 모습으로 보입니다. 이후에 쌍꺼풀 수술이나 피부와 몸매를 가꿔 젊음을 누려야겠다고 생각하는 것도 상담 성과로 보입니다. 상담자가 잘 도와준 것을 구체적으로 살펴보겠습니다. 우선은 역기능적 행동을 초래하는 인지적 융합에서 거리두기를 하도록 합니다. 내담자는 "엄마 아빠에게 버림받았다", "엄마가 내가 못생겼다고 성형을 권한다", "엄마 인생도 내 인생도 다 끝났다", "나는 부족한 게 많은데 그중에서도 가장 부족한 게 부모다" 이런 내용들을 얘기할 때 상담자가 "그런데도 너는 중독으로 빠지지 않고 대학도 졸업했네. 잘 했어" 이렇게 자기 대화(self talk)를 하게 합니다. 물론 내담자는 아직 그것을 긍정적으로 가져가지 못하는 상태입니다. 내담자가 "나는 가끔 재능이 있는 것 같지만 실현할 능력이 없어 절망감만 든다"라고 말할 때 상담자는 "자신에게 어떤 이름을 주겠느냐?"는 질문합니다. "네가 아프고 이렇게 힘든데 그런 너에게 어떤 이름을 주겠느냐?"라고 상담자가 물었을 때 내담자는 '아픈 아이'라고 대답합니다. 우리는 이것을 이야기치료에서 말하는 "문제의 외재화"로 이해할 수 있습니다. '나는 아픈 아이 전체가 아니라 나에게 아픈 아이의 측면도 있다'라는 것입니다. 상담자가 "아픈 아이에게 약도 잘 먹여주고 네가 좋아하는 찬양으로 다독여주자"라고 지지하는 것이 참 좋습니다.

상담자는 엄마와의 관계에서 내담자가 원하는 것들과 감정을 알아차리고 표출하도록 도와주었습니다. 변하지 않을 엄마를 그대로 수용하며 상처를 덜 받을 수 있는 역량을 증진시킬 수 있도록 도왔습니다. 그리고 수용하지 못해서 내담자에게 장애물이 되는 감정을 스스로 처리할 수 있도록 잘 도와주었습니다. 또한 내담자가 스스로 내적 경험을 관찰하고 자기 인식의 변화를 통해서 자아를 확장하도록 돕는 것이 좋습니다. 이에 더하여 상담자는 내담자를 공감적으로 지지하며 새로운 관점을 제공해주었습니다. 내담자의 하나님 관계경험에 관련해서도 상담자의 이런 지지적인 태도가 보였습니다.

이에 대해 몇 가지 예를 들어보겠습니다. 엄마가 절실하게 필요하다는 것을 느끼고 '현재의 내가 아픈 아이'라는 인식을 할 때, 엄마에게 하고 싶은 말을 롤 플레이를 통해 하게 합니다. "외가 증오도 그만하고 가정 있는 사람과 문란한 생활도 그만하고, 거짓말도 그만 좀 해." 상담자는 내담자로 하여금 자기 속에 있었던 진정한 원함을 표출할 수 있게 도와줬고 내담자의 현재 감정을 잘 알아차리게 도와주었습니다.

내담자는 4회기에 이상한 나를 드러낼까 봐, 남자가 호감을 보이면 싫어하는 것처럼 반응할까 봐, 그렇게 반응하도록 만드는 그 이유가 내 안에 있는 게 들킬까 봐 두려워합니다. 내담자는 미움받고 버림받기 싫지만 부족한 게 많은 사람이라고 생각합니다. 상담자가 내담자에게 어떤 이름을 자신에게 줄 수 있는지 물었을 때, "아픈 아이"라는 말과 함께 "초등학교 때도 아프고 외롭고 그래서 자신을 위로하는 행위로 자위를 하고 중학교 때는 24시간 채팅을 했다"고 대답합니다. 엄마 아빠에게 버림받고 외로움을 24시간 채팅으로 달래는 내담자가 원하는 것은 아마 누군가와 연결되고 접촉되는 것이었을 겁니다. 이런 욕구를 지닌 내담자에게 상담자는 고정된 시간에 오롯이 앉아서 내담자의 이야기를 들어주고 있습니다. 그리고 몇 회기인지는 현재 잘 기억이 나지 않지만 상담자의 이런 모습을 또 찾아볼 수 있습니다. "하나님은 나를 배신했고 잔인한 하나님이다"라며 내담자가 울고 있을 때 상담자가 곁에 가만히 머물러 주었습니다. 그래서 내담자는 그런 얘기를 언어화해서 할 수 있었고 울 수 있었습니다. 이로 인해서 내담자는 환기가 되고 이와 관련된 감정이 정화

될 수 있었을 것입니다.

6회기 즈음에는 내담자에게 엄마가 보이기 시작합니다. 두려움을 갖고 있는 내담자에게 상담자는 여호사밧의 예를 들면서 "하나님의 초대에 응해 보는 게 어떻겠느냐?"고 물어봐줍니다. 엄마와의 삶이 하나님의 인도와 초대로 볼 수 있다는 새로운 눈을 열어주는 것을 보고 깜짝 놀랐습니다. 7회기 때에는 심리검사를 통해 내담자가 지나치게 타인에게 미안해하고 죄책감을 가지면서 자신을 학대하는 자신을 발견하도록 도와주었습니다. 그리고 엄마 아빠라는 환경이 내담자를 충분히 담아내지 못했음을 인식하도록 한 뒤에 "이제부터 스스로 잘 가꿔보자. 네 잘못이 아니야!"라고 내담자에게 새롭게 힘을 주었고, 이사야 49장에 있는 "젖 먹는 자식을 잊는 어미가 있을지라도 하나님은 너를 잊지 않겠다"는 약속을 믿어보고 참아보자며 내담자를 지지했습니다. 9회기와 11회기에서도 상담자는 내담자가 원하는 것을 말하고 감정을 표출할 수 있도록 돕고 있습니다. 9회기에는 혼자되는 것을 두려워하는 엄마에게 어린 시절 상처받은 걸 복수하고 싶은 내담자의 내적 경험을 좀 더 의사소통할 수 있도록 롤 플레이 해주었습니다. 그리고 11회기에는 외할아버지와의 작업이 나오는데 "두 집 살림해서 엄마를 힘들게 했던 외할아버지에게 정신 차리라고 때려주고 싶다"라는 표현을 하도록 했습니다. 이런 작업들이 내담자에겐 큰 힘이 되지 않았을까요?

(6) 지지적 치료를 넘어서

상담자가 내담자에게 지지적인 접근을 우선으로 한 것은 잘했습니다. 이 지지치료 다음에 성장을 위한 치료가 필요한데 상담목표로 잡았던 직장생활 관계, 엄마와의 관계에 대해 실제적 접촉이 일어나지 않고 있습니다. 축어록에서 많은 것들을 봤는데 상담자가 내담자와 호응은 굉장히 잘합니다. 그런데 내담자가 지하에서 심리적으로 힘든 것을 얘기할 때 상담자는 내담자의 외적 현상인 행동에 초점을 맞추고 있습니다. 지하에 있는 사람과 지상에 있는 사람은 만날 수가 없습니다. "상담자가 이후에 상담을 어떻게 이끌어가지? 왜 엄마와의 관계경험이 확장이 안 되지?" 이런 질문을 하는 것은 구체적으로 상담자가 내담자와 심리적으로 잘 만나지 못하기 때문입니다. 같이 살면서 엄마는 내담자가 나가지도 못하게 가둬 놓고 내담자를 구박만 했습니다. 그런데 막상 2년을 나가보니까 "어 아니네? 나는 꼼짝없이 밖에 나가면 허드렛일 하면서 지하방에서 죽을 것 같았는데 인정받을 수도 있고 할 수도 있네?" 이렇게 '이제 현실에 발을 디딘 것 같다'는 방향으로 자기 이미지가 변했습니다.

이렇게 자기 이미지가 변한 것처럼 상담과정을 통해서 엄마에 대한 이미지도 바뀌어 가는 것이 필요합니다. 같이 살면서 엄마가 구박만 했던 것이 아니라 지속적으로 경제적 지원을 했습니다. "너 옷 치워" 이런 말도 엄마가 나를 밀쳐내는 것이 아니라 '엄마니까 잔소리하는 거'라는 것을 새롭게 볼 수 있는 여지를 열어주어야 엄마 이미지도 달라지고 엄마와 감정적으로 접촉할 수 있게 될 것입니다. 그러면 엄마와의 관계도 달라질 것입니다. 내담자와 심리적 얘기가 나왔을 때 심리적 접촉을 통해 내담자의 깊은 내면으로 들어갈 수도 있었는데, 그때 상담자가 위로하고 인지적인 측면으로 띄워서 심리 접촉을 못하게 된 부분이 많이 아쉽습니다.

2) 슈퍼바이저 B

(1) 상담에 대한 긍정적 평가

개인적으로 평한다면 이 상담은 성공적이었다고 생각됩니다. 12회기에 많은 것을 성취했습니다. 한편으로는 미완성 상담이라는 느낌도 듭니다. 상담자 스스로 이 사례를 잘한 상담으로 여겨서 발표한다고 보는데 그에 비해 본인의 만족도는 떨어지는 것 같습니다. 상담자가 상담이 잘 되었다는 확신이 안 든다는 느낌을 받기 때문이라고 생각됩니다. 익살스럽게 표현해서 "소가 뒷걸음치다가 쥐 잡은 격"이라고 말해도 될지 모르지만, 상담이 잘 된 것은 사실인 것 같습니다. 이 사례는 우리 모두에게 도움이 되는 매우 좋은 사례가 될 것입니다. 저는 주로 상담자가 슈퍼비전 받고 싶은 점을 주목해서 보는데 질문이 매우 좋게 느껴집니다.

(2) 상담목표의 우선순위

첫 번째 상담목표는 상담자가 우선적으로 제시한 만큼 상담자가 다른 목표에 비해서 더 비중을 두었다는 것으로 이해됩니다. 의외로 상담 과정에서 첫 번째 목표에 관련된 내용이 많이 보이지는 않습니다. 상담자가 원래 의도했던 것만큼 중요하게 여기지 않았다고 판단됩니다. 구체적으로 언급하자면, 첫 목표에 직장에서 관계를 어렵게 하는 부적응 요소 탐색이 있습니다. 물론 내담자가 이 문제를 호소했을 것이고 상담자도 이 문제를 중요하게 봤을 것입니다. 막상 상담 과정에서는 이 문제를 중요하게 다루지 않았습니다. 비중을 많이 두었는지 의문이 듭니다. 두 번째 목표는 "어머니에 대한 갈등과 긴장을 해소하기 위해 모녀 간 상호작용을 향상시킨다"라고 되어있습니다. 첫 번째 목표에 비해 두 번째 목표는 상담 과정에서 비교적 비중 있게 다루었습니다. 상담전략에서 목표의 우선순위를 구조화시켰는지, 내담자와 이에 대해 합의했는지 질문할 수밖에 없습니다.

(3) 치료적 접근에 대한 의문

상담자는 엄마에 대한 내담자의 이해를 증진시키기 위해서 보웬 가족치료 이론과 해결중심 가족치료 이론을 적용하겠다고 했습니다. 가족치료 이론을 적용해서 개인에 대한 이해를 증진시키는 것이 잘못된 것은 아닙니다. 여기서 자세히 이야기하지는 않겠지만, 적절한지는 더 생각해

볼 필요가 있습니다. 한 가지 질문이 떠오르는데, 상담자에게 내담자 엄마가 이해가 되었는지 그리고 수용이 되었는지에 대한 것입니다. 상담자가 내담자의 어머니를 이해하는지 그리고 수용하는지 입니다. 그런데 상담자는 보웬의 가족치료 이론을 통해서 엄마에 대한 내담자의 이해를 증진시키려고 합니다. 중간중간에 나타난 표현을 보면 그렇습니다. 여기에서 무리수를 두는 듯한 느낌이 듭니다. 이런 점이 이 상담의 구조적인 난점으로 보입니다.

(4) 상담자의 이슈로 끌어가는 듯한 태도

상담을 통해서 좋아지고 싶은 것이 무엇인지 내담자에게 4~5회기까지 반복적으로 질문하였다고 했습니다. 저의 상담 경험과 슈퍼비전 경험에 비추어 보면 이렇게 같은 질문을 반복하는 것은 대체로 상담자가 듣고 싶은 답이 있는데 내담자로부터 그것이 나오지 않았을 때 하는 행동입니다. 이런 관점에서 보면, 상담자의 행동도 같은 차원에서 비롯된 것으로 보입니다. 왜냐하면 내담자는 이미 1회기에 상담자에게 자신이 원하는 바를 분명히 제시했습니다. 내담자는 1회기부터 내담자 자신부터 좋아지는 것이 목표라고 분명히 밝혔습니다. 그럼에도 상담자가 내담자가 원하는 것이 무엇인지 반복적으로 물어본 것은 상담자가 다른 것을 듣고 싶은 것은 아닌지? 그리고 상담자의 관심에 내담자의 목표가 맞지 않은 것은 아닌지 생각됩니다. 이런 행동에 상담자 이슈가 있지는 않았을까 하는 생각도 아울러 해봅니다. 이렇게 상담자의 부족한 점을 언급하고 있지만 사실 잘 하셨습니다. 그 점에 대해서는 오해하지 않으셨으면 좋겠습니다.

(5) 상담목표와 종결의 연관성

사례보고서를 보면 11회기에 상담을 종결해야 할지 말아야 할지를 고민하십니다. 상담자의 이런 태도는 종결 원칙에 대한 이해도가 떨어진다는 의미로 다가옵니다. 상담자와 여기에 참석하신 여러분께 질문하겠습니다. 상담은 언제 종결해야 합니까? 상담의 기본적인 종결 원칙은 단순하게 정리가 되어 있는데, 목표가 달성되면 종결하는 것입니다. 목표가 분명했는지를 상담자에게 질문하고 싶은데 목표가 분명하지 않으면 종결시점을 정리하기가 어려워집니다. 상담목표가 달성되면 비로소 종결상담을 시작할 수 있습니다. 상담목표는 후에 종결시점을 정하는 공식으로 작용하는데, 상담목표가 불확실하면 종결시점도 불확실해질 수밖에 없습니다. 그러므로 처음에 내담자 호소를 듣고 내담자와 함께 상담목표도 합리적으로 정하는 것이 매우 중요합니다.

(6) 내담자의 변화를 명확히 인지하지 못함

12회기가 매우 중요한 회기입니다. 사례보고서에 눈 성형 날짜가 잡혔다는 이야기가 나옵니다. 상담 초기에 성형에 대해 종용받았다라고 말하면서 내담자는 성형에 대해 부정적이었습니다. 이제는 내담자가 스스로 눈 성형을 하겠다고 말합니다. '무엇보다 피부를 가꾸고 젊음을 누려야 되겠다'라는 이야기도 합니다. 이는 내담자에게 변화가 일어났다는 것을 의미하는데, 내담자에게 비로소 엄마 이야기가 들리기 시작한 것입니다. 내담자의 결심은 엄마가 이야기한 것을 수용하게 되었다는 신호일 수도 있습니다. 자신에 대해 그렇게 할 수 있는 자신감이 생긴 것입니다. "그것을 해도 되겠네. 예뻐지면 좋잖아. 누릴 수도 있지." 이는 엄마와도 어느 정도 통합이 일어난 것입니다. 물론 엄마와의 관계는 아직 모호합니다. 과정 중에 있으니까 당연합니다. 그런데 상담자가 이런 변화를 이끌어 놓고는 정작 본인은 그 가치를 아직 잘 모릅니다. 상담자는 내담자에게 "변화가 보이는 것 같은데 스스로 정리해 보실 수 있겠어요?"라고 요구합니다. 이 말을 보면 상담자가 내담자의 변화를 아직 정확히 파악하지 못했다는 생각이 듭니다. 상담자가 내담자에게 자신감을 주고 내담자와 엄마 사이에 소통이 일어나게 하고 내담자가 엄마의 말을 수용할 수 있는 역량을 갖게 했습니다. 그런데 상담자는 그 변화를 분명하게 포착하지 못하고 있는 것 같습니다. 만약 상담자가 그런 질문 대신 다른 개입으로서 긍정적인 해석을 해주고 "엄마와 더 가까워지신 것 같아요" 이런 말을 해 줄 수 있었다면 좋았겠습니다. 자신이 이끈 변화의 가치를 과소평가하는 모습이 있는데, 상담목표인 내담자와 엄마와의 관계를 증진시키지 못한 점을 아쉬워합니다. 그렇지 않습니다. 엄마와의 관계는 좋아지기 시작했습니다. 이 점도 상담자 자신이 이룩한 성과를 적절하게 평가하지 못하는 모습처럼 보입니다.

(7) 상담자의 이중구속

상담자는 슈퍼비전 받고 싶은 사항에서 내담자가 이중구속에서 자유로워지려면 상담자가 어떻게 해야 할 지를 묻습니다. 저는 엄마뿐만 아니라 상담자도 이중구속을 하는 것으로 보입니다. 상담자가 내담자의 어머니를 사회적으로 용납되지 않는 남자관계를 갖고 가정 있는 남자와 문란한 생활을 한다는 표현을 사용하였습니다. 이는 상담자가 내담자의 엄마에 대해서 도덕적 판단을 하고 거리감을 두고 있다고 보입니다. 당연히 내담자에게 이런 엄마는 힘든 존재입니다. 다른 한편으로는 엄마에 대한 분노를 표출하고 정화하는 과정을 거치기에 앞서서 내담자가 엄마와 관계개선을 하는 것을 상담의 주요 목표로 설정했습니다. 이런 상담자의 모습이 이중적으로 느껴집니다. 우리가 기독교인으로서 도덕주의자가 되면 상담이 제대로 진행되기 어렵습니다. 상담자에게 이런 모습이 나타난 것 같습니다. 상담자가 이중구속에 대해 질문했는데 문제의 핵심은 상담자에게 있다고 봅니다. 상담자의 사고 자체가 이중적으로 보이기 때문입니다. 상담자가 이중구속적인 모습에서 벗어나면 이 주제는 상담자가 편하게 해결할 수 있습니다.

(8) 회기 연장

상담자는 상담을 3회기 더 연장하기를 원합니다. 12회기로 종결하면 조기 종결하는 느낌, 즉 달려가다가 벼랑 끝에서 떨어지는 느낌이 들 것 같습니다. 더 연장하는 것이 필요하다고 보는데 일단 상담자는 상담을 연장하고 싶다고 내담자와 이야기를 나눈 것 같습니다. 설사 그렇게 하지 않았더라도 내담자로부터 다시 연락이 올 가능성이 많습니다. 어느 정도 성과가 있었는데 왜 이것을 더 해야 하는가? 이런 질문에 답하자면 상담자와 내담자 두 사람이 이룩한 성과에 대해서 의미를 찾아 확인하고 의미를 더 다지고 더 수준을 높이는 훈습작업을 위해서입니다. 뭔가를 경험한 것이 전부가 아니고 그것을 다지는 시간이 필요합니다.

세 가지 정도로 총평을 하고 마치겠습니다. 첫째, 상담자는 내담자의 감정을 따라간다고 했습니다. 목표는 잘 정한 것 같습니다. 그러나 상담자가 주도적으로 따라갔다기보다는 내담자에게 끌려가는 느낌입니다. 좀 더 담대했으면 좋겠습니다. 두 번째, 상담자는 자기가 이룬 성과에 대해 과소평가하고 있습니다. 성과에 대해 자부심을 느껴도 좋습니다. 상담자가 밝고 긍정적이고 따뜻합니다. 이것은 상당한 자원인데 자부심을 가졌으면 좋겠습니다. 그리고 신앙에 대해서 내담자와 이야기는 했지만, 하나님과의 관계성은 상담의 중요한 주제임에도 불구하고 막상 깊이 다루지 못한 것 같습니다. 이 부분은 목회상담자로서 더 생각해보기를 바랍니다. 세 번째는 슈퍼비전 받는 문제입니다. 이 상담에서는 슈퍼비전을 어느 시점에 어떻게 몇 번을 받고, 그것을 상담에 어떻게 반영했는가가 중요한 주제입니다. 전체 상담 과정에서 슈퍼비전을 받았으리라 생각하지만, 적절한 슈퍼비전이 잘 반영되었다면 결과가 훨씬 더 만족스럽고 좋았을 것입니다. 슈퍼비전 받은 것을 상담자가 어떻게 효과적으로 활용했는지가 좀 아쉽습니다. 끝으로 상담을 한마디로 정리를 하자면 "잘 하셨다" 이렇게 말씀드리고 싶습니다.

4. 참석자 질문과 답변

질문: 슈퍼바이저B는 상담자가 내담자에게 끌려다닌다고 하셨는데 저는 반대로 생각합니다. 상담자가 주도적으로 강점, 희망, 감사, 은혜 위주로 편향되게 상담을 한 느낌입니다. 슈퍼바이저A가 하신 "내담자는 지하실에 있는데 지상에 있는 상담자가 내담자를 어떻게 만나겠느냐"라는 말씀도 이와 연관이 있다고 생각됩니다. 내담자의 상황에서는 절망이 사라지는 데서 오는 희망, 부정이 사라짐으로 오는 긍정, 아픔이 치유되어서 오는 건강, 이런 것을 추구하는 것이 적절한지 모르겠습니다. 내담자로서는 절망과 아픔이 수용되어서 그것과 함께 살 수 있어야 희망의 상태이지 그것들이 사라져야만 희망의 상태라고는 말할 수는 없을 것 같습니다. 그리고 현재 내담자의 상황 자체가 12회기 만에 희망적이고 감사하게 될 상황은 아닌 것 같습니다. 절망과 아픔 그리고 희망과 건강 이렇게 이분법적으로 접근하여 희망적인 측면만 강조하다가 12회기가 끝나게 되면 내담자의 현실은 기대하는 것만큼 희망적으로 바뀌지 않기 때문에 내담자는 원래 상태로 돌아갈 가능성이 높아 보입니다. 결론적으로 제 느낌에는 상담이 상담자 위주로 편향되게 진행된 것이 아닌가 여겨집니다. 이에 대해 두 분 슈퍼바이저의 의견을 듣고 싶습니다.

슈퍼바이저 B: 상담자가 끌려간 것이 맞느냐라는 이야기가 나올 수 있을 것 같습니다. 상담자도 끌려가는 경향이 있다고 했는데 그 입장에 대해 저는 변함이 없습니다. 저는 이렇게 해석합니다. 중간 중간 드러나는 모습을 보면 상담자가 내담자의 감정에 제대로 대처하지 못하거나 종결에 대해서도 "어떻게 하지?" 하면서 끌려가는 모습을 보입니다. 그렇다고 상담자가 지배적이 되어야 한다는 말은 아니지만 적절한 시점에 주체적으로 대응하는 모습이 약하다고 여겨집니다. 어떤 점에서는 상담자가 끌고 가는 모습이 보이지 않냐고 묻는다면 그런 모습도 있다고 말할 수 있습니다. 그 모습에 대해 저로서는 상담자가 끌려가는 중에 고집을 부리는 모습이라고 말하겠습니다. 왜 고집을 부리냐면 양보할 수 없는 부분이 있기 때문입니다. 적절한 표현이 떠오르지 않아 고집이라는 부정적 느낌을 주는 단어를 선택했는데, 고집은 불안할 때 나타나는 행동양식입니다. 유연하지 못한 것입니다. 어려운 상황 가운데 있는 분을 반드시 희망적인 상황에 있도록 만드는 것이 상담목표도 아닙니다. 반드시 희망적으로 된다는 보장이 있는 것도 아닙니다. 그런데 희망적이야 하고, 경건해야 하며, 관계도 좋아야 하고, 대화도 되어야 하는데 그런 신념이 무너질 상황에서 상담자가 고집을 부리게 된다는 것이 제 생각입니다. 막상 감정을 따라가는 측면에서는 유연하지 못하고 끌려가는 측면이 있으나 사고와 인지의 측면은 상담자가 내담자의 이야기를 수용하기보다는 본인의 가치의 틀 안에서 양보하지 못하는 부분이 있습니다. 만약 양보하면 상담자가 굉장히 힘들게 느끼는 부분이 있지 않았을까 생각합니다.

상담자: 제가 따라간다고 생각했는데 주도적이라고 하면 저에게 격려가 됩니다. 상담하면서 내담자에게 끌려간다고 자주 느꼈었는데, 그렇게 말해주시니 '내가 주도적인 부분도 있구나'라는 생각이 듭니다. 희망을 주는 것과 관련하여, 내담자의 자기 기반이 너무 약하다는 생각에 어떻게 해서든 내담자가 딛고 일어설 만한 점을 찾으려 했습니다. 매 회기마

다 강점을 찾아주려고 했습니다. 이런 점 때문에, 자주 울고 격렬하게 토해내고 할 때 겉으로는 따라갔으나 깊이 공감적으로 따라가지 못했습니다. 짝사랑했던 이야기도 들어보니, 내담자가 짝사랑을 했던 그 남자도 마음이 많이 아픈 친구였습니다. 그로 하여금 내담자 자신에게 그런 잔인한 말을 하게 만든 사람이 바로 자신이라고 생각하면서 내담자가 너무 자신을 비난했습니다. 제가 본능적으로 엄마의 마음으로 내담자를 그 상태에서 벗어나게 만들려고 했습니다. 그러다 보니 남자친구에게도 상황을 그렇게 만든 책임이 있을 것이라고 내담자 편을 들어주었습니다.

질문: 지하에 있는 내담자와 지상에 있는 상담자가 어떻게 만날 수 있는지 슈퍼바이저 A에게 설명을 듣고 싶습니다.

슈퍼바이저 A: 내담자에게 3년간 짝사랑했던 남자에게 어떻게 했기에 그 남자가 그런 얘기를 했을까 하는 게 잘 드러나지 않는 것 같습니다. 내담자가 현실성이 많이 떨어지지 않을까요? TCI 심리검사에 양쪽 날개가 굉장히 많이 솟아 있고 굉장히 혼란스럽고 FBS가 떠 있는 거 보면 이 사람 정말 힘든데 주위에서 내담자가 힘든 걸 안 믿어주는 상황일 것 같습니다. 엄마도 내담자가 아프다고 해도 짜증을 냅니다. 이런 혼란스러운 상황에서 상담자가 함께 있어준 것이 내담자로 하여금 먼 거리를 달려오게 했다고 생각합니다. 연결해주고 커넥팅 해주는 상담자의 호응이 너무 좋습니다. 저도 상담자에게 상담받고 싶을 만큼 따뜻합니다. 내담자가 밝고 호탕하게 웃고 상담자 앞에서 마음으로 즐거워하는 게 느껴집니다.

내담자가 "내가 중보기도를 부탁했는데 사람들이 '네 엄마가 너무 불쌍해. 사탄에게 휘둘리고 있어'라는 말이 이제야 들리고 우리 엄마가 불쌍하다는 것이 느껴진다"라고 합니다. 밖에서 사람들이 한 말을 듣고 '사탄에 휘둘려서 우리 엄마가 그러는 것'이라고 해석을 하고 있는 것 같습니다. 축어록에 "불쌍한 사람이라고 생각이 들었어요? 주일저녁 그 날 바로?" 그렇게 상담자가 묻습니다. 이상하게 상담자가 뒤에 붙이는 그 말이 물꼬를 엉뚱한 방향으로 흐르게 만듭니다. "불쌍한 사람이라고 생각이 들었구나. 어떤 면에서 그런 생각이 들었지? 네 속에서 어떤 생각이 났어?"와 같은 반응을 통해 구체적으로 내담자 마음속으로 들어갔더라면 좋았을 것 같습니다.

병원에서 담배 피우면 안 된다고 했나 본데 엄마가 베란다에서 담배 많이 피운 걸 보고 따지고 화내는 게 아니라 '내가 집 나간 것에 대해 엄마가 스트레스를 많이 받았구나'라고 생각하는 걸 보면 엄마에 대한 내담자의 인식이 달라졌습니다. 이것을 정신화 능력이라고 합니다. 상대방에 대해 생각할 수 있고 수용할 수 있고 받아들일 수 있는 능력 말이죠. "엄마에 대해 생각할 수 있는 능력이 기도 중에 들었는데…." 이렇게 말할 때, "엄마가 불쌍하다고 생각되었어요?"라고 질문하며 그 마음을 한 번 더 쳐줬으면 좋겠는데 상담자는 행동에 초점을 맞추고 있습니다. "그때 한번 뭘 해보자고 했잖아요"라고 말합니다. "I-메시지로 네 말을 전달해봐"라고 상담자가 권고합니다. "제가 I-메시지 했는데 엄마가 안 들었어요. 약간 이성적이지만 따뜻하게 얘기를 했어요." 이렇게 엄마와 소통이 되지 않아서 내담자가 참는 방향으로 가는데 "네 행동을 고쳐서 엄마하고 관계를 더 좋게 해볼래?"라고 상담자는 반응합니다. 그런데 참는 걸로 가면 더 병이 깊어집니다. 내담자가 전에는 폭발하고 분노하고 "엄마 때문에 이래" 그랬다면 신앙생활하고 참으면 큰 싸움은 안 일어나겠지만 마음에서는 거리감이 더 생길 거라는 생각이 듭니다.

축어록을 보면 내담자가 자기 내면을 솔직하게 얘기합니다. "저를 항상 멀리서 사랑하는 사람이잖아요. 티 안내고…." 그러면서 내담자가 "엄마하고 관계를 잘 하고 싶어요"라는 호소 문제를 얘기합니다. 그리고 엄마가 "같이 잘래?" 그러면 내담자는 뭔가 불편하고 따뜻한 감정을 견딜 수가 없다고 합니다. 저는 두리안이라는 과일을 잘 못 먹습니다. 낯설고 냄새도 싫습니다. 내담자가 따뜻한 접촉을 해봤겠습니까? "그게 징그럽고 낯설고 힘들고 내 안에서 뭔가 잘못된 거 같다"는 이야기를 할 때 상담자가 "엄마하고 가까이에서 다가오는 모습을 언제 경험을 해본 적 있어?"라고 물으면서 좀 더 내담자의 경험 속으로 들어가야 합니다. 그리고 "네가 정말 엄마에게 하고 싶은 말이 뭐야?" 이렇게 질문해서 내담자가 "친구하고 싸운 뒤 친구 집에 갔을 때 친구 엄마가 숟가락을 나한테 던졌어. 난 그때 엄마가 필요했어. 그런데 엄마는 내 옆에 없었잖아." 이렇게 말하면서 그때 경험한 분노와 슬픔을 토로하도록 합니다. "엄마가 술 먹고 와서 그러는 건 엄마가 나를 의지하는 거고 나를 보호하는 게 아니라고"라고 말하도록 도와주어야 하는데 상담자가 여기까지 안 들어가는 것입니다. "낯설고 힘들고 버겁다"고 이야기할 때 "그러면 계속 그런 거리가 있었으면 좋겠어요?"라고 그냥 거기 머무릅니다. "왜 내담자가 종결하자고 할까요? 상담자는 어떤 목표를 가지고 상담을 끌어가야 할까요?"라고 상담자가 질문을 하셨습니다. 상담자는 임상적 욕구가 해소가 안 되어서 찜찜한데, 내담자는 만나야 할 부분을 못 만나기 때문에 이 정도면 되었다고 생각하는 것 같습니다.

질문: 슈퍼바이저A의 대답을 들으며 생각해보니 상담자가 해결중심의 접근을 했던 것 같습니다. 해결중심으로 가기에는 내담자의 문제가 너무 커 보입니다. 상담자가 왜 그렇게 했는지 궁금합니다.

상담자: 처음에 20회기 이상이 필요하다고 이야기했는데 슈퍼바이저A의 말씀처럼 내담자가 이제 살만하다고 하면서 종결을 원했습니다. 그런데 제가 만족스럽지 못했습니다. 내담자와 엄마와의 관계를 더 다루고 싶은데, 내담자가 엄마에 대한 양가감정이 있는데 제가 이것을 어떻게

해야 할지 잘 몰라서 답답했습니다. 12회기에서 내담자가 엄마와의 관계를 어떻게 해야 할지 잘 모르겠다고 말하지만 본인은 이제 좀 살만하다고 종결하자고 한 것입니다. 저는 내담자가 조금 더 성숙했으면 하는 바람이 있는데 방법을 잘 몰랐습니다. 제가 슈퍼비전을 받고 3회기 정도 더 하고 싶은데 혹시 그렇게 할 수 있는지 물었더니 흔쾌히 허락을 했습니다. 제가 해결중심으로 간 것은 내담자가 너무 힘들어 해서 단 한 가지라도 자신 안에 자생력이 있음을 환기시켜주고 싶었기 때문입니다.

질문: 저는 전화 상담을 하는데 의외로 엄마와 딸이 화해하지 못하는 경우를 상당히 많이 경험합니다. 50-60세 되신 분이 "엄마가 과거에 나를 이렇게 섭섭하게 했다"고 많이 토로합니다. 그러다 보니 "엄마와 꼭 화해를 해야 하는가?"라는 질문이 생겼습니다. 만약에 화해하기 원한다면 좋은 방법이 있을지 궁금합니다. 그리고 내담자는 외조부가 외도를 하였고 아버지에 대해서도 부정적인 경험이 있어서 부정적 남성상이 내재할 것 같습니다. 두 슈퍼바이저께서 이 부분에 대해서도 말씀해주시면 좋겠습니다.

슈퍼바이저 A: '엄마하고 꼭 화해를 해야 하나?'라고 질문하셨습니다. 상담자가 내담자의 상호작용을 좋게 바꾸려고 하다 보면 욕심이 생겨서 가계도 분석을 하면서 "네 엄마가 그런 환경에서 자라서 그럴 수밖에 없는 거야"라는 식의 말을 할 수 있습니다. 이러면서 상담자가 내담자를 보는 게 아니라 엄마를 변호하게 됩니다. "내담자가 정말로 속상했던 게 뭔가? 그런 엄마하고의 관계 때문에 내가 정말 상처받은 게 뭔가?"에 대해 공감해주고 자기 상처에 대한 애도가 일어나도록 도와준다면 내담자에게 심리적 공간이 생깁니다. 그다음에 엄마도 볼 수 있게 됩니다. 섣불리 엄마를 이해하게 해 주려고 하면 안 됩니다. 내 앞에 있는 사람을 품고,

그 사람을 먼저 알아줘야 합니다. "네 엄마가 그럴 수밖에 없었어." 그러면 안 됩니다. 세대 간 전수의 관점에서 엄마가 그렇게 자기 아버지를 싫어하면서도 똑같은 남편을 만나서 그렇게 힘들었습니다. 그래서 내담자도 실질적인 남자상이 없어서 짝사랑만 하고, 남자들이 호감을 보이면 이상한 행동을 합니다. 사실이 이러할지라도 상담자는 먼저 내담자 안의 혼란된 정서들에 초점을 맞춰서 상담해야 합니다.

슈퍼바이저 B: 충분히 미워하지 않으면 용서할 수 없습니다. 용서하지 않으면 화해가 되지 않습니다. 질문자가 언급한 대로 내담자의 남성상은 당연히 부정적일 것입니다. 그런데 회기 제한의 문제가 있기 때문에 우선으로 다룰 문제를 선택해야 합니다. 현재는 우선적인 호소문제가 엄마와의 관계 문제이므로 부정적인 남성상의 문제는 아직 거론할 시점이 아닌 것 같습니다. 물론 차후에는 기회가 되면 남성상도 다루어야 할 것입니다.

5. 상담자 소감

슈퍼바이저 A께서 제가 정리한 것을 세세하게 다시 정리해 주셔서 제가 저의 상담을 보다 더 객관적으로 볼 수 있게 되었습니다. 감사드립니다. 제가 내담자에게 끌려가는 경우가 있습니다. 이것이 제가 다루어야 하는 주제 중의 하나인데 그 이야기를 들으니 슈퍼비전을 받으면 더 나아질 것 같습니다. 이에 대해 슈퍼바이저 B께 감사드립니다. 저는 이 사례 발표에 기대 반 두려움 반으로 임했습니다. 제가 못 보는 부분들을 볼 수 있게 해 주실 것에 대해서는 기대를 했고 제가 행한 상담의 부족한 부분들이 들어날 것에 대해서 두려움을 가졌습니다. 예상대로 이 시간에 그

두 가지를 맛보게 되었습니다. 잘 마칠 수 있어서 감사합니다.

6. 목회신학적 고찰: 사랑과 공감

사도 요한은 다음과 같이 말을 한다. "사랑하는 자들아 우리가 서로 사랑하자. 사랑은 하나님께 속한 것이니 사랑하는 자마다 하나님으로부터 나서 하나님을 알고 사랑하지 아니하는 자는 하나님을 알지 못하나니 이는 하나님은 사랑이심이라"(요일 4:7-8). 요한은 하나님을 일컬어 사랑이라고 부른다. 물론 하나님이 사랑의 속성만 있는지 아니면 다른 속성도 있는지는 언급하지 않지만 어쨌든 사랑이 하나님의 속성이라는 것이다. 그리고 하나님을 안다고 하면 사랑할 수 있어야 하며 사랑하지 못하면 하나님을 모르는 것이라고 논리를 이어간다. 사도 요한은 이처럼 성도들에게 기독교의 핵심가치로 사랑을 제시한다.

사랑이 왜 그렇게 중요할까? 내담자는 부모로부터 돌봄을 받지 못해서 자신이 현재 이처럼 직장에서 부적응하고 사람들과 관계도 제대로 하지 못하는 형편없는 존재가 되었다고 한탄한다. 내담자가 말한 돌봄을 받지 못했다는 표현은 사랑을 받지 못했다는 표현으로 바꿀 수 있을 것이다. 즉, 사랑을 받았더라면 자신의 마음이 보다 건강한 사람이 되었을 것이라는 말이다. 우리는 그 누군가의 사랑으로 인해 생명을 얻고 사랑에 의해 보호받고 성장해간다. 음식이 없으면 육신의 삶을 영위할 수 없다. 그러나 사랑이 없으면 육신의 삶뿐만 아니라 정신적인 삶과 영적인 삶도 영위할 수 없다. 사랑은 삶의 모든 영역에 필요한 양식이다.

사랑은 어떻게 하는 것인가? 다양하게 말할 수 있을 것이다. 그중에서 사랑의 가장 기본적인 형태를 심리학적 용어를 말해보라고 한다면 '공감하는 것', '수용하는 것', '이해하는 것'과 같은 용어로 표현할 수 있다고 생각한다. 본 사례의 내담자는 엄마가 자신의 마음을 이해해주기를 원한다. 그런데 엄마가 그렇지 못하니 답답하고 무기력하다. 그러나 상담자가 자신의 마음을 있는 그대로 이해해 줄 때 살아갈 힘이 생기기 시작했다. 이 내담자뿐만 아니라 상담실에 찾아오는 많은 내담자들은 상담자들이 자신의 마음을 판단하지 않고 비판하지 않고 있는 그대로 공감해주고 알아주고 수용해 줄 때 세상을 살아갈 힘을 얻는다. 그리고 더 나아가 삶을 보다 살만한 것으로 느낀다. 말하자면 공감, 수용, 혹은 이해를 기본요소로 한 상담자의 사랑의 행위를 통해 내담자가 생명을 얻고 더 풍성해지는 일이 일어나고 있는 것이다. 본 사례의 내담자처럼 우리도 이해받지 못하고 공감 받지 못함으로 절망하고 괴로워한다. 그러나 이해받고 수용받으면 살 힘이 생긴다.

우리는 이 세상에서 사랑한다고 말을 하면서 정작 제대로 공감하고 이해하고 수용하는 일을 하지 못하는 많은 사람들을 보게 된다. 이들은 사랑을 어떻게 하는 것인지 잘 모르는 사람들이다. 그 결과 이들에 의해 양육과 돌봄을 받았던 많은 사람들은 성장 과정에서뿐만 아니라 현재도 사랑의 기본적인 요소를 제공받지 못해서 그것을 의식적으로든 무의식적으로든 찾아 헤매는 삶을 살아간다. 그리고 이들은 양육자와 돌봄자의 위치에 서게 되었을 때 공감하고 이해하고 수용할 능력이 부족하여 자신과 비슷한 사람들을 다시 양산해낸다.

이런 세상 속에서 목회상담사들은 사랑의 기본조차 제대로 받지 못해서 마음이 상하고 아픈 사람들을 만난다. 그리고 생명이 시들은 이런 사람들에게 생명을 주고 더 풍성케 하는 일을 함으로 주님의 사역에 동참한다. 이 사역을 잘 감당하기 위해서 목회상담사들은 끊임없이 사랑의 기본요소인 공감적 이해를 확장해 가는 훈련을 지속적으로 행할 필요가 있다. 그래야 그것을 받지 못해서 마음이 쇠약하고 광야의 삶을 살아가는 사람들에게 사랑의 생명수를 보다 잘 공급할 수 있기 때문이다. 만약 마음이 아픈 사람들이 목회상담자로부터 생명의 힘을 얻고 사랑의 능력을 얻게 되면 그들은 그 능력으로 자신의 삶을 풍성하게 살아갈 뿐만 아니라 그 누군가의 삶도 공감과 수용으로 더 풍성하게 해 줄 수 있을 것이다.

공감과 관련하여 사례로 돌아가 보자. 상담자는 내담자를 하나님 사랑으로 지지하려 했고 그 지지로 내담자가 살아갈 힘을 얻게 되었다. 그러나 다른 한편으로는 지하에 있는 내담자의 마음을 지상에서 만나려는 한계로 인해 내담자의 마음을 더 깊이 만날 수 있었음에도 그렇지 못했다는 슈퍼바이저의 조언을 들었다. 사실 이런 조언은 목회상담자인 우리가 늘 새겨야 하는 조언이다. 우리는 인간으로서 비록 잠시일지라도 자신의 입장을 버리고 타자의 입장에 서는 것이 본성적으로 쉽지 않을 때가 많기 때문이다. 사도 바울은 자기 입장을 내려놓고 타자의 입장에 서는 예수님의 모습에 대해 이렇게 기술한다. "하나님의 본체시나 하나님과 동등됨을 취할 것으로 여기지 아니하시고 오히려 자기를 비워 종의 형체를 가지사 사람들과 같이 되셨고"(빌 2:6-7). 이것은 성자 하나님께서 보이신 사랑의 기본, 즉 공감의 모습이다. 목회상담자로서 동시에 예수를 따르는 제자로서 공감적인 태도를 계속 훈련하고 확장해가는 상담자들이 되기를 기대한다. 그리고 이 훈련은 아무리 많이 해도 지나침이 없고, 아무리 많이 해도 다함이 없을 것이다.

7. 토론을 위한 씨앗

1) 가족이 좋은 관계를 맺는다면 바랄 나위가 없지만 현실적으로 어려운 경우도 많이 있습니다. 좋은 관계를 유지하려고 참고 인내하면 오히려 누군가는 마음이 병들 수 있습니다. 반드시 가족이 화해하고 좋은 관계를 만들려고 애써야하는지를 생각해봅시다.

2) 사회적으로 부모가 외도하거나 바람직하지 않은 직업에 종사할 때 자녀들이 수치심을 가질 수 있습니다. 심지어 자녀들이 부모로 인해서 빈번하게 만나는 대상이 안전하지 않을 때 자녀들이 겪을 불안과 위기감에 대해서 논의해봅시다.

3) 한국에서 삼십대 초반의 여성이 인생 발달 단계에서 겪는 일반적인 어려움은 무엇입니까? 기혼여성만이 아니라 미혼여성도 지속적으로 직장에 근무하는데 어려움을 호소합니다. 개인의 심리나 성격 문제도 있지만 사회 구조와 회사 시스템도 여성의 우울증 유발의 큰 원인이 됩니다. 구체적으로 여성들이 스트레스를 받고 우울해지는 한국의 직장 문화는 무엇입니까?

4) 나는 일상생활에서 타인에 대해 얼마나 공감적인지 생각해봅시다. 하나님을 믿는 신앙과 타인에게 공감적인 자세는 어떤 연관성이 있는지 나누어봅시다.

5) 가족의 투병으로 깊은 고통과 한계를 경험하는 슈퍼바이저가 실존적인 한계 속에서 희망을 발견하려고 몸부림치는 내담자를 바라보는 시선은 따뜻하고 공감적입니다. 슈퍼바이저의 목소리는 미세하게 떨리고 불안정했지만 오히려 인간적인 진솔함으로 다가왔습니다. 슈퍼바이저의 개인적인 어려움과 삶의 과정이 개방되고 슈퍼비전 상황에서 활용된다면 어떠하겠습니까? 슈퍼바이저는 어디까지 개방할 수 있는지. 또 실존적으로 슈퍼비전 한다는 것이 어떤 것인지를 나누어봅시다.

VIII장

선생님이 말씀하시니 안정감이 생겨요

1. 내담자 이야기

내담자는 40대 중반 기혼 직장 여성으로 상담자와 4년째 만나고 있다. 남편과 초등학생인 남매를 양육한다. 남편이 무능해서 자신이 시댁에서 무시당한다고 억울하다고 호소했다. 남편의 잘못을 탓하면서 모든 문제 원인을 남편에게 돌렸다. 생활 속에서 스트레스 상황이 생길 때마다 자신을 아껴주지 않는 남편 때문이라고 탓했다. 화가 올라올 때 목소리를 높이고 억울하다며 눈물을 자주 흘렸다. 다른 사람들의 말에 잘 휘둘리고 자주 육아 스트레스에 시달리며 분노했다. 뚜렷한 정신과적 병력은 없었으나 구취문제가 있어 늘 신경을 썼다.

내담자는 삼남매의 둘째로 성장했고 부모는 내담자가 어렸을 때 이혼했다. 어머니는 아버지에게 자주 화를 냈다. 내담자는 현재 자신이 하는 일에 보람을 느끼지 못했고 당시 진로지도를 했던 교사를 원망하며 살아왔다. 형제들과는 자주 연락하지 않았다. 아이들이 어릴 때는 친정어머니가 잠시 돌봐 주었지만 그 후 도와주지 않는다고 원망했다. 내담자는 늘 화를 내며 소리 지르는 어머니를 용서하기 어렵다. 아버지는 함께 1년 간 살면서 딸을 돌봐주었고 지금도 내담자가 힘들다고 할 때마다 도와주어서 관계가 좋다.

남편은 내담자가 화내고 잔소리할 때마다 회피로 대응했다. 내담자와 이혼할 마음이 없으며 잘 맞춰가며 살고 싶어 했다. 네 남매의 막내로 "말을 제대로 못하고 어벙하다"며 형들에게 무시당하면서 자랐다. 특히 둘째 형이 자신의 아내와 아이들에 대해 함부로 얘기해도 잘 막아주지 못했다. 남편의 부모는 지방에 거주하며 농사를 짓고 있고 필요에 따라 가까이 지내는 며느리가 다르다. 현재는 둘째 며느리와 잘 지내고 있다.

내담자의 주요 감정은 억울함과 분노였다. 몇 년간 육아 휴직을 하다가 상담자를 만나면서 다시 직장으로 돌아가 일하였다. 동료들과의 관계가 힘겹고 감정을 통제하는데 어려움을 느꼈다. 부부는 아이들이 어렸을 때 극심한 갈등을 겪었다. 내담자는 아들에게서 남편의 모습을 보면 너무 화가 났다. 어릴 때부터 교회에 다녔고 서울에서 대학에 다니면서 신앙의 성장을 경험하였다. 결혼 후에도 남편과 함께 교회에 나갔는데 자녀가 태어나면서 "육신적인 삶에 급급해서" 교회 출석을 제대로 못하는 때가 상담자를 만나는 동안 다시 교회에 출석하기 시작하였다.

2. 상담 과정

상담자는 4년 전 가족치료사로 근무하고 있던 정신과 병원에서 내담자를 처음 만났다. 초기 상담은 50분 면접상담의 형식으로 병원에서 매주 진행되었다. 그 후 상담자가 배우자와 사별하였을 때 상담이 중단되었다가 내담자의 요청으로 상담이 재개되었다. 상담자는 2주 간격으로 상담을 진행하다가 내담자의 사정이 달라진 점을 반영하여 3-4주에 한

번씩 상담을 진행했다. 87회기 이후에는 4-6주에 한 번씩 내담자가 요청할 때 상담이 이루어졌다. 내담자가 계속 상담자와 대화하고 싶어 하기에 사례 발표 당시 96회기의 상담이 진행되고 있었다.

상담자는 내담자가 시댁과 남편에 대한 분노로부터 헤어날 수 있도록 돕고, 일상생활에서 겪는 관계의 어려움을 잘 이겨내도록 위로해주며, 과거에 고착된 태도로 남편을 탓하는 행동을 멈추고 남편을 있는 그대로 수용하도록 돕고자 했다. 특히 비현실적인 이상화로 부부관계를 힘들게 하는 내담자의 왜곡된 생각을 바로잡도록 인도하고자 했다.

상담자는 내담자가 애착관계를 상담에서 경험하여 친밀감을 형성할 수 있도록 돕고자 했다. 탓하고 분노하는 말들을 다 들어주고 아픈 경험을 마음껏 표현할 수 있도록 했다. 그 후 상담자는 '주님의 평안을 전달할 수 있는 말'을 했는데 이러한 말을 듣고 내담자는 평안해지는 모습을 보였다. 상담자는 보웬의 가족 체계 이론에 근거하여 내담자가 자신의 가정 안에 있는 세대 전수 과정을 볼 수 있는 능력과 부정적인 감정을 투사하지 않고 분화를 경험할 수 있는 능력을 키웠다. 하나님의 도우심과 함께 점진적으로 불안을 떨쳐낼 수 있도록 인도하고자 했다. 자신의 직업에 대해 부정적으로 인식하는 내담자에게 '합력하여 선을 이루시는 하나님'이 현재의 자리에 세우셨음을 인식하도록 했다.

상담자는 상담을 진행하던 중 가족의 죽음으로 상실과 애도를 경험하면서 하나님의 특별한 위로와 은혜를 경험했다. 내담자의 요청으로 재개된 상담 과정에서는 더 깊은 기도와 영적 훈련에 집중할 수 있었고 내담자의 상황을 하나님의 임재 안에 볼 수 있는 시각이 생겼다고 믿었다. 상담자는 주님이 내담자와 상담자 안에 함께 하심을 인식하고, 상담과정을 듣고 지켜보시는 하나님의 임재를 인정하며, 하나님의 무조건적인 수용과 사랑, 하나님 안에서 일어나는 회복에 대한 이야기를 많이 나누었다.

남편에 대해 탓하는 내담자의 모습은 지속적으로 나타났다. 내담자가 불안을 표현할 때마다 상담자는 당면한 문제를 해결하는 데 집중하였다. 그러나 내담자가 느끼는 불안의 근원에 접근하여 스스로 통찰하고 직면할 수 있게 하는 과제는 여전히 남아 있었다. 상담자는 내담자가 인정받으려는 집착에서 한 발짝 물러나는 모습을 관찰했다. 특히 시댁에서는 자신의 요구를 어느 정도 관철할 수 있게 되었다. 내담자는 급격히 분노하던 모습에서 벗어나 자신의 상황과 감정을 때로는 담담히 반추해 볼 수 있게 되었다. 하나님은 '멀리서 지켜만 보는' 존재에서 '옆에서 안아주고 위로 해주는' 하나님이 되었다.

상담자는 내담자가 평생 남을 탓하며 살아갈 것 같고 같은 자리를 맴도는 것 같아 지칠 때도 있었다. 그 과정에서 하나님의 손에 맡기는 대신 스스로 잘 해 보려는 태도의 한계를 느꼈다. 내담자의 모습 속에서 상담자의 모습을 볼 수 있을 때마다 상담자 자신의 분화 정도를 성찰할 수 있었다. 상담자는 반항적인 태도로 혼자 해결해 보려다가 문제를 키워서 오는 내담자에게 어떻게 접근해야 하는지 지도받고자 했다.

3. 슈퍼비전 내용

1) 공감의 두 단계

사례 보고서에서 자주 나오는 "없는 듯 산다"는 표현이 누구와 연관되어 있으며 그 의미가 어떤지 질문하고 싶습니다. "없는 듯 산다"는 말이 상담자와 내담자 중 누가 표현한 것입니까? 어쩌면 두 사람이 합작을 한 것이겠다고 짐작해 봅니다. 상담자님은 내담자의 말을 듣고 상담자인 자신이 그렇게 "없는 듯 산다"는 표현을 썼다고 언급했습니다. 문제 일으키지 않고 상황에 그냥 따라가는 의미가 "없는 듯 사는" 삶입니다. 이렇게

"없는 듯 산다"는 주제가 내담자의 주요 역동을 표현하는 핵심어가 됩니다.

상담자에게 예민한 질문일 수도 있으니 답변을 안 해 주어도 좋지만, 내면에서 무엇이 떠오르는지 생각해 보도록 30초 정도의 침묵 시간을 갖도록 하겠습니다. (침묵) 상담자는 자신이 아버지에게서 남편에게로 마음이 옮겨갔고, 남편이 돌아가시면서부터는 남편에게서 하나님에게로 옮겨갔다고 말했습니다. 자신의 사별 경험에 대해 다른 사람이 쉽게 이해하기 힘들 정도로 자신이 담담한 것 같다고도 했습니다. 상담자로 활동하는 동안 배우자를 잃은 경험은 상당한 혼란과 충격을 주었을 것입니다. 이 과정에서 하나님에 대해서 어떤 원망이나 서운함이 있었을 수도 있고 하나님의 임재나 은혜를 느꼈을 수도 있습니다. 상담자의 경험은 의식적이든 무의식적이든 상담에 영향을 줍니다.

자기심리학의 개념을 빌려서 말하자면, 공감은 상호주관적이고 서로 연관이 됩니다. 상담자도 내담자도 잘 아는 공감을 극대화할 수 있는 상황이 될 수 있습니다. 동시에 공감을 얘기할 때 놓치기 쉬운 것이 자기를 내주어야 한다는 것입니다. 내담자는 기본적으로 자기 자신을 이해하는 방식에 문제가 있습니다. 다시 말해서 없는 듯이 산다는 표현은 자기감이 없이 산다는 의미입니다. 어려서부터 아주 연약한 자기가 간신히 유지가 되어있는 상태입니다. 누군가 박수를 쳐주며 지지해주는 대상이 항상 있어야 하는데 이렇게 박수받고 싶어 하는 욕구가 강한 상태입니다. 자기 영역의 침범을 받으면 분노가 확 일어나는데 사소한 자극에도 분노를 느낍니다.

내담자의 남편이 존재감이 없다는 뜻은 '항상 내 존재감을 세워주는 사람, 입 닥치고 항상 나에게 박수 쳐 주고 존중하고 내 중심으로 살아가도록 하는 사람'이었는데 시댁과의 관계에서 남편을 보니 부정적으로 보게 됩니다. 항상 자기가 붕괴될 것 같은 불안감이 내담자 마음의 핵심에 있습니다. 내담자는 자기가 항상 붕괴되고 존재감 없이 살아가는 거에 대한 살아가며, 공격받는다고 느끼고 예민해져 있는 사람이기에 누군가에게서 항상 인정받고 존중받고 칭찬받는 경험을 해야 하는 상황입니다.

이런 사례를 다룰 때는 시간이 오래 걸리므로 상담을 두 단계로 진행해야 합니다. 첫 번째 단계는 깊은 공감을 통해서 자기감이 갖는 깊은 불안을 가라앉혀 주는 것으로, 최소한 1-2년의 시간이 필요합니다. 내담자가 오랫동안 상담자를 만나도록 지원한 부분에서 잘 진행하였습니다. 두 번째 단계는 자기감이 안정감을 갖춘 뒤, 자신을 내적으로 성찰하면서 내면에 있는 성숙하지 못한 자기대상을 바라보고 자기대상이 지닌 모순을 살펴보아야 합니다. 이러한 작업이 이루어져야 주위 사람들과 같이 현실에 서서 긍정적인 자기감의 구조로 자신을 바꾸어 갈 수 있습니다. 이러한 작업은 오랜 시간이 걸립니다.

상담자가 내담자의 사정에 따라 여러 가지 방법을 사용하여 전화로 상담을 진행하거나 장소를 바꾸어가며 상담에 꾸준히 오도록 한 것은 크게 문제가 되지 않는다고 봅니다. 상담은 10회기, 12회에 끝나야 한다고 하는 강박적인 세상에서 4년여에 걸쳐 상담을 진행해온 것은 칭찬할 일입니다. 그러나 상담의 구조가 무엇인지는 훈련받는 과정에서 잘 이해해야 합니다. 만약 이 사례가 경계선 성격 장애의 내담자 사례였다면 상담자는 큰 문제를 경험했을 것입니다. 다행히 자기애적 성향이 많은 내담자이기에 그런대로 잘 유지하고 이런 상담자의 노력이 내담자에게 도움이 되었을 수 있습니다. 상담 초반에는 매우 공감적이고 지지적으로 될 수밖에 없습니다. 그러나 지나친 지지적인 태도는 이후 일어나야 할 공감 경험의 수준을 떨어뜨릴 수 있습니다. 공감적 성찰이나 해석도 어렵게 만들 수 있기 때문에 내담자를 지지할 때 상담자는 기본적으로 자신이 어떻게 하고 있는지를 사려깊게 살펴보아야 합니다.

2) 공감적 전달의 의미

상호적으로 이루어지는 공감은 상담자가 내담자의 감정이나 사고방식, 세계관을 지지해주고 이해하고 함께 느끼는 데 그치지 않습니다. 상담자는 내담자가 표현한 내용과 형식을 자신의 주관적인 세계에서 수용하고 그 수용한 것을 내담자에게 공감적으로 전달해야 합니다. 공감적으로 전달한다는 뜻은 상담자가 내담자를 강하게 일방적으로 인도한다는 뜻이 아닙니다. 가르치거나 충고를 주거나 뭔가 바꾸려는 마음을 버려야 공감이 이루어집니다.

상담자 자신이 느낀 주관적인 세계가 내담자에게 표현되고 내담자가 그 세계를 받아들이고 자신의 세계관과 어떻게 통합이 될 수 있는지 불일치하는지 느낄 수 있다면 그 어긋남에 대해 상담자에게 다시 되돌려 줍니다. 상담자는 이때 자신의 세계관과 내담자의 세계관 사이의 차이를 느끼고 다시 공감해줍니다. 이렇게 공감을 통해 같이 성숙해 나가는 것이 상호주관주의의 핵심입니다. 이러한 상황은 하나님과의 관계에서도 경험되어야 합니다.

목회자는 자신을 내어 줄 수 있습니다. 이러한 가치는 목회 상담자의 강점입니다. 상담자의 사생활이 내담자와 연결되지 않을 때는 공감 역시 제한됩니다. 여기에서 상호주관주의를 극대화할 수 있는 극적인 사건인 사별 경험이 상담자에게 일어난 점을 공감의 주제를 더 이해하기 위해서 살펴보고자 합니다.

상실과 애도의 문제를 다룬다는 것은 상담자와 내담자의 위치가 뒤바뀌어 버릴 수 있는 상황이 되기도 합니다. 상담자는 자아가 단단한 사람이고 내담자는 자기애적 성향이 있기는 하지만 두 사람은 현재 함께 상담과정에 있습니다. 내담자가 상담자 삶의 변화를 알 수 있을 정도의 심각한 위기가 나타났습니다. 상담자는 이 개인적 위기를 통해 내담자가 느끼는 고통과 어려움을 다르게 바라볼 수 있고, 자신의 삶에 그 깨달음을 통합시킬 수 있습니다. 이러한 상호주관성은 서로가 자기의 자기애적 구조에 상대를 받아들이고 이해하며 새로운 자기를 만들어나갈 수 있는 과정을 다룰 수 있도록 합니다.

전통적인 정신분석은 철저하게 중립성을 만들고 상담자의 고유한 위치를 지키려 했지만, 현대에 들어와서의 인간을 치유할 수 있는 기법 중에서도 가장 중요한 기법은 '자기의 나눔'이 될 수 있는 자기노출입니다. 나를 열어 상대에게 보여주는 기법은 궁극적인 기법입니다. 내가 느끼는 감정이나 분노, 좌절이나 이런 것을 통해서 하나님께 나아갈 수 있어야 하고, 무엇보다도 상담자는 하나님 앞에서 솔직해야 합니다. 그 솔직함을 내담자를 향해 조심스럽지만 건강하게 잘 표현할 수 있는 상황이 되어야 합니다. 서로에게 공감의 말을 해 줄 때 위로를 얻고 얻은 위로를 다시 서로에게 전달하는 것이 상호관계를 촉진하는 공감입니다.

상담자가 지지하려 하는 주장이 너무 강하면 그 자체에 장점과 단점이 공존합니다. 예를 들면, 내담자가 자신의 현재 직업에 대해 회의하고 갈등을 느낄 때 상담자는 그 상황을 '하나님이 이끄신 길이다'라며 자신이 주관적으로 인식한 내용을 강하게 표현합니다. 이러한 태도는 내담자 안에 있는 언제 붕괴될지 모르는 자기감을 지지해주고 불안감을 엄청나게 감소시켜 줍니다. 상담의 초기 단계에서는 그렇게 해도 기술적인 실수가 아닙니다. 그러나 중기를 지나서 상담이 진행될수록 상담자의 존재가 내담자와 주님과의 직접적인 소통을 방해할 수 있습니다.

3) 하나님의 임재

케리그마에는 좋은 점이 있지만 정신분석적인 측면에서 보면 문제점이 있습니다. 일방적인 선포, 설교, 교육과 같이 강하게 밀어붙이며 하는 상담자의 안내는 하나님과 내담자 사이를 끼어들어갑니다. 영성지도에서 금기로 여기는 태도이기도 합니다. 영성지도자는 자신이 끼어들어서 인간과 하나님을 연결시켜 주지 않습니다. 이 사례 발표문에는 '내담자에게 하나님의 임재를 느끼도록 이끌어 주었습니다, 하나님을 바라보게 했습니다. 이것은 하나님의 은혜다' 등과 같은 얘기들이 많이 나옵니다. 여기에는 내담자를 지원하려는 좋은 의도가 있지만, 이러한 접근은 내담자가 하나님을 어떻게 생각하는지, 실제적인 어떤 존재로 여기는지, 내담자가 자신의 마음 안에 있는 성령님의 존재를 어떻게 인식하고 있는지를 다루지 못하게 할 수 있습니다. 선교단체에서 경험할 수 있는 적극적이며 얼핏 보면 성령 충만한 접근에는 장점이 있는 동시에 한계와 단점이 있습니다. 상담자가 일방적으로 설교대 위에 서서 선포하는 식의 태도를 가지는 것은 현대인의 자기애적이고 연약한 자기를 성숙시켜 주지 못합니다.

이 상담사례의 전반부는 잘 진행되지만 중반으로 진행될 때는 내담자 본인도 상담이 도움이 되는지 모르겠다고 이야기합니다. 초반에는 자기가 잘 했지만 후반에는 지금 어떻게 되어가고 있는지 자신이 없다는 뜻입니다. 상담자는 지속적으로 연약한 상태인 내담자의 자기대상을 지지해 주고는 있으나 내담자가 거기서부터 출발해서 자기 자신을 잘 들여다보고 통찰할 수 있도록 도와주지 못하고 있을 수 있습니다. 하나님과 내담자와의 관계가 성숙해지려면 질문을 많이 해야 합니다. 하나님이 네가 현재의 직업을 갖도록 이끌어주셨다 라고 이야기할 것이 아닙니다. 당신을 이끌어준 힘이 하나님이라고 생각하는지, 어떻게 의미를 부여할 수 있는지 질문해야 합니다. 이러한 근원적인 질문 없이는 출발점으로 돌아갈 수 없습니다. 성령님은 내 속에서 참 하나님이시면서도 나의 부분입니다. 즉, 자기대상(selfobject)의 개념을 사용해서 나를 돌아보고 내 속에서 나와 하나님이 어떻게 관계를 경험하는지 살펴보아야 합니다. 인간 경험이 모두 하나님의 전적인 은혜이고 주관하심과 인도하심에 있다고 얘기하는 것은 장점도 있지만 제한하기도 합니다.

4. 참석자 질문과 답변

질문: 슈퍼바이저는 이 사례를 자기심리학으로 사례개념화해 주셨습니다. 상담자는 자신의 상담을 평가한 부분에서 본인의 남편이 돌아가시고 적적한 시간에 내담자가 전화를 했는데 그 시간이 좋았고, 본인을 존경해 주고 상담가로서의 유능감을 채워주는 부분이 있었다고 솔직하게 써 주셨습니다. 이런 면에서는 서로가 상호의존하고 있는 것 같습니다. 자기심리학적으로 볼 때, 내담자는 적절한 좌절을 경험함으로써 내재적인 변형을 이루는데, 이 상담을 통해 적절한 좌절이 이 상담을 통해 어떻게 이루어질 수 있는지 궁금합니다.

슈퍼바이저: 치료자의 자기개방에는 위험부담이 있습니다. 그래서 '상처받은 치료자'라는 말이 있습니다. 우리가 인간이기 때문에 늘 중립적으로 자기를 지킨다는 것은 사실 엄밀하게 보면 가능하지도 않습니다. 그러면 뭐가 중요할까요? 우리가 늘 실수하면서도 우리의 궤도를 지켜야 합니다. 자기를 바라보는 시각을 유지해야 합니다. 전문가와 아마추어의 차이는 실수를 하느냐 안하느냐 그게 아닙니다. 내가 실수를 하면서도 이게 내담자에게 어떤 영향을 주는가에 대한 내성적 궤도를 지키면 전문가입니다. 상담자는 때로 실수할 수 있고 그 실수를 성찰하면서 내담자의 성숙을 돕기도 합니다.

자기심리학에 의하면, 엄마가 주는 궁극적 좌절이 아기를 성숙시키고 충분한 공감적인 지원은 아기의 자기감을 증진시킵니다. 이런 양적 측면이 균형을 맞추며 왔다 갔다 해야 성숙이 있는 것입니다. 나는 다 옳고 어떤 위치와 구조를 잘 지켜야 하고 내담자는 잘못되어 있고 문제이고 내가 끌어주어야 하는 연약한 존재이다 이렇게만 생각하면 성숙에는 한계가 있다고 생각합니다. 물론 우리가 훈련을 받고 있기에 잘 지키는 과정이 필요합니다. 그것이 왜 중요한지 경계를 넘어갈 때 어떤 위험부담이 있는지 보고, 어느 정도 단계가 되면 그 다음에는 내가 실수를 저지르면서도 그 길을 놓치지 않고 성찰을 하면서 함께 가는 것, 이게 상호주관주의의 개념이자 목회상담의 핵심이라고 봅니다. 예수님도 저 높은 곳에 계셔서 이렇게 저렇게 자기 위치만 지키지 않으셨습니다. 상호주관주의의 가장 궁극적 경지는 성육신입니다. 그분은 '찌질하게' 되셔서 결국 실수와 좌절로 지상에서의 생을 마감하셨습니다. 그렇게 함으로써 우리를 온전하게 하시는 것입니다.

내담자는 아직 여러 가지로 성숙하지 않은 상태이고, 공감도 상당히 피상적으로 합니다. '내가 공감을 느낀다' 여기까지만 생각을 하고 있습니다. 그러나 그 느끼는 것이 자신의 주관 세계에서 어떠한 반향을 불러일으키고 있는지, 내담자와 상담자 사이에 어떤 어긋남(discrepancy)이 있는지, 내담자가 어떻게 내가 한 해석을 받아들이는지, 신앙에 대해 지지한 부분이 내담자에게 어떤 반향을 일으키는지를 보아야 합니다. 내담자가 상담자의 해석에 대해 부정적으로 감정을 가졌다면, 그 부정적 감정을 활용하면서 공감하고 상담자와 자신의 주관적 세계가 어떻게 다른지 살펴보는 쪽으로 가는 것이 필요합니다.

우리의 신앙도 역시 두 단계입니다. '하나님이라는 대상을 나의 욕구를 충족하기 위한 자기애적인 캐릭터로 보느냐 그렇지 않으면 상호적으로 보느냐?'를 잘 생각을 해 봐야 합니다. 흔히 열심을 갖고 부르짖고 믿고 따라가면 좋은 신앙이라고 생각하지 않습니까? 저는 동의하지 않습니다. 그러한 신앙이 자기애적일 수 있기 때문입니다. 처음에는 그게 좋고 자극을 하고 고치려 하고 지지하고 불러일으키지만 자기애적 신앙은 어느 시점이 되면 시들시들해져서 황폐한 성처럼 될 수밖에 없습니다. 긍정적 변환이 일어나지 않으면 자기애적인 상태에 그대로 머물러 있는 신앙은 쭈그러들기 마련입니다. 지금 우리 사회의 신앙 행태가 그렇지 않습니까?

우리가 공감을 상담에서 중요하게 여긴다면, 신앙에서도 확실한 입장을 가져야 합니다. 공감하고 상담한다고 해서 수동적이고 자기주장을 못하고 그런 게 아니라고 분명히 바라보는 통찰이 있습니다. 이것이 자기애적인지 상호 관계를 나누는 소통인지를 살펴보아야 합니다. 우리가 주님의 사랑을 완성하기 위한 파트너로서 우리 없이는 주님이 사랑을 완성 못하신다고 믿는다면, 우리는 주님과 공감적 소통을 나누며 교제하는 하나님을 이해할 수 있습니다. 저기 멀리 있어서 우리가 천국행 티켓을 사 가지고 들어갈 수 있는 것은 아니라고 생각합니다.

질문: 상담자님이 빈 의자 기법을 사용하는 중 내담자가 헛구역질을 하고 기이한 소리를 내는 등의 반응을 보였는데 이런 행동을 어떤 의미라고 보셨습니까?

상담자: 내담자가 너무 감정이 많이 올라와 있었고 남 탓만 심하게 하며 지나가는 식이어서 도움이 안 될 것 같았습니다. 내담자가 상대방의 마음을 좀 알아야겠다고 생각했습니다. 빈의자 기법을 진행해 보니, 내담자가 누군가를 탓할 때는 말을 잘했는데 상대방의 자리에 가서는 그게 안 되었습니다. 제가 처음에는 "미안하다"로 말을 하면 내담자 그 말을 그대로 따라 하며 펑펑 울었습니다. 이어지질 않을 때는 제가 생각하는 얘기를 하면서 '당신이 이렇게 아파했는데 내가 이해해 주지를 못해서 미안하다' 이렇게 진행하였습니다. 한번은 빈의자 기법을 통해 내담자가 용서할 수 없다는 어머니를 만나게 했는데, 내담자는 헛구역질과 기침을

하고 신음소리를 내는 반응을 보였습니다.

슈퍼바이저: 자기애적이거나 경계선적인 내담자들은 자기의 응집성이 약하기 때문에 심한 스트레스를 받으면 일시적으로 쉽게 붕괴가 됩니다. 헛구역질을 하거나 소리를 내는 모습은 이런 현상으로 해석할 수 있습니다.

질문: 상담자가 전체 상담의 큰 그림을 어떻게 이해했는지 알고 싶습니다. 앞으로도 어떤 방식을 사용하여 상담을 하실지 궁금합니다.

상담자: 내담자는 화나고 속상한 감정이 올라올 때 바로 상담을 요청하는 것이 아니라 자신이 얘기할 수 있을 때 상담에 오겠다고 했습니다. 앞으로도 규칙적으로 상담자를 만나겠다고 하므로 이에 효과적인 상담 구조를 만들어야 한다고 생각합니다.

슈퍼바이저: 상담을 진행하려면 구조화가 필요합니다. 상담자도 내담자가 전화해 올 때만 기다리는 것이 아니라 필요한 구조를 정하여 진행해야 합니다. 훈련받는 동안에는 상담의 구조를 만들고 유지하는 것이 매우 중요하다는 점을 이해해야 합니다. 상담자가 스스로 자각하였듯이 상담자의 역전이 문제 때문에 이 관계 안에는 상호의존적 문제가 발전할 가능성이 굉장히 높습니다. 그러나 자신에 대해 성찰하면서 상담을 구조화하는 과정은 피상적인 과정이 아닙니다. 이 내담자를 위해서는 상담 안에서 적절한 좌절을 경험하는 과정을 논리적이거나 의식적인 차원으로 옮겨가기보다는, 그 좌절의 감정 자체가 진실하게 표현되고 내담자가 그때 무엇을 어떻게 느끼는지를 통찰하며 알아볼 수 있습니다.

덧붙이고 싶은 문제는 현대 사회에서 상담의 치유력이 부족하다고 비판받는 이유는 물론 구조화를 금과옥조처럼 붙잡고 가기 때문이라고도 봄니다. 목회상담이 지향하는 바는 공동체 안에서 삶을 기꺼이 나누려는 자발성을 이끌어낼 수 있어야 합니다. 구조화를 잘 하지 못할 때는 위험부담이나 위기가 올 수도 있으므로 훈련과정에서는 상담 과정의 일관된 구조를 강조하고 지키는 것이 중요합니다. 그러나 성령님은 어디나 계시고 언제나 우리를 만나주시기 때문에 우리도 이에 따라 실천할 필요가 있습니다. 삶을 나누지 않으면 변화는 없다고 봅니다. 결국 상담자가 삶을 허용하고 나누는 만큼 도움이 된다면 상담자가 내담자를 찾아갈 수도 있고 자기희생을 할 수도 있습니다. 상담실 중심의 관행을 과감히 깨는 작업이 앞으로 일어나야 현대 상담 운동의 탈출구가 있지 않겠는가 생각합니다.

현장에서 학생들을 가르치는 입장에서 파커 파머(Parker J. Palmer)의 『다시 집으로 가는 길』을 추천합니다. 파머는 비폭력적으로 다른 사람과 소통하는 문제를 다룹니다. 우리 상담자에게 가장 중요한 것은 내성(內省 introspection/ 내관內觀)이라고 생각합니다. 항상 구체적인 상황에서 내가 어떤 동기에 의해 행하고 지금 어디로 가는가에 대한 생각을 놓치지 않아야 합니다. 또한 부르짖는 신앙에 대해 그 장점과 한계를 고려해야 합니다. 예를 들어 관상기도, 묵상기도를 통해서 우리는 침묵 가운데 내재하시는 성령님께 귀를 기울이고 우리 역시 주님에 대해 무엇을 느끼는지 상호간 서로 동등한 관계를 가진 소통이 일어납니다. 구약의 예언자들을 통해 말씀하시는 하나님은 '너희가 왜 나의 마음을 알지 못하느냐'라고 말씀하시는데 우리가 듣지만 일방적으로 떠들고 있기에 문제가 생기는 것입니다.

5. 상담자 소감

저는 오랜 기간 상담을 해 왔습니다. 가족상담의 경우, 가족이 있는 가정에 찾아가는 상담이 그들의 일상 모습과 되풀이되는 의사소통 형태를 파악하기가 좋았기 때문에 찾아가는 상담을 하는데 문제가 없었습니다. 이 발표를 통해서 상담의 구조화와 그 필요성에 대해 스스로 돌아보는 계기가 되었습니다.

상담자로서 내담자를 변화시켜야 되겠다는 마음도 있었지만 하나님의 인도하심을 따라서 지금 이 사람이 탓하고 싶은 상태라고 보이면 그대로 표현하도록 두었습니다. 그때 상담자의 개입이 들어가면 내담자가 듣고자 하지 않기에 표현하지 않았습니다. 그래서 그냥 남을 탓하는 모습을 바라본 뒤, 이어서 내담자를 위로해주곤 했습니다. 나중에 내담자가 들을 귀가 있으면 들을 것이라고 생각합니다. 내담자가 자신의 분화를 어떻게 이룰 수 있는지에 중점을 맞추어 상담을 진행해 왔으므로 이제까지의 상담이 여러분이 걱정하시는 수준의 상담이 아니었음을 말씀드립니다. 많이 배웠습니다. 고맙습니다.

6. 목회신학적 고찰: 돌봄을 통한 성찰

목회신학(pastoral theology)의 어원적 의미에는 양떼를 지키는 목자의 모습이 반영되어 있다. 시워드 힐트너(Seward Hiltner)는 돌봄의 형태로서의 목양(shepherding)을 위한 목회신학, 가르치고 배우기 위한 의사소통(communication)을 위한 교육적-복음적 신학, 공동체를 세우기 위한 조직(organizing) 강화를 위한 교회신학을 제시한다. 그는 세 가지 신학 분과가 각각의 독립성을 유지해야 한다고 주장했다. 보니 맥리모어

(Bonnie M. McLemore)는 목회신학과 실천신학을 혼용하여 사용하기 보다는 통합적 학문으로서의 실천신학과 사람과 연민-중심의 학문(a person and pathos-centered discipline)인 목회신학을 구분하여야 한다고 본다. 목회 실천의 영역에서 목회신학적 성찰은 단순한 원리의 적용에 초점을 맞추는 접근법이 아니라 일상의 고통과 어려움을 신학적으로 이해하고 안내하려는 능동적 노력에 뿌리를 내리고 있다. 상담자뿐 아니라 내담자도 자신의 경험을 신앙 안에서 성찰할 수 있다. 상담자가 자신의 영적 성숙을 위해 배우고 고백해온 신앙을 내담자의 삶에 그대로 적용하려 한다면 사람과 연민 중심의 목회신학적 성찰로 보기 어렵다.

지금-여기(Here and Now) 혼란스러워 보이는 내담자 역시 살아있는 인간문서로서 자신만의 독특한 살아가는 법과 지혜를 아는 존재이다. 상담자가 내담자에게 능동성이 부족하다고 일방적으로 평가하기보다는 상담 과정에서 표현하는 인생 경험에서 출발하여 내담자 스스로 자신의 일상에서 살아계신 하나님을 발견하도록 지원하는 목회신학적 해석을 해야 한다. 목회신학적 성찰이 이루어지는 과정은 상담자가 자신의 상담 기법을 정당화할 수 있는가, 어떻게 무엇을 내담자의 경험에 적용해야 하는가라는 질문에 머물러 있기보다는 내담자의 특정한 상황에 대한 신학적 해석을 확장해 가는 과정이다.

상담자와 내담자가 기존에 가지고 있던 하나님 이해는 특정한 사회문화적 환경에서 매일 살아가는 삶의 방식이나 경향에 뿌리내리고 있다. 삶과 유리될 수 없는 마음과 영혼의 습성에 의해 인간은 하나님을 경험한다. 그러므로 목회상담적 성찰은 인간의 습성을 반영하고 이미 존재하는 체제의 모순에 의해 생성되는 절망과 억압을 비판적으로 살펴보아야 한다. 더 나아가 목회상담자는 내담자의 병리적 문제 그 자체에만 천착하지 말고 내담자를 둘러싸고 있는 다양한 인간관계의 맥락 안에서 내담자가 경험하는 병리적 문제의 의미를 질문해야 한다. 우리는 개인적인 치유와 성장이 무의식에 뿌리를 두고 있다는 심리학 중심의 해석에서 공동체적·상황적 패러다임을 반영한 비판적 해석을 목회신학적으로 계속 성찰해가야 한다.

7. 토론을 위한 씨앗

1) 내담자가 충분히 '통합된 자기'를 경험하려면 칭찬과 격려에 더하여 어떤 상담기법이 필요합니까? 목회 상담의 핵심이 '자기를 내주는 것'이라고 한다면 상담자로서의 자기 비움, 헌신과 사랑을 끊임없이 공급받을 수 있는 통로는 무엇입니까? 이 과정에서 상담자 삶의 구체적 경험은 '자기를 내주는 것'에 어떻게 영향을 줄 수 있습니까?

2) 내담자가 상담 중 아이 소리나 고양이 소리를 내는 경우, 상담자가 축사를 할 상황인지 판단하려면 무엇을 고려해야 합니까? 이러한 상황을 영적 싸움의 현장으로 볼 수 있을지 퇴행과 해리의 상황으로 해석할 수 있을지 생각해보고 나누어봅시다.

3) 상담자가 자신을 통해 하나님이 내담자에게 하시고 싶어 하신다며 말씀을 계속 전달했을 때, 이러한 태도는 상담에 어떤 영향을 줄 수 있습니까? 어떤 상황에서든 '하나님 안에서 괜찮다'는 상담자의 강한 확신이 역전이에 의한 확신이라면 이러한 상황은 내담자에게 어떤 영향을 줄 수 있습니까?

4) 상담자로서 선호하는 상담 공간이 있습니까? 상담소, 교회, 내담자의 집, 카페 등 목회·기독 상담자로서 어떤 내담자와 어떤 장소에서 상담

을 해보았는지 나누어봅시다.

전화, 스카이프, 채팅, 카톡(문자, 음성, 영상) 등의 매체로 구조화 상담을 진행할 수 있는지 논의하여봅시다.

IX장

소통하는 부부가 되고 싶어요

1. 내담자 이야기

상담을 온 30대 부부는 "우리 정말 소통이 안 돼서 늘 싸워요"라고 호소하였다. 아내는 "남편이랑 소통이 잘 안 된다"고 말하고, 남편은 아내가 "기한을 정해 살아보고. 맘에 안 들면 이혼하자"는 막말을 해서 힘들다. 부부는 3년 연애 후 자신들이 모은 돈으로 결혼을 하여 딸(3세)을 낳았다.

아내는 전문대를 졸업했으며 주로 서비스직에 종사했다. 원 가족과는 마음에 담아두지 않고 힘든 일을 나누고 있지만 즉각적인 위로와 격려가 없으면 힘들어한다. 산후우울증으로 상담을 받기도 했다. 부모님은 서로 데면데면하는 관계지만 가족 모임이나 여행은 함께 한다. 언니는 프로 운동선수로 아내의 우상이다. 당시 부모님이 운영하는 곳에서 일하고, 언니에게 약간의 경제적 도움을 받았다.

남편은 업무 중에 당한 교통사고로 허리와 다리에 후유증이 있다. 초등학교 때 부모님이 이혼하여 심리적으로 불안정한 시절을 보냈다. 형이

한 명 있으며, 지금도 형과는 자주 만나며 도움을 받는다. 아버지는 이혼 후에도 결혼과 이혼을 반복했고 현재는 다른 여자와 동거 중이다. 고집이 세고 무척 무서웠지만 내담자가 생모의 집에 가는 것을 싫어하지 않았다. 남편은 생모와 형과 심리적으로 밀착되고, 아버지와는 소원한 관계이다. 생모는 재혼했지만 내담자 부부와 자주 만나고 있다. 남편은 어려서부터 가족과 의논하기보다 스스로 생각하고 결정한다. 결혼 후에도 아내와 대화하며 의논하는 게 익숙하지 않다.

부부는 신혼 6개월째부터 언어와 물리적인 공격과 회피 등으로 양극단적인 관계 패턴을 반복했다. 불안하면 원 가족을 끌어들여서 삼각화하는 미성숙한 경향을 보였다. 원 가족과의 심리적 경제적 분화가 필요하며, 균형 있게 육아와 가사의 역할 조정이 필요하였다.

2. 상담 과정

1) 상담 목표와 접근

상담 목표: ① 아내: (남편이 싫어하는) '딸을 데리고 나가겠다'는 막말을 하지 않는다. ② 남편: 아내가 요청한 집안일을 잘 수행한다. ③ 상담자: 서로 감정을 표현하며 상호작용이 원활한 부부가 되도록 돕는다.

치료적 접근: 이마고 부부관계이론으로 배우자의 미해결과제를 경청하고 반영하여 서로의 상처를 이해하고 현재의 삶에 적용하고 부부의 갈등과 육아 문제의 대응 전략을 통합적으로 수립한다. 다세대 가계도 탐색, 가족 발달주기를 교육하여 부부의 경계선을 수립하며 의사소통을 돕는다.

신학적 접근: 부부의 만남은 우연이 아닌 하나님의 섭리이다. 사람을 세우고 가정을 세우는 상담 현장이 '임마누엘 하나님'의 임재하심을 경험하는 현장이요 사역이다. 성령의 인도하심과 개입을 의뢰하며 상담을 진행했다.

2) 회기 요약

〈1~5회기: 배우자의 마음 탐색〉

상담자는 부부에게 이마고 감사 대화를 하도록 안내하고, 부부간의 공감적 수용의 태도가 필요함을 일깨웠다. 다양한 심리검사를 통하여 상대방에 대한 이해를 갖도록 도왔다. 사티어 의사소통유형 검사를 통하여 부부가 의사소통유형의 차이를 인식하면서, 부부갈등의 간극을 좁힐 수 있다는 희망을 갖도록 진행하였다.

〈6~9회기: 배우자 마음의 고통에 머물고 변화를 위한 대화 시도〉

상담자가 부부에게 배우자 마음의 고통을 그려보고 그 안에 머물도록 돕는 기법을 사용하였다. 남편은 아내의 산후우울증을 이해하고, 아내는 바쁘게 살아가는 남편의 피곤함에 대하여 보다 깊게 인식하였다. 배우자를 위해서 생활의 변화를 시도하고 서로 격려하며 힘을 실어주기로 하였다. 아내는 자라면서 자신을 지지하지 않았던 아버지에 대한 불만을 남편에게 투사하며 일방적인 격려를 요구하였다. 남편은 부모와 다정하게 대화하지 못하였던 경험이 결혼생활에서 위로하는 대화를 어렵게 함을 발견하였다. 부부가 과거의 원 가족 영향력에서 벗어나서 밝은 관점으로 미래를 볼 필요가 있음을 깨달았다.

〈10~13회기: 원 가족의 아픔을 탐색〉

상담자는 부부가 서로에게 조금씩 배려하고, 배우자의 노력을 칭찬하도록 이끌었다. 원 가족에서의 아픔을 더 깊이 탐색하였다. 남편은 어린 시절에 뚜렷한 이유도 모른 채 아버지에게 매 맞고 쫓겨난 일이 기억나서 부모와 친밀감을 표현하는 대화가 어렵게 된 상처를 떠올렸다. 열다섯 번의 잦은 이사로 한 곳에서 친구와 친밀한 관계를 맺기 힘들었던 경험을 나누었다. 상담자는 부부가 손유희 놀이를 하여 피부접촉을 이끌어 친밀함을 경험하고 감정을 나누도록 이끌었다. 부부는 관계가 개선될 수 있다는 기대를 가졌다.

〈14~18회기: 잠시 동안의 별거와 재결합〉

남편은 직장생활로 체력이 소진하여 피곤하게 귀가하므로 친밀해지려는 노력이 힘에 겨웠는지 부부가 크게 다투고 잠시 별거하였다. 별거 중 상담실에서 만나서 남편은 피곤할 때는 감정을 표현하는 대화가 어렵다고 고백하였다. 아내는 남편이 진실하게 토로하는 어려움을 수용하면서 남편의 노력을 믿어보기로 하고 재결합하였다. 상담자는 부부가 과거 경험의 영향을 덜 받고, 관계가 나아질 수 있다는 희망을 발견하면서 상담을 종결하였다.

3) 상담자로서 한계와 슈퍼비전 받고 싶은 내용

맞벌이 부부의 당면한 문제의 갈등이 미해결된 상처와 연결되었음을 깨닫게 된 계기가 되었으며, 배우자의 아픔에 진정성 있는 공감을 하지 못한 것이 한계다. 비기독교인을 상담한 첫 사례로 최선을 다하였지만 내담자들과 하나님의 계획과 섭리를 공유하지 못해서 아쉽다.

슈퍼비전 받고 싶은 내용: ① 상담이 답보 상태인 경우에 전환하기 위해서 어떻게 하나요? ② 부부상담의 좋은 모델을 알려주세요. ③ 비기독교인 상담에서 언제 목회상담사의 정체성을 밝히는 것이 적절할까요?

3. 슈퍼비전 내용

1) 생활주기에 따른 어려움

내담자 부부의 문제는 생활주기와 관련이 많습니다. 호소문제는 결혼한 지 3년째, 2년에서 2년 반 정도 결혼생활하는 젊은 부부들에게 흔히 볼 수 있는 경우입니다. 이 문제들로 18회기 5개월 정도 성실하게 참여하는 내담자들을 잘 상담을 하셨다고 느꼈습니다. 축어록을 보면서, 상담자가 원숙한 상담을 하신다고 생각했습니다. 상담 장면에서 음성이나 내담자들을 상담의 현장으로, 상담의 내면에 깊숙이 들어와서 위로하고 만져주고 서로의 소통이 안 되는 부분들의 맥을 이어주려는 노력이, 50여 분 동안 축어록 음성파일을 다 들었는데, 상담을 하는 자세에서 전문적이며 훌륭한 상담을 했다고 느꼈습니다.

부부의 결혼생활에서 가장 큰 갈등 요인으로 부부의 성격차이가 굉장히 크다고 생각합니다. 성격 차이를 심화시키고 악화시키는 문제는 재정적인 문제라고 생각합니다. 아이가 태어나면 두 사람만이 부부관계를 이루어가는 것도 벅찬데, 직장생활도 해야 됩니다. 이 부부는 생활주기 면에서 이런 상황을 겪고 있습니다.

2) 부부가 겪는 구체적 문제

부부는 문제를 해결하면서, 동시에 육아와 가사를 전담하는 문제 등, 육아 피로에 재정적인 경제적 스트레스가 굉장히 많아서 행복감은커녕 굉장한 고통 속에 살고 있습니다. 남편은 감정적인 선이 굵은 아내의 행동을 도무지 이해하지 못하고 공감하지 못합니다. 택배기사를 안정적으로 하지 못하고 벌이도 떨어지고 일은 피곤하고, 지쳐서 집에 돌아와서 아들과 놀아주지 못합니다. 아내가 원하는 만큼 가사와 육아를 해줄 수 없는데도, 스스로 변화해야 한다는 생각도 별로 없어 보이니, 아내가 점점 불편한 감정을 호소하며 관계 악화가 심화됩니다. 심리분석에서 감정형 아내와 사고형 남편의 엇갈리는 소통 방식이 이 부부가 겪는 문제들과 관련됩니다. 재정적인 문제에 대한 인식 차이, 아내에게 주어진 육아의 책임이 굉장히 피로감을 주었을 것입니다. 남편은 가사에 대해서 강한 거부감이 있습니다. 아버지가 설거지를 하거나 주방에 들어가서 음식을 하거나 식탁을 준비하거나를 보지 못하고 자랐습니다. 아내의 요구에 잘 부응하지 못합니다. 가끔 아내가 격한 감정이 쌓여서 남편이 가사를 돕지 않는다고 막말을 하는데, 그 내용이 "아들을 데리고 집에 가겠다" 또는 "친정에 가겠다"입니다. 4개월쯤 됐을 때 한 달 정도 별거했습니다. 재정 문제도 부부갈등을 부추깁니다. 재정 문제는 육아 피로와 연결됩니다. 육아 활동은 아이를 키우면서 아빠나 엄마가 자신이 아이만 할 때 부모들이 자기를 어떻게 키웠는지 끊임없이 성찰하는 유익을 줍니다. 육아로 얻는 느낌은 생각이나 인식이 아니라, 몸으로 느끼고 무의식에 깔려 있는 감정이 의식으로 올라오는 겁니다. 마치 어떤 이물질이 물속에 가라앉아 있다가, 휘저으면 올라오는 것과 같습니다. 이렇게 재정과 육아가 부부의 어려움들을 더 많이 강화시켰을 것입니다.

3) 상담자 태도

상담자는 3회기나 7회기 때 이마고 부부치료를 할 때에, '좌절대화'라고 명명을 하셨는데, 대화를 통해서 아내가 남편의 좌절감과 깊은 어린 시절의 기억들을 듣도록 진행한 것은 매우 적절했습니다. 부부가 아이를 양육하면서 자기의 어린 시절에 부모님들이 자신들을 양육해주는 모습들을 상상하게 되고, 또 자신들이 양육 받을 때에 느꼈던 감정을 느낀다고 봅니다. 아내는 남편의 어린 시절의 감정을 담아내도록 대화를 나누는 것에 좀 더 충실하면 좋을 것 같습니다. 개인적으로 제가 유학시절에 딸을 전학시켜봤습니다. 굉장히 좋은 분위기의 학교로 초등학교 1학년 중간에 다른 학교로 전학가게 되었습니다. 딸아이가 그 학교의 큰 철대문을 들어가는 데 "아빠 손을 잡자"고 말을 하면서, 제 손을 잡은 그 아이의 떨리는 손을 지금도 기억합니다. 물론 그때에 저도 긴장했습니다. 이 아이의 떨림이 얼마나 컸는지 기억하는데 이 아이가 대학교 2, 3학년쯤 됐을 때 문득 그 당시의 이야기를 했습니다. 저는 "아빠는 초등학교와 중학교 때에도 전학해봤어?"라고 말했는데, 가만히 따져보니까 저는 이사는 했는데 학교는 바꿔보지 않았습니다. 전학을 안 해 본 아빠가 전학을 몇 번 해본 딸을 이해한다는 게 쉽지 않습니다. 부부가 서로 이해하기 위해서 이런 사실이 매우 중요합니다. 남편이 전학을 몇 번 했는지? 열 번을 했는지 알아야 합니다. 초등학교 때 중학교 때 여러 번 전학하는 것은 보통 소년기, 청소년기 때 보통 스트레스 위기가 아닐 것입니다. 그런 경험을 모질게 겪어왔습니다. 제가 남편을 두둔하는 것은 아니고, 남편이 여러 번 전학 갔던 말을 할 때에 아내가 공감해주지 않고, 별일이 아닌데 자꾸 말한다고 반응하는 것에 굉장히 아프게 느끼는 것을 볼때, 여러 번의 전학 경험이 남편의 상처입니다. 그 경험에 대해서 별일이 아니라고 말하는 것은 아킬레스건을 건드리는 일입니다. 아내가 남편이 전학한 이야기를 말할 때에는 일단 힘들었던 경험으로 인식하고, 그 기억과 관련된 감정을 편하게 말하고, 수용해 줄 수 있도록 추후 상담에 이끌어주면 적절할 것입니다.

4. 참석자 질문과 답변

질문: 저는 심리검사의 결과에 대한 기록에 대해서 묻고 싶습니다. 부부를 대상으로 실시한 MMPI 프로파일에서 보충척도에 mbx 결혼생활 부적응 척도에 대해서, 아내가 54점이고 남편이 40점이라고 기록되었습니다. 저는 이 점수를 보았을 때에 부적응이 높게 나온 게 아니라고 생각이 됩니다. 이 부부의 문제를 보면 심각할 것 같은데 심리검사 결과의 점수는 평상적 범위로 나왔습니다. 그 차이에 대해서 묻고 싶습니다.

슈퍼바이저: 제가 판단해도 이 척도 점수 자체는 비교적 평상적인 범위에 속한다고 생각합니다. 솔직하게 말해서 척도 점수로 놓고 의사소통의 어려움을 유추하기에는 무리일 것 같아 보입니다. 그런데 프로파일 전체를 놓고 보면 조금 다른 관점을 얻게 됩니다. 예를 들어서 남편의 타당도 척도에서 L척도가 아주 많이 낮지는 않습니다. 또한 아내의 경우에 임상척도에서 5번 척도가 60점이고 7번 척도가 61점입니다. 그리고 남편의 임상척도에서 5번 척도가 39점입니다. 그리고 7, 8, 9번 척도의 점수가 모두 낮습니다. 따라서 남편은 어떻게 보면 마초기질이 있을 수 있는 좀 가부장적이거나 그럴 수도 있다고 보입니다. 확실히 남편의 임상척도의 5번 척도로 보면 사실 굉장히 더 가부장적일 수 있고, 자기주장이 강한 남자라고 할 수 있습니다. 남편의 이런 특성은 아내와 조근조근 의논한

다거나, 자신과 다른 아내의 의견을 받아들인다거나 하는 것이 매우 어려울 수 있음을 의미한다고 생각됩니다. 한 마디로 남편은 나이에 비해서 전통적 가치관을 갖고 사는 남성일 수 있습니다. 남편의 경우에 최소열 번 이상 이사 다니고 전학 다녔습니다. 자신은 원치 않았지만 엄마도 친구들도 모두 헤어지게 되니까 어릴 때부터 무기력감을 학습했을 것 같습니다. 다시 말해서 친구를 좀 사귀면 헤어지게 되고 이러니까 그런 무기력감 수동적인 게 그냥 내재화되어 있을 것 같습니다.

질문: 상담자께 질문하겠습니다. 상담자의 목소리를 들었을 때, 굉장히 따뜻해서 제가 내담자라도 마음이 놓일 것 같습니다. 축어록을 보고 궁금한 것은 상담자가 처음에 "어서 오세요. 저는 핸드폰을 비행기 모드로 했습니다" 또는 "물을 따뜻하게 준비했습니다"라는 말을 왜 하셨는지 궁금합니다. 상담자가 "어떤 점을 인지하고 계세요"라는 말에서 '인지'라는 용어를 쓰였어요. 상담사가 '원트'라는 단어를 얘기합니다. 뭔가 심리학적 용어를 쓰려는 경향이 있으신 것 같습니다. 심리학 용어 대신에 일상에서 사용하는 용어를 썼으면 좋았을 것 같다고 생각했습니다.

상담자: 칭찬 감사합니다. '원트'라는 용어는 아내가 먼저 1회기 때 말했던 용어라서 사용한 걸로 생각합니다. 부부가 상담 시에 핸드폰을 손에 들고 오십니다. 핸드폰을 들고 들어오니까. 저는 비행기모드로 안전하게 할 테니 당신들도 그렇게 했으면 좋겠다는 의도입니다. 이때가 3월이니까 상담실 공기가 조금 서늘했습니다. 물을 따뜻하게 준비했다고 안내한 정도입니다. 요즘 일반적으로 상담이나 심리학에 대해서 많이 알고 있습니다. 솔직히 제가 상담 용어 사용이 다소 강박적인 면도 있습니다. 앞으로 일상적인 용어를 사용해야겠다는 생각이 듭니다.

질문: 성경에 "이러므로 남자가 부모를 떠나 그의 아내와 합하여 둘이 한 몸을 이룰지니라"라는 말씀을 적어주신 것을 보았습니다. 상담자께서 가정을 이루는 과정에서 아내와 남편의 역할에 대해서 어떤 뚜렷한 신념을 가지셨는지 궁금합니다. 또 저도 상담 과정에서 언제 내가 목회자로서의 정체성을 밝히느냐에 대한 고민을 많이 합니다. 기독교인이 아닌 부부를 상담하면서 어떤 순간에 어떻게 밝혀야 되나, 어떤 도움을 주어야 되는가 하는 고민을 하셨는지 궁금합니다.

상담자: 저도 역기능 가정에서 자라서 평생소원도 행복한 가정, 평범하고 행복한 가정이 저의 신념입니다. 제 남편도 역기능 가정에서 자라서 저희 부부가 평범하고 정상적인 행복한 가정을 이루는 것 꿈이었습니다. 부부상담을 할 때에도 그런 가정을 꾸리기를 원하는 마음이 제 안에 있습니다. 부부 됨은 정말 신비합니다. 예수 그리스도가 나를 그분의 순결한 신부가 되는 걸로 여겨주시는 것처럼, 부부 됨과 가정을 이룬다는 것이 정말 신비로운 것이라고 생각합니다. 저희의 말씀이 저의 신념이기도 하고 부부를 바라보는 신념입니다. 기독교인 가정들을 부부상담할 때는 이 말씀으로 접근을 할 수가 있는데 비기독교인은 말씀으로 접근할 수가 없습니다. 그럼에도 불구하고, 부부가 심하게 반대를 하지 않으면 성경 말씀을 권하려는 태도를 갖습니다.

5. 상담자 소감

처음 상담을 시작할 때에 합의된 목표는 아내는 남편이 듣기 싫은 말을 하지 않는 것이었습니다. "아들을 데리고 집을 나가겠다"라는 말이었습니다. 이런 말을 하지 않겠다라는 것이 아내에게 주어진 목표였고, 남편은 아내가 요청하는 집안일을 잘 하겠다는 것을 목표로 정했습니다. 제가 정한 이성적 목표는 서로의 감정을 표현하며 상호작용이 원활한 부부가 되는 것이었습니다. 제가 치료적 접근을 한 부분은 이마고 부부관계이론을 많이 했습니다. 그리고 전략적 부부상담 이론이나 통합적 가족놀이치료 이런 것도 같이 전체적으로 통합을 해보면서 상담을 진행하려고 했습니다. 치료적 개입과 반응변화에서는 아내는 의존하고 싶고 보호받고 싶은 전통적인 여성성의 욕구가 있습니다. 동시에 자기는 워킹맘이니까 활발하게 사회생활을 하고 싶은 욕구도 있습니다. 남편은 불안정한 어린 시절 얼마나 힘들었겠습니까? 그런 경험들로 정서적으로 많이 결핍되었는데, 남편의 중요한 욕구는 자랑스러운 아빠가 되는 것이었습니다. 행복한 가정을 꿈꾸는데 이들에게 갈등 촉발 원인은 육아와 가사문제였습니다. 일을 하고 들어왔을 때, 늘 집안일이 쌓여있고 그것을 못 견뎌서 한두 마디 잔소리를 하다 보니까 그게 쌓이고 갈등을 빚게 된 것이었습니다. 상담을 종결할 때에 아내가 만족할 만큼 남편이 가사분담을 하게 되지 않았지만, 아내는 남편의 원 가족에서의 상처를 이해하게 되었고, 남편에게 가사분담에 대해서 조금 덜 요구하게 된 면도 있다고 생각됩니다. 많은 가르침을 주신 슈퍼비전에 감사드립니다.

6. 목회신학적 고찰: 삶의 희망의 경험

남편은 과거의 상처의 부정적 영향력을 벗어나려고 애를 쓰지만 어려움을 겪고 있다. 그 이유는 과거의 상처에도 불구하고 미래의 삶에 대해서 희망을 가질 수 있다는 관점이 없기 때문으로 보인다. 캡스는 최초의 희망은 유아와 주요 양육자 사이의 상호작용에서 경험된다는 에릭슨의 관점을 정체감의 개념으로 연결시킨다. 초기의 양육에서 유아의 미소는 양육자에게 기쁨을 전달하고, 미소를 짓게 만든다. 이번에는 양육자의 미소가 유아에게 형용할 수 없는 기쁨을 선사하며, 이 과정이 되풀이 되면서 유아는 자신에 수용되고 있다는 안정감과 편안을 느끼게 되며, 긍정적인 "나 됨"(I-ness)의 정체감을 형성하게 된다고 말한다. 자기 정체감은 자신에 대한 긍정적인 평가와 부정정인 평가와 연결된다. 만약 자신이 희망하는 내용이 실현될 가능성이 높다고 낙관한다면, 자신을 긍정적인 존재로 생각하지 쉽지만, 그렇지 않으면, 자신을 부정적인 존재로 생각하게 될 가능성이 높다. 즉 희망의 실현과 자신의 정체감에 대한 평가가 연결이 되어 있다.

한편, 캡스는 유아에게 정체감과 희망이 동일시되지만, 성장하면서 자신이 성취가능한 일과 그렇지 않은 일들을 구별하게 되면서 정체감과 희망을 분리하게 된다고 주장한다. 예를 들어서 유아기 때에는 따뜻한 잠자리, 배고플 때에 먹는 우유, 졸릴 때에 듣고 싶은 자장가 등을 희망한다. 이 희망의 내용들은 생존을 위하여 매우 중요하지만, 비교적 단순한 내용이다. 그러나 유아가 성장하면서 희망하는 내용들이 좀 더 복잡하고 추상적으로 변한다. 예를 들어서 기어 다니던 아기가 근육에 힘이 생기면서, 더 이상 기어 다니는 것으로 만족할 수 없게 되고, 일어서기를 희망하게 된다. 일어서게 되면, 다시 걷기를 희망하게 된다. 이렇게 희망의 내용은 성장단계에 따라서 변한다. 성장에 따라서 희망하는 내용이 복잡해지게 된다.

이런 과정을 거치면서, 유아는 성장하면서 어디에 희망을 두며 무엇을 희망할 수 있을지 더 잘 분별하게 된다. 이런 분별은 자신이 원하는 것을 모두 다 얻을 수 없다는 실망과 체념의 경험을 통하여, 실현 가능성 있는 내용을 희망하는 능력을 키우게 되면서 나타난다. 그러나 실현가능한 것들을 희망해도, 여전히 희망에는 자신의 현실 능력을 넘어서는 성취를 바라는 믿음이 내포된다. 현실에서 가능한 것만을 희망한다면, 삶이 너무 각박하다고 느끼게 된다. 인간은 언제나 현재 이룰 수 없지만, 미래에 성취할 수 있다고 믿는 내용을 희망하면서, 그 희망의 실현을 바라보며 현실의 어려움을 극복할 힘을 얻는 존재이기 때문이다.

이런 희망을 인식하기 쉬운 정체성을 형성하지 못한 내담자를 상담할 때에 캡스는 두 가지 기법을 제시한다. 첫째, '미래 상상하기'(Envisioning the Future)다. 상담자는 희망의 부재로 고통받는 내담자들이 현재 가지고 있는 자원을 활용해서, 미래에 성취할 목표를 세우고, 그 목표 성취가 가능하다는 '상상력 심어주기'(fantasizing)의 노력을 기울여야 한다. 두 번째로, '과거에 생명력 불어넣기'(Revising the Past)다. 이 기법은 과거를, 그 내용이 어떠했든 간에, 삶의 추억과 경험의 지혜의 원천으로 보는 재구조화를 뜻한다. 과거의 내용이 부정적이라고 생각하던 기존의 입장에서 그 안에 깨닫고 배울 어떤 교훈이 있음을 깨닫게 돕는 기법이다. 그는 덧붙여서 '다시 이름붙이기'(Relabeling) 방법도 제시한다. 과거에 특정대상에게 붙였던 이름을 좀 더 긍정적으로 붙임으로써, 그 대상에게 잠재되었던 가능성을 살릴 수 있기 때문이다. 이 내담자의 경우에도 두 기법의 적용을 통하여 상담을 하게 된다면, 지나온 삶과, 현재의 삶, 그리고 미래의 삶을 희망의 관점으로 보다 새롭게 바라볼 수 있게 될 것이라고 생각된다.

7. 토론을 위한 씨앗

1) 다양한 삶의 경험에서 어떤 경험들을 특히 부정적인 관점으로 바라보기 쉬운지 자신의 내면을 살펴보고, 그 관점과 관련된 성장 과정을 살펴봅시다.

2) 삶을 희망적으로 바라보는 태도가 정체성과 관련된다고 생각할 때
에, 나의 정체성은 어떤 삶의 태도를 갖는지 탐색하고, 그 태도가 희망
적인 성향을 갖는지 깊이 생각해봅시다.

3) 내담자가 삶을 희망적 관점으로 해석하기 힘든 경우였지만 내담자가
긍정적인 관점으로 변화하도록 도움 준 경험이 있습니까? 그 과정을
자세히 살펴보고 어떤 점을 나의 상담자원으로 생각할 수 있는지 검
토해봅시다.

4) 가치관의 차이로 부부가 갈등할 수 있습니다. 특히 육아와 출산. 가사
노동과 경제활동에 대한 아내와 남편의 입장 차이를 가부장성을 근거
로 논의해봅시다. 기독교인 부부의 갈등과 비기독교인 부부의 갈등
이 차이가 있는지 논의하여봅시다.

X장

너무나 고통스러워서 잊고 싶어요

1. 내담자 이야기

　내담자들은 1년 전에 희귀병을 앓고 있던 20대 초반의 아들이 전조증상 없이 갑작스럽게 사망하여서 그로 인한 후유증을 겪고 있는 50대 중년 부부다. 아들의 사망으로 신경정신과에서 불면증 약을 처방받고 복용하고 있는데 주변 사람들이 상담을 병행하는 것이 좋겠다고 권하여 상담에 오게 되었다. 부부는 사망한 아들에 대한 그리움과 죄책감 등으로 힘들어하며 "너무 고통스러워 차라리 잊고 싶다"고 호소한다.

　남편은 자신의 모든 것을 바쳐서라도 가족과 자식을 잘 돌보려고 했다. 그런데 자식이 세상을 떠남으로 이런 소망의 대상이 사라져 지금 매우 허망하다. 가족의 행복이 유일한 삶의 목표였는데 이제 어떻게 살아야 할지 망연자실해 있는 상태이다. 이전에 직장에서의 어려움으로 6개월 정도 약물치료를 받은 경력이 있다. 남편은 집안일에 잘 신경을 쓰지 않고 무뚝뚝하고 자녀들과 교류가 적었던 아버지 그리고 충동적으로 또한 일종의 훈육방식으로 자녀들을 때렸던 어머니 사이에서 성장했다. 자식들을 때리면서 동시에 교회를 다니는 어머니의 모순된 행동을 수용할 수 없어서 남편은 교회를 멀리했고 고등학교 이후에 교회를 나가지 않는다. 지금 남편의 어머니는 연로하시고 몸이 많이 약해져 요양원에 있다. 어머니는 과거의 일에 대해 미안하다는 말을 하지만 남편은 아직도 어머니에게 화가 나 있고 어머니를 용서하기 힘들어한다.

아내는 어릴 때부터 먼 직장 때문에 집을 비운 아버지와 교류가 적었고, 아버지는 아내가 20대였을 때 돌아가셨다. 아버지의 빈자리가 항상 있었기에 그 빈자리를 채우고 아버지처럼 의지할 수 있는 사람을 원했었고 남편을 만나 결혼했다. 활동적이고 관계지향적인 남편에 비해 아내의 성격은 차분하고 비교적 이성적이다.

아들의 사망은 부부 사이의 갈등과 어려움도 초래했다. 아들의 사망 이전에는 부부가 갈등할 때 아들이 중재하여 관계가 비교적 원만했지만 이제는 부딪히면 원만한 해결이 쉽지 않다. 부부는 주도적인 남편과 의존적인 아내의 관계 형태를 갖고 있었다. 아들의 사망으로 남편은 정서적 안정감을 보이지 못하고, 아내는 그런 남편이 무너질까봐 또 그런 남편을 의지하는 것에 불안을 느낀다. 남편 역시 스스로 강해야 하는데 그렇지 못해서 미안한 마음에 강해지려고 노력하지만 잘 되지 않는다.

아들의 사망은 부부가 신앙생활을 시작하는 계기가 되었다. 아내는 나중에 천국에서 아들을 만나고 싶다며 먼저 교회를 다니기 시작했다. 신앙생활은 위안을 주기도 했지만 신앙이 요구하는 삶의 윤리는 부담이 된다. 남편은 아들의 사망이 자신이 교회를 안 다녀서 하나님이 주신 벌이 아닌지 의심한다. 교회생활이 슬픔과 허전함을 덜어주기도 했지만 관계 속에서 상처와 아픔도 안겨준다.

2. 상담 과정

상담자는 40대 초반의 미혼인 남성 전도사로 상담학 박사과정을 수료했다. 상담의 전체적인 흐름은 애도 상담의 틀 속에서 진행되었다.

1) 상담목표

상담목표: ① 애도과정을 밟아가기 ② 부부관계 증진하기.

2) 회기 요약

상담은 현재까지 10개월 정도에 걸쳐 20회기를 진행하였고, 슈퍼비전을 3회 받았다. 슈퍼비전은 내담자들의 감정표현을 격려하고 애도과정을 잘 밟아가도록 지지함과 아울러 후반부로 가면서 부부 공동의 목표를 설정하도록 돕도록 하는 데 도움을 주었다. 또한 상황에 따라 현재의 문제와 얽혀있는 부부 각자의 원 가족 문제를 다루는 방향설정에도 도움을 주었다.

구체적인 상담의 과정과 내용은 다음과 같다. 우선 상담자는 내담자들이 아들 이야기를 적극적으로 할 수 있도록 도왔다. 그리고 아들의 갑작스런 사망이 주는 정서적인 고통, 아들에 대한 추억과 그리움, 잘 대해주지 못한 것들에 대한 죄책감, 아들이 왜 그렇게 죽어야 했는지에 대한 원망, 사람들로부터 진심 어린 공감을 받지 못한다고 느끼는 외로움을 내담자가 토로할 때에 자기들이 수용되고 있다는 안전한 느낌을 주기 위해 비교적 차분하게 공감적인 자세로 이야기를 들어주었다. 교회 상담실에서 50분을 초과해서라도 이야기하며 충분히 울 수 있도록 허용해 주었다.

아들의 사망으로 인해 남편이 정서적 안정감을 보이지 못하자 아내는 남편이 무너질까 봐 불안을 느끼고 있다. 남편은 스스로 강해야 하는데 그렇지 못한 것에 대한 반작용으로 애도과정을 빠르게 해결하려는 모습을 보였다. 이에 상담자는 남편의 감정기복을 약한 모습이 아니라 자연스러운 것임을 인식시켰다. 남편에게는 아내의 불안을 달래기 위해 책임을 지려 하는 모습이 있음을 깨닫게 했다. 그리고 부부가 서로 도움을 주고받는 관계로 나아가기를 기대했다.

아들이 없는 상황에서 부부 사이에 마음 상하는 일들이 발생했을 때 상담자는 부부가 상담시간에 서로 속상했던 마음을 표현하고 상대방에게 자신의 입장과 속마음을 이야기하도록 했다. 한편으로 부부가 부정적 감정을 비난으로 쏟아낼 가능성에 주의를 기울였다. 다른 한편으로 부부는 한편으로는 서로 상대를 힘들게 할까 봐 표현을 하지 않기도 했다. 상실의 아픔을 충분히 느껴야 했지만 동시에 안정을 누리고 싶은 마음도 드러냈다. 상담자는 이 과정을 묵묵히 함께 하며 내담자들이 너무 조급하게 안정을 찾으려고 하는 모습에 대해 애도과정이 빨리 끝나지는 않을 것이라고 상기시키고 서로의 '애도과정 속도'의 차이를 인지하도록 했다.

부부는 교회를 다니며 봉사하는 시간들로 인해 상대적으로 슬픔과 허전함을 덜었다. 그러나 상담자는 내담자가 너무 급하게 좋아지지는 않을 것임을 알려주었다. 그리고 교회생활에서는 애도과정을 더 힘들게 만드는 일도 발생했다. 교회에 속한 가족들을 돕고 재능기부를 하려는 목적을 가졌는데 다른 교인이 주는 상처로 인해 이 목표가 흔들렸다.

상담 기간의 후반부에 들어와서는 내담자의 이런저런 사정으로 인해 상담이 거의 한 달 간격으로 진행되었다. 이들 부부의 삶 속에는 아들에 대한 미안함, 남편에 대한 아내의 불안, 남편의 책임감 등이 여전히 뒤얽힌 채 지속되고 있었다. 그리움과 아픔은 평생 갈 것 같다고 부부는 이야기하지만 가끔은 아들의 죽음이 주는 삶의 무게에서 벗어나 일상의 삶을 사는 모습을 보이기 시작했다.

3) 상담 성과와 슈퍼비전 받고 싶은 내용

상담 동기가 높아 동맹관계가 잘 형성되었으며 내담자의 전이나 상담자의 역전이가 상담에 문제가 될 정도로 나타나는 일은 없었다. 상담자는 상실의 아픔으로 힘들어하는 내담자로 인해 자주 에너지가 자주 소진되었고 머리가 아픈 일도 있었다. 이 상담을 잘 해낼 수 있을지 불안하기도 했다. 앞으로의 상담 방향은 내담자의 애도과정에 계속적으로 함께하는 것과 동시에 부부의 의사소통 증진을 돕는 것이다. 또한 적절한 시점에 삶의 목표에 대해 구체적으로 점검해보고 또한 의미 있는 삶에 대해 내담자와 나누어보는 것이다.

상담자는 애도상담과 부부상담이 함께 필요한 내담자 부부를 이후에 어떻게 상담해야 할지, 내담자 부부의 죄책감 문제를 어떻게 다루어야 할지, 내담자들의 부정적인 하나님 이미지를 어떻게 다루어야 할지에 대해 슈퍼바이저들의 조언을 요청했다.

3. 슈퍼비전 내용

사례에 대한 슈퍼비전은 심리학적인 측면과 신학적인 측면에서 진행되었다. 심리학적인 측면에서는 슈퍼바이저A가, 신학적인 측면에서는 슈퍼바이저B가 슈퍼비전을 하였다.

1) 슈퍼바이저 A

본 사례는 심리학과 신학적 접근이 통합적으로 이루어진 좋은 사례입니다. 목회자이자 신학교 교수로 계신 슈퍼바이저 B께서 신학적 접근을 해주실 것을 기대하며 저는 정신역동 관점을 중심으로 슈퍼비전을 하겠습니다.

내담자 부부는 감당하기 어려운 역경을 맞았으나 훌륭한 상담자를 만나 역경을 헤쳐 나가고 삶을 이어나갈 힘을 얻은 것 같습니다. 우리도 이 사례를 통해 배울 수 있어서 감사합니다. 개인의 내적인 특성과 현실적인 삶의 맥락이 함께 교차하면서 한계를 넘어선 고통은 우리에게 심각한 문제를 안깁니다.

(1) 소극적 능력: "하지 않음"의 능력

겉으로 드러나지 않는 이면의 것을 다루는 일이 쉬운 작업은 아닌데 상담자가 무난히 잘 해나가는 것 같습니다. 상담자가 보여준 능력과 미덕이 참 많은데 그중에서도 인상적인 것은 소극적 능력(negative capacity)입니다. 사례발표 보고서를 가만히 들여다보면 상담자가 한 것이 별로 없습니다. 그런데 내담자는 변화를 보이고 있습니다. 무엇이 변화를 이끌어내었을까? 상담자는 초기에 안정감을 보입니다. 그것이 어떻게 가능했을까? 직관적으로 가능했을까? 아니면 좋은 슈퍼비전 덕분이었을까? 상담자는 말이 별로 없지만 보이지 않는 정신적 손으로 강렬한 정서적 동요로 가득한 회기를 안전한 울타리처럼 감쌉니다. 다시 말하면 안아주는 환경이 확립되어 있습니다. 상담 기술 때문인지, 성품 때문인지 잘 모르겠습니다. 상담자는 어떤 경우에도 심지어는 신학적으로 논란이 될 만한 상황에서조차도 내담자들을 지지하는 굳건한 입장을 지킵니다. 내담자가 쏟아내는 말들과 감정적인 폭풍 속에서 침범하는 방식으로 내담자에게 개입하지 않습니다. 말하자면, 소극적인 능력을 발휘하고 있는 것입니다. 이를 위해서 상담자는 아무것도, 내가 도움이 되고 있지 못하다는 무력감을 견뎌야 합니다. 위로로든 조언으로든 개입함으로써 자신이 기능하고 있다는 것을 보여주고자 하는 유혹을 견뎌야 합니다. 이런 측면에서 볼 때, 이 '하지 않음' 상태를 유지하는 것은 뭔가 하는 것보다 더 큰 힘이 필요합니다.

상담자는 매회기마다 끝없이 되풀이되는 내담자의 동일한 하소연을 변화시키려는 의도 없이 또한 도우려는 열망 없이 묵묵히 듣고 또 들으면서 그 고통의 자리에 변함없이 머물러 있습니다. 이것이 내담자들에게는 중요한 치료적 요인으로 작용했다고 봅니다. 내담자는 무엇이 옳을지, 부모의 도리나 신앙의 도리로 보아서 이래도 되는지 아니 되는지, 또한 내가 이렇게 느껴도 되는지 이렇게 말해도 되는지 아니 되는지를 걱정하지 않고 방해받지 않고 토로할 수 있었습니다. 떠난 자녀를 불쌍히 여긴다기보다 원망할 수 있었고 하나님에게 화낼 수 있었고 도와주고 위로해준다는 주변 사람들에 대해서 화낼 수 있었고 은밀한 두려움도 꺼낼 수 있었습니다. 상담자는 애도 과정의 핵심으로서의 불안과 그것의 외적 과정들이 억압되거나 방해받지 않고 경험될 수 있도록 허용해주었습니다. 상담자가 아니라 내담자 스스로 회복과 성찰의 가능성을 만들도록 도왔습니다.

상담자가 언급하지 않았지만, 축어록에는 '지금 여기(here and now)'에서 일어나고 있는 의미 있는 변형이 드러납니다. 긴 20회기의 대부분 시간을 남편은 교회에서 상처 입은 얘기하다가 아들 얘기로 돌아오고, 다른 얘기 하다가 또 아들 얘기로 돌아옵니다. 아들에 대해서 하나님께 원망을 토로합니다. 그렇지만 마지막 순간에는 우리를 구원하시기 위해 당신의 아들을 사람으로 내려보내셔야 했던 하나님의 아픔을 스스로 언급합니다. 울면서 웃으면서 그 아픔에 대해 공감을 표현합니다. 상담자가 "우리가 잘 가고 있다. 애도의 과정이 잘 가고 있다"라고 말하면서 "어쩌면 고통이 끝나지 않을 수도 있다"라고 말할 때 내담자 부부는 "그것을 받아들이겠다!"라는 놀라운 변화를 보입니다. 내담자는 그 전까지 "빨리 극복해야겠다"라고 말했는데 이 얼마나 놀라운 변화입니까?

지금까지는 전반적인 관점에서 말씀드렸고 이제 상담자의 질문을 포함한 몇 가지 이슈들을 조금 더 깊이 들여다보고 싶습니다.

(2) 애도상담과 부부상담이 함께 필요한 부부

내담자 부부가 애도를 넘어서 성숙과 성장을 향해 나아가고 그것을 다룰 수 있는 기회가 주어진다면 부부상담이 이들에게 도움이 되는 것은 자명합니다. 부부상담은 부부 간의 역동을 활용하는 것입니다. '지금 여기'에서의 자연스럽고 생동감 있는 그리고 의미 있는 상호작용이 활발하게 일어나는 것이 관건입니다. 아직은 그런 상호작용이 일어나지 못하는데, 이를 위해 가능하다면 먼저 정신 역동적 이해를 위한 개인 상담을 고려할 수 있습니다. 내담자 각자의 내면과 부부관계의 역동에 대해 다음의 내용들을 염두에 두면 좋겠습니다.

남편은 어떤 분일까요? 내담자가 회기 안에서 언급했던 내용들을 인용해서 이야기해보겠습니다. 50대의 유능한 OO이시고, 평생 동안 남들에게 욕먹지 않게 책임감 가지고 최선을 다해 살아왔고, 그래서 "나는 정정당당하다"라고 말합니다. 이 모습이 내담자의 의식적인 자기입니다. 그러나 매회기마다 그리고 축어록 전체에서 또 다른 목소리가 복선처럼 계속 깔려 있습니다. 상처입고 무력하고 분노하고 있는 사람이 함께 있습니다. 내담자의 이런 반응들은 모두 상실에 의한 애도 반응입니다. 서로 결이 다른 애도반응들입니다. 상담자는 역전이가 별로 없었다고 말했지만 남편 내담자 얘기를 듣다 보면 혼란스러웠을 것 같습니다. 겉으로는 상담자가 남편의 의식적 자기의 목소리를 듣고 있지만 이면에서는 상처입고 무력화되고 분노하는 목소리가 계속해서 들려오기 때문입니다. 표면과 이면의 이런 서로 다른 목소리는 상담자로 하여금 명료하게 접촉하고 이해하는 걸 방해합니다.

많은 회기들과 축어록에서 내담자는 아들의 죽음과 직접 관련되지 않은 많은 경험들을 고통스럽게 호소합니다. 내담자는 그것을 억제하거나 조절하지 못하고 회기 안에서 계속 충동적으로 표출하고 있습니다. 그 호소들이 가리키는 것은 일관되게 "나는 부당하게 공격받았고 상처 입었다"라는 메시지입니다. 그 뿌리에는 폭력적인 어머니와의 경험이 중요한 원형으로서 자리 잡고 있을 것입니다. 내담자는 학생 시절 교회에서 상처받고 떠난 것, 직장 상사에게도 공격받고 상처받은 것, 지금도 교회에서 공격받고 상처 입는 것, 주변 사람들이나 친구들에게 상처 입은 것을 언급합니다. 그리고 "사람이 싫다. 용서가 안 된다. 첫애를 굉장히 사랑하는데 사람들이 굉장히 싫다"라고 표현합니다.

내담자의 외견적인 모습은 가족들과 갈등을 빚어올 정도로 강하고 지배적인 모습입니다. 그러나 그 외견적인 모습은 어쩌면 보다 깊은 두려움에 대한 방어일 수 있습니다. 공격당하고 상처 입는 것에 대한, 취약한 자기가 느끼고 있는 공포에 대한 무의식적인 방어일 수 있습니다. 아버지가 심리적으로 부재했고, 아버지의 힘을 동일시할 수 없었던 유아로서, 이해할 수 없이 무자비하고 폭력적이었던 어머니와의 관계에서 자기는 무력하고 상처 입고 취약한 모습을 갖게 되었습니다. 이런 유아 자기는 평소에는 심리적 무의식 저 안에 숨어 있고 성공적으로 방어가 됩니다. 남편 내담자 안에 있는 이상적인 부분은 아들에게 투사되고, 이런 식으로 아들은 내담자의 이상적인 자기를 담고 있는 존재가 되고 내담자가 살아가는 목적이 되었습니다. 내담자는 실제로 "너 없으면 우리가 죽는다"고 말하기도 했습니다. 아들의 상실은 내담자의 방어를 무너뜨렸고 무력하고 공격당하고 고통당하는 피해자로서 무의식적 자기를 활성화시키고 있습니다. 내담자는 이런 무의식적 자기에 압도당했습니다. 이러한 역동이 내담자의 여러 관계와 삶에서 이 상실의 시기에 어떻게 작용하고 영향력을 행사하는지 이해하고 이를 다루어주는 것이 중요한 치료적 과제입니다.

아내는 아버지의 부재에 이은 상실 경험이 의존적인 방어로 고착되었을 수 있습니다. 이상적인 아버지상이 투사된 존재로서 남편을 선택했고, 아버지이자 남편인 배우자가 그녀를 실망시키면 아들을 격상시켜 배우자로서 의존하며 생활했습니다. 가정에서나 직장에서 의존이 가능할 때는 잘 기능하고 적응하지만 의존의 대상이 상실될 때 아들에 대한 애도는 남편과는 다른 차원에서 다소 복잡한 양상을 보입니다. 왜냐하면 이 상실이 무의식적으로 아버지의 부재 그리고 죽음과 관련된 미해결된 과제를 자극했을 것입니다. 절실하게 의존이 필요한 이 시점에서 남편이 혼란에 빠지고, 우울해 하고 무기력할 때 아내는 더 절박한 심리상태로 몰릴 수 있습니다. 아내는 남편의 고통을 담아주고 위로하기보다 의지할 수 없다고 분노합니다. 부부관계의 변화와 관련하여 두 사람이 상호 간에 성숙한 의존관계로 나아갈 수 있도록 돕는 것이 바람직한 방향입니다.

(3) 사망한 자녀에게 갖는 죄책감

억압된 죄책감은 문제가 됩니다. 남편 내담자는 자신이 설명할 수 없는 죄책감으로 고통스러우면서도 내가 아들에게 할 바를 다했기 때문에 미안한 것이 없다고 말합니다. 죄책감의 해결 여부는 나를 떠난 사람이 나의 자아를 지원하는 내적 대상으로 통합되었는지, 아니면 나를 계속 괴롭게 쫓아다니는 존재나 내게 대상의 그림자를 무겁게 드리우는 존재로 작용하고 있는지에 따라 결정됩니다. 유아 자기는 삶의 과정에서 두려움과 분노를 무의식적으로 반복 경험하고 있는데 이런 반복강박의 이슈를 내담자가 깨닫고 자신에게 필요한 정서적 재경험을 감당할 수 있다면 자신이 억압하고 있는 것을 솔직하게 내려놓고 죄책감에서 벗어날 수 있을 것입니다.

(4) 교회생활과 하나님과의 관계

신학적으로는 두 가지만 언급합니다. 첫째는 전이의 하나님 극복입니다. 남편에게는 비록 '무력하고 취약한 아이' 같으나 최선을 다해서 살려는 나를 부당하게 공격하고, 내게 하나밖에 없는 소중한 아들을 빼앗아간 가해자인 하나님을 접촉하는 것이 필요합니다.

두 번째로 "왜 이런 일이 일어났나요? 왜 데려가셨나요?"라는 절규에 대해 상담자는 답을 주지 않습니다. 내담자는 얼마나 답답하겠나? 알지 못함이라는 무력한 상태에 머물러 있는 것은 상담자에게도 고통입니다. 상담자는 그 알지 못함이라는 고통을 선택했는데 왜냐하면 그것이 진실이기 때문입니다. 쉽게 하나님의 뜻을 언급할 수 있지만 이는 상담자 자신의 알지 못함이라는 무력감과 불확실성을 회피하는 방어입니다. 내담자는 그런 말을 들었을 때 은밀하게 상처받습니다. 아들을 우상화하는 신학적 논제에 대해서도 상담자는 지혜롭게 문제 삼지 않고 계속 애도 쪽으로 초점을 돌려줍니다.

2) 슈퍼바이저 B

(1) 견디며 기다리는 세월을 통해서 깨닫는 고통의 의미

어려움이 있을 때 떠오르는 성경말씀 중 하나가 하박국서에 있는 구절입니다. 선지자가 하나님께 왜 의인이 고난을 당하고 죄인들이 왜 그렇게 잘되는지 하소연했을 때 하나님께서 등장합니다. 물이 바다를 덮음같이 사람들이 나의 영광을 인정하는 것을 내가 너에게 분명히 보여 줄 것이니 너는 잠잠히 있으라고, 내가 반드시 일어날 것이라고 하나님께서 말씀하십니다. 그 본문을 보면서 '하나님께서 나한테도 그렇게 말씀해주셨으면 얼마나 좋을까? 그러면 내가 이렇게 괴롭지는 않을 터인데' 하는 생각이 들었습니다. 그렇게 하나님의 응답을 받을 수 있었던 하박국이 부러웠던 적이 있습니다.

대체로 우리가 경험하는 하나님의 이미지는, 이렇게 다가오셔서 우리가 궁금해하는 것들을 밝히 말씀해주시는 하나님이 아닙니다. 당신 자신 스스로 기다리실 뿐만 아니라 우리도 기다리게 만드시는 하나님입니다. 베드로후서 3장 8절에서, "주께는 하루가 천 년 같고 천년이 하루 같다"는 사실을 잊지 말라고 합니다. 이 구절이 무엇을 말하려고 하는지에 대해 논쟁이 있지만 대부분의 학자들은 종말의 시간이 연장되는 것을 말하려 했다는데 의견의 일치를 봅니다. 그다음 구절이 그런 의미를 더 밝히 보여줍니다. 이 구절에서 베드로는 어떤 사람들은 주의 약속이 더디다고 하는데 그것은 주께서 오래 참으시면서 아무도 멸망하지 않고 다 회개하기를 기다리시는 것 때문이라고 설명합니다. 하나님의 이런 기다림은 내가 원하는 뭔가를 아직도 보여주지 않고 우리로 하여금 기다리게 만드십니다. 우리 모두에게 통증과 같은 고통을 안겨줍니다. 기다려야만 하는 고통의 시간을 부여합니다. 그것을 내가 어떻게 참아낼 수 있을까요? 이 고통의 시간을 내가 어떻게 견딜 수 있을까요?

인간이 경험할 수 있는 가장 아픈 경험인 죽음을 바라보면서 인간은 어떻게 하면 죽음이 주는 영향력으로부터 자유로울 수 있을지를 고민합니다. 이것은 실존심리학에서 다루는 하나의 큰 주제인데, 실존의 문제는 실존심리학자들만 접하는 문제가 아닙니다. 우리는 삶 속에서 직간접적으로 그 문제를 접하는데 이때 우리는 죽음이 주는 소외의 문제를 깊이 경험합니다. 이런 경험 속에서 우리는 어떤 의지를 발현할 수 있을까요? 죽음과 잇대어 있는 우리네 인생에서 우리는 어떤 의미를 찾을 수 있을까요? 그 해답은 '결국 두 다리를 이 땅에 딛고 사는 우리가 초월적 개념, 창조적 개념을 발견할 때 찾을 수 있지 않을까?'라고 생각합니다. 그것은 또 어떻게 가능할까요? 이 답은 결국 삶에 대한 경험의 문제로 귀착됩니다. "삶이란 고통을 결코 피해갈 수 없는데, 삶의 경험이 쌓이면 쌓일수록 고통을 경험하는 날도 쌓여갈 것이고 이렇게 삶을 살아내다 보면 언젠가는 깨닫는 날이 반드시 오지 않을까?" 하는 것입니다.

라이너 마리아 릴케가 젊은 시인이었던 프란츠 카프카에게 보냈던 네 번째 편지의 한 대목이 "삶이 그대를 힘들게 할 때를, 도무지 솟아날 구멍이 없다고 여길 때를 그대도 살아보라"라는 말입니다. 인생을 먼저 사신 연세 많으신 어르신들이 하신 말씀이 "살아보면 알 것이다, 시간이 지나면 알 게 될 것이다" 하십니다. 이것은 얼핏 보면 굉장히 무책임한 말처럼 들리는데 사실은 이런저런 일을 겪으며 지내온 세월의 경험을 통해서 알게 된 지혜에서 나오는 말일 것입니다. 삶이 주는 무게를 견디며 묵묵히 하루하루를 쌓아온 사람이 아니면 결코 알 수 없는, 책으로도 조언으로도 깨닫기 어렵고 오직 인생의 축적된 경험만이 줄 수 있는 지혜에서 비롯된 말일 것입니다. 중년을 지나고 노년으로 향해갈 때 그 말이 진정으로 무엇을 의미하는지를 비로소 알기 시작합니다.

(2) 누군가 우리를 지켜본다는 진실

"왜 우리만 이런 일을 당해야 하는지 원망하고 또한 후회할 행동이나 말을 아들에게 했다는 죄책감을 가진 이 부부에게, 부성의 이미지를 보여주시기도 하고 혹은 모성의 이미지를 보여주시기도 하는 하나님께서 이제 하나님의 자녀가 된 이들 부부에게 어떤 말을 해 주실 수 있을까?" 이런 질문을 해보았을 때 생각이 난 것이 이철환 작가의 글입니다. 작가가 쓴 동화 "쌍둥이 눈사람"입니다. 아버지가 하던 고물상이 기울자, 작가가 9세일 때 엄마는 동네에서 멀리 떨어진 마을의 이층집에서 식모살이를 시작했습니다. 몸이 불편하신 할머니가 혼자 사는 집이었습니다. 엄마는 한 달에 한 번씩만 집에 들렀습니다. 눈이 많이 내린 겨울, 엄마를 보고 싶어 했던 어린 작가는 쌍둥이 형과 함께 엄마를 보러가 그 집 담벼락에서 집안을 바라보곤 했습니다. 어느 날 대문 앞을 서성이는데 이층에서 빨래를 너는 엄마 얼굴이 보였습니다. 형의 만류를 뿌리치고 엄마를 불렀고, 그 소리를 듣고 이층에서 내려온 엄마 품에 안겨 한참을 울었습니다. 잠시 집안으로 들어간 엄마는 갈비 세 대를 라면봉지에 담아 갖고 나왔습니다. 집에 가서 누나와 나누어 먹으라고 하면서 그리고 다시는 오지 않겠다고 약속하라고 하면서 그것을 주셨습니다. 그날 이후로도 엄마가 보고 싶을 때면 형과 함께 그 집으로 갔습니다. 그런데 작가가 20년이나 지나서야 비로소 새롭게 알게 된 사실은 보고 싶은 자식들의 잠든 얼굴을 창 너머로나마 보려고 엄마가 매일 밤 집에 다녀가곤 하셨다는 것입니다.

사실 우리가 진실을 알게 되는 때는 지금으로부터 한참 지난 때일 경우가 많습니다. 우리 마음은 너무 고통스러워서 빨리 잊게 해달라고 할지라도 그게 잊히지 않습니다. 이 일에 대해서는 기억상실증이라도 걸렸으면 좋겠는데 결코 쉽게 잊히지 않습니다. 하나님 나라에 갈 때까지 내게 담겨있습니다. 그 의미와 뜻, "하나님께서 왜?" 이런 질문 앞에서 우리가 깨달음을 얻기까지 많은 세월이 필요합니다. 이런 측면에서 기독교상담과 목회상담의 핵심적인 가치 중의 하나는 기술적으로 뭔가를 해결하고 뭔가를 알려주는 것에 앞서서 내담자의 고통과 불안에 참여하려는, '불안에의 의지'를 지니려는 것은 아닐까 생각합니다. 내담자의 삶에 참여하여서 '당신만 불안한 것이 아니라 나도 불안하다.' 이렇게 그의 자리에 비슷한 모습으로 같이 있어주려는 의지를 보이는 것은 아닐까 생각합니다. 그런 모습을 보여주었던 상담자가 상담을 잘했다고 칭찬하고 싶습니다.

(3) 답을 주려하지 않고 함께 있어주는 상담자

괴로움을 겪는 삶의 고비에 우리는 대체로 이런 질문을 합니다. "왜 나에게 이런 고통과 아픔이 있는가?" 신앙 안에 있는 사람들은 하나님과 연관시켜 다음과 같이 질문합니다. "왜 하나님은 우리에게 이런 아픔과 고통을 주시는가? 이런 고통의 순간에 하나님은 왜 침묵하시는가?" 이런 질문들은 굉장히 큰 철학적인 질문이요 신학적인 질문입니다. 쉽게 답할 수 있는 질문이 아닙니다. 어쩌면, 우리가 삶을 마치는 순간까지, 명확한 답은 얻지 못하고 그저 막연하고 희미하게나마 알 것 같기도 하고 모를 것 같은 수준의 답을 찾아내는 것에 그칠 것입니다. 그것도 아니면 그 질문은, 마지막 그 순간까지도 아직 답을 찾지 못한 채 빈 답안지로 남겨둘지도 모를 큰 질문입니다. 상담자가 어떻게 그런 질문에 "이게 답이요"라고 감히 말할 수 있겠습니까? 내담자가 그런 질문을 한다고 마치 답을 주어야 한다는 압박감에 상담자가 그에 답하려 한다면 그것은 공허한 메아리로 남을 것입니다. 아마 상담자 자신도 그것이 결코 내담자의 가슴을 울리는 의미 있는 대답이 될 수 없다는 것을 감지했을 것입니다. 만약 상담자가 교리적인 지식으로 그에 대해 답을 알고 있다는 듯이 분명하고 구체적인 언어로 이야기한다면 그것은 도를 넘는 것입니다. 상담자가 그런 식으로 답변한다면, 그 대답은 또 다른 궁금증을 유발하게 됩니다. 또다른 실존의 딜레마를 제기합니다. 그것이 제기되는 순간 상담자로서는 아마 끊임없이 답변만 하는 상담으로 갈 가능성이 커집니다.

상담자가 답을 주려는 태도를 취한다면, 상담자는 내담자에게 끊임없이 "당신 이것을 해야 합니다. 다음에는 저것 하세요"라고 과제를 주고 뭔가를 하게 만드는 방향으로 진행할 수도 있습니다. 마인드 컨트롤이든 인지상담이든 행동치료든 과제에 이은 또 다른 과제를 계속적으로 주는 방향으로 나갈 것입니다. 그것이 고통을 잊게 하고 벗어나게 하는 하나의 방편일 수 있지만 상담자가 자꾸 답변자로서 기능하면 얼마나 무책임할까요? 다른 한편으로 생각하면, 내담자는 답을 얻는 것이 목적이 아닐 수 있습니다. 너무 고통스럽고 답답하고 원망스러워서, 쉽게 답할 수 없는 그런 질문의 형식을 빌려 "내가 이만큼 힘들어요. 나의 세계가 이만큼 뒤죽박죽이에요"라고 쉽게 측량될 수 없는 아픔과 혼돈스러움을 표현한 것일 수 있습니다.

내담자를 대하는 최선의 길은 답을 주려는 것이 아니라 아마도 스스로 고난이 주는 후유증을 짊어질 수 있을 때까지 그의 자리로 건너가 아프고 괴롭고 하나님이 원망스러운 그의 마음을 같이 공감해주는 태도일 것 같습니다. 그런 점에서 상담자가 정리한 내용이 어설프고 수정되어야 할 부분도 있지만, 내가 뭔가를 안다는 듯이 답을 주려고 하기 보다는 전반적으로 묵묵히 그들의 슬픔과 괴로움과 그리움을 공감적으로 이해하려고 애썼던 것, 뭔가 답답하고 고민스럽고 혼란스럽게 느껴지는 상담상황을 성급하게 벗어나려 하기보다는 그것을 담아내고 버티고 있었던 것, 이런 것들을 참 잘했다고 칭찬하고 싶습니다.

상담에 있어서 한국목회상담협회가 상당한 관심을 두고 있는 것 중의 하나는 상담의 기술보다 내담자를 대하고 있는 상담자의 마음과 태도입니다. 상담자는 겉으로 보기에 아무것도 하지 않은 것처럼 보입니다. 그저 내담자의 이야기를 조용히 들어주고 내담자와 함께 묵묵히 걸어가며 억지로 내담자를 이끌어가려고도 또 뭔가를 해결하려고도 시도하지 않습니다. 상담자가 별로 하는 것이 없는 것 같아 보입니다. 그러나 아무것도 하지 않는 것처럼 보이는 그것이 사실은 모든 것을 다 하고 있는 것이고, 상담자로서는 최선을 다하고 있는 것입니다. 상담자가 이렇게 할 수 있는 있었던 것은 아마도 상담자가 신학을 공부했기 때문인지도 모르겠습니다. 전도사로서 갖고 있는 신학적 색채가 이런 상담을 가능하게 한 것 같습니다. 내담자들은 살면서 인생의 깊이가 깊어지면 아들의 죽음에 대한 의미를 스스로 발견해가거나 혹은 창조해가게 될 것입니다.

4. 참석자 질문과 답변

질문: 내담자의 문제를 각자의 애도문제, 부부문제, 신앙문제 이렇게 세 가지로 구별해 볼 수 있을 것 같습니다. 비중으로 볼 때 애도의 문

제, 부부생활의 문제, 신앙생활의 문제 이런 순서로 다루어야 할 것 같습니다. 장기상담으로 1년이나 했다면 어떤 문제를 어느 정도 다루고 어느 정도 진전시킬 것인지에 대한 전체적인 계획이 있었을 것이라고 보는데 어느 정도로 체계적인 계획이 있었는지 궁금합니다.

슈퍼바이저 B: 상담자가 대답할 시간을 잠시 드리는 의미에서 한 가지만 언급하겠습니다. 저는 무엇이 어찌되었든 내담자가 상담에 계속 오는 것이 중요하다고 생각합니다. 내담자가 나중에 격주로 오겠다고 했는데, 어쩌면 내담자들이 상담에 와서 이야기는 하는데 뭔가 바뀌는 것은 없는 것처럼 보여서 그랬을 수도 있습니다. 변화와 관련하여 의심이 있었는지도 모르겠습니다. 그럼에도 불구하고 내담자는 계속 옵니다. 그러다 보면 변화가 이루어질 것이라고 믿는 것 같습니다. 우리는 구조적이고 공식적인 방법을 통해 변화를 원할 때가 많지만 변화라는 것이 우리가 원하는 대로 되지 않는다는 것을 잘 알 것입니다. 내담자의 변화가 과연 어떻게 이루어질 수 있는지의 문제는 중요한 문제이니 모두 다 계속해서 탐구해보았으면 좋겠습니다.

상담자: 제가 슈퍼비전을 계속 받고 있는데, 일단 제가 갖고 있는 생각은 두 분의 애도과정이 아직 충분히 끝나지 않았다는 것입니다. 여전히 아프기는 하겠지만 상실의 아픔을 적절하게 감당할 정도가 되면 부부관계나 다른 이야기를 꺼내도 괜찮을 것입니다. 아직은 그런 상황이 아닌 것 같습니다. 상실의 문제가 어느 정도 해결되어야 한다고 봅니다. 지금은 부부관계의 문제와 관련해서는 의사소통이라든가 그때그때 필요할 경우에만 간단히 다루는 선에서 그칩니다. 처음에 또 중간에 부부관계의 문제도 다루면 좋겠다고 언급해서 내담자들도 알고는 있습니다. 알기는 하지만 아직은 그것을 다루기에는 적절하지 않는 단계라고 생각합니다.

슈퍼바이저 A: 덧붙이자면 상담의 진행은 상담자의 계획에 의해서가 아니라 의식적이든 무의식적이든 내담자의 필요와 요구에 맞추어 가야한다고 생각합니다. 물론 상담자도 그런 식으로 설명을 했습니다.

질문: 두 슈퍼바이저에게 질문을 하겠습니다. 남편 내담자는 너무 고통스러워서 잊고 싶다고 호소합니다. 아들이 죽은 지 얼마 되지 않아 상담을 시작했기 때문에 슬픈 마음을 토로하고 싶을 것이라 생각하는데 호소문제가 '잊고 싶다'라는 것이 잘 이해가 되지 않습니다. 이런 식의 대처방법과 이면의 역동을 다루어야 한다고 생각합니다. 저도 비슷한 상담을 진행하고 있는데, 제 내담자의 경우는 슬픔을 나누고 싶어 합니다.

슈퍼바이저 B: 원가족에서 비롯되었건, 아들에 대한 죄책감에서 비롯되었건 남편은 그 상황에서 벗어나려는 자신의 이슈가 있을 것입니다. 그것에 대해 아무것도 하지 않으려는 상담자는 상담을 잘 하고 있다고 생각합니다. 내담자는 잊고 싶다고 하면서 그 이야기를 또 하고 또 합니다. 울고 또 울면서 상담을 계속하고 있습니다. 상담을 잘 하고 있기 때문에 이렇게 된다고 봅니다.

슈퍼바이저 A: 상담의 큰 줄거리는 어서 빨리 잊고 싶다고 말하는 내담자에게 천천히 가자고 하고 일관되게 그렇게 가고 있다는 것입니다. 아들의 사망 후 얼마 되지도 않았는데 빨리 잊고 싶다는 것은 죄책감과 아울러 현재 상황을 감당하지 못하고 무너질 것 같이 느끼는 남편의 취약성이 작용했기 때문이라고 봅니다. 자신은 강해야 하고 가정을 빨리 안정시키셔야 하는데 현재는 그렇게 하지 못하는 상황에서, 남편의 취약한 자기가 빨리 잊고 살아남아서 이전으로 돌아가야 한다는 무의식적인 욕구를 그런 식으로 표현하는 것으로 봅니다.

질문: 제가 기독교를 믿는 내담자들과 상담하는데, 처음에 사례개념화를 하고 치료계획을 세웠지만 계획대로 상담을 진행하기가 어려웠습니다. 슈퍼바이저들께 조언을 듣고 싶습니다.

슈퍼바이저 B: 연대 세브란스 병원이 스스로를 지나치게 기독교적이라고 생각하고 그 색채를 좀 빼기 위해서 외부에 자문을 요청했는데 뜻밖에 기독교 색채를 더 강하게 하라는 대답을 받았다고 합니다. 지금은 곳곳에 기도하는 소리와 찬송가 소리가 들리고 심지어 승강기에도 찬송가 소리가 흘러나옵니다. 그러자 세브란스가 더욱 성장했습니다. 이런 사례를 참조했을 때 우리가 목회·기독 상담의 철학과 방법론을 따른다고 해서 그것이 결코 일반상담에 뒤처지는 것이 아니라는 사실을 알았으면 합니다. 기독상담자인 우리가 모델로 삼을 수 있는 대상은 그리스도 예수일 것입니다. 그분은 본래 하나님과 동등한 분이셨지만 그 신분을 버리고 이 땅에 사람들을 섬기러 오셨습니다. 예수님을 모델로 하자면 우리는 내담자를 섬기는 상담자들입니다. 그래서 우리는 상담을 상담자 본위로 이끌어가지 않습니다. 이런 이유로, 구조적인 측면에서 부족한 면도 있을 것이고 상담이 깔끔하지 못하고 어설프게 보일 수도 있습니다. 그런 것은 크게 중요하지 않다고 봅니다. 우리에게 있어서 무엇보다 중요한 것은 내담자를 향한 진실과 진정성이 있는가 하는 점입니다.

신학적 개념 중에 '페리코레시스'라는 것이 있는데 '내가 그 안에 그가 내 안에'라는 개념입니다. 이런 개념을 상담에 활용할 수 있는데, 상담에 이 개념을 적용한다면 상담자가 선생님이나 멘토처럼 내담자 밖에서 내담자를 바꾸는 역할을 하는 것을 지양하게 됩니다. 대신에 하나님이 인간이 되신 것을 본받아서 상담자는 내담자가 처하고 있는 불안과 흔들림의 영역에 머무르고 내담자와 하나가 되고자 노력할 것입니다. 결국 상담자가 내담자처럼 흔들리는 존재가 되는 것을 지향하는 모습입니다. 상담자가 이런 모습을 지닌다면, 내담자가 이 상황에서 경험하게 되는 것은 위로일 것입니다. 하나님이 저 위에만 계셨더라면 위로의 하나님이라고 부르지 않았을 것입니다. 그분이 이 땅에 오셨고 십자가에 달리셨기 때문에 우리는 예수 그리스도를 위로의 하나님이라고 부릅니다. 우리가 상담자로서 내담자에게 위로자로서 다가간다는 것은 무척 중요하다고 생각합니다. 상담에서 사람이 변화된다는 것은 신비입니다. 마치 수학공식으로 답을 얻는 것처럼 상담의 구조화로 변화가 다 성취되지 않습니다. 자극과 반응 공식으로 원하는 변화를 다 얻을 수 없습니다. 우리가 '어떻게 이 신비를 실현해 갈 것인가?'를 고민할 때 목회·기독 상담자인 우리가 분명해질 것이라고 생각합니다.

질문: 남편이 아들을 상실했고 앞으로 어머니를 상실할 텐데 아들의 죽음을 애도하는 취약한 시점에서 어머니에 대한 분노 등을 다룰 수 있을지 궁금합니다.

슈퍼바이저 A: 만약 어머니가 금방 돌아가실 것 같다면 반드시 생각해 보아야 할 질문입니다. 쉽지 않겠지만 아들을 상실한 것에 대한 애도작업과 이 분의 취약한 내적인 부분들에 대한 작업을 잘 해낼 수 있다면 어머니의 죽음도, 물론 쉽지 않겠지만, 소화해낼 수 있을 것입니다. 만약 이 분의 내적인 취약성이 다루어지지 않는다면 어머니의 죽음은 상황을 더 복잡하게 만드는 변수가 될 것입니다. 어머니가 살아계셔야 왜 나에게 그러셨는지 어머니에게 화도 내고 용서도 해드릴 기회도 있을 것입니다. 그런 의미에서 그럴 만한 시간적인 여유가 있는지는 잘 모르지만, 남편의 내적인 문제를 상담에서 다루어주는 것도 중요하다고 생각합니다.

물론 이를 위해서는 내담자가 마음의 준비가 되어 있어야 할 것입니다. 억지로 내담자를 침범하여 그것을 다룰 수는 없습니다. 상담자가 조금씩 더 깊이 들어가고 내담자도 상담자를 신뢰하게 되고 '내가 그런 부분들을 다루어도 안전하다'고 느껴서 이 문제를 충분히 다룰 수 있었으면 좋겠습니다. 만약 어머니가 생각보다 일찍 돌아가신다면, 그 이후에도 치료적 작업이 지속적으로 필요할 것입니다.

질문: 애도 상담을 얼마나 더 진행할 계획이 있는지 상담자에게 묻고 싶습니다. 상담자는 잠잠히 내담자를 담아주는 역할을 주로 하였는데 우리가 다 오랜 시간을 그렇게 할 수는 없을 것 같습니다. 기독교적으로 어떻게 접근해야 기간도 줄이면서 효과적으로 상담을 할 수 있을지 슈퍼바이저들의 답변을 부탁드립니다.

상담자: 기간에 대해서는 내담자와 진행 상황을 지켜보자고 했습니다. 상담진행에서 상담목표를 달성할 기간을 정해 두지 않았습니다. 단계별로 처음에 무엇이 필요하고 다음에는 무엇이 필요한지를 생각하고 그에 따라 자연스럽게 진행해갔습니다. 예를 들어, 처음에는 심리적 안정감을 느끼도록 하는 데 초점을 두었는데, 아마 상담 횟수가 짧았더라도 이것에 먼저 집중했을 것입니다.

슈퍼바이저 B: 하고 싶은 말이 많은데 하지 않는 것은 매우 힘이 듭니다. 이것이 더 고통스러운 상담기법입니다. 이런 측면에서, 목회·기독 상담을 한다는 것은 쉽지 않습니다. 저는 학생들에게 정말 혹독하게 공부하고 임상훈련을 받아야 하지만, 상담현장에서는 그것들을 다 내려놓으라고 말합니다. 그러기 위해서는 용기와 힘이 필요합니다. 상담을 이렇게 하다 보면 상담자는 이 상담이 어디로 갈지 많은 불안을 느끼게 됩니다.

저는 이 순간이야말로 비로소 상담이 목회·기독 상담이 되는 순간이라고 생각합니다. 왜냐하면 우리가 혼란을 느낄 때 하나님이 일하시기 때문입니다. 어떻게 보면 우리가 상담 중에 하나님의 임재를 구하는 순간이 바로 이 순간일 것입니다. 이런 측면에서 우리가 상담을 어떻게 진행해야 할 것인가 대한 방향성은 이미 설정이 된 것이라고 생각합니다. 기독교상담자 혹은 목회상담자는 먼저 하나님 앞에 나아가서 내담자에 대한 애틋한 마음과 하나님에 대한 사랑을 기도로 준비한 뒤에 그것을 상담의 현장에서 녹여내는 상담을 하는 상담자입니다. 동시에 이런 상담은 하나님이 우리에게 주시는 은혜의 경험을 동반하게 되는 상담이 됩니다.

상담료를 받기 때문에 효율성을 생각하지 않을 수 없을 것입니다. 기독교상담자 혹은 목회상담자로서 '우리가 상담을 어떤 자세로 해야 하는가?' 질문할 때, 결국 효율성보다는 사랑으로 해야 한다고 생각합니다. 그 사랑은 상담과정에서 전달될 것이라 믿습니다. 상담 횟수 면에서 상담을 세 번 할 수도, 네 번 할 수도 있습니다. 횟수보다 더 중요한 것은 한번을 만나도 천 번을 만날 것처럼 만나는 것이 아닐까 생각합니다. 상담자가 정말로 아무것도 하지 않는다고 내담자가 느꼈다면 내담자는 20회가 넘도록 오지 않았을 것입니다. 내담자가 계속 오고 있는데 이들에게 상담이 효과가 있다는 것을 의미합니다. 그런 점에서 상담자의 상담 방법은 적절했다고 생각합니다.

슈퍼바이저 A: 이사야서 53장 말씀 중에 "질고를(고통을) 아는 자"라는 표현이 있습니다. 고통을 아는 자라는 표현이 상담자에게도 적용되지 않나 싶습니다. 나의 계획, 기법, 지식으로 내담자를 끌고 가는 것이 아니라 "내가 그의 고통에 의해서 얼마나 흔들릴 수 있는가? 그 흔들림을 내가 얼마나 허용하는가? 그 고통의 자리에 얼마나 머무를 수 있는가?" 하는 것이 상담자의 성숙도를 결정한다고 생각합니다. 저는 상담자란 내담자를 돕는 존재라기보다 내담자로부터 배우는 존재라는 생각을 종종 합니다. 내담자가 절규하며 상담자를 비난하는 상황이라 할지라도 내담자로부터 전해오는 메시지에 상담자가 마음을 기울였을 때 상담자는 어떤 길로 가야할지 그들에게 안내를 받을 수 있을 것입니다. 상담자가 내담자를 도울 수 있는 것은 그들이 상담자로 하여금 그렇게 할 수 있도록 도와주기 때문입니다. 그래서 내담자로부터 배우려는 마음가짐이 있어야만 기독 상담자로서 발돋움을 할 수 있을 것입니다.

5. 상담자 소감

슈퍼비전뿐만 아니라 영적 지도까지 받은 느낌입니다. '아무것도 하지 않았다'는 것을 그렇게 멋있게 표현해주셔서 고맙습니다. 그 말을 들으니 제가 좋아하는 성경 구절 가운데 하나인 출애굽기 14장 14절 말씀이 떠오릅니다. 모세가 홍해를 가르기 전에 백성들에게 "여호와께서 너희를 위하여 싸우시리니 너희는 가만히 있을지니라" 하는 말씀입니다. 앞으로도 하나님의 역사하심 가운데 상담이 진행될 것이라 믿습니다. 비록 그럴지라도 필요한 단계를 잘 진행해 갈 수 있도록 열심히 준비하겠습니다. 다른 곳에서는 듣기 어려운 신학적인 차원의 슈퍼비전을 해주셔서 감사드립니다. 정신분석적인 해석을 신학적인 차원으로 접근해주신 것이 저에게는 매우 신선하게 다가왔는데 이에 대해서도 감사드립니다.

6. 목회신학적 고찰: 하나님을 향한 분노와 원망

내담자가 지니는 하나님을 향한 분노와 원망의 문제를 생각해보고자

한다. 애도 과정에서 내담자가 하나님에 대한 분노를 표현할 때 상담자는 어떤 식으로 상담을 해야 할까? 하늘을 향해서 삿대질을 하고 "나는 하나님이라고 부를 수가 없어요. '하나놈'이예요"라고 말하는 내담자도 있다. "하나님은 없다"라고 말하기도 하고, "내가 얼마나 많은 새벽기도를 드렸는데 이럴 수는 없다"라고 절규하기도 한다. 이처럼 내담자들이 하나님에게 따지고 욕하는 것을 들으면 상담자는 "하나님의 이름을 망령되게 부르지 말라"라는 계명을 생각하고 그것을 거북하게 여길 수도 있을 것이다. "이래도 되나?" 하는 생각에, 하나님에 대한 분노 표현이 어디까지 가능한 것인지 또한 어디까지 허용될 수 있는 것인지 혼란스러울 수도 있다.

이때 상담자는 내담자를 비난하지 않고 혹은 그런 모습에 놀라지 않고 그걸 묵묵히 들어야 한다. 내담자가 어떤 악한 의도로 그러는 것이 아니라 그만큼 자신의 마음이 아프고 상했다는 것을 그런 식으로 전달하기 때문이다. "그 상황에서 어찌 그런 욕이 나오지 않을 수 있겠나? 당신이 '하나놈'이라고 해서 하나님이 '하나놈'이 되는 것도 아닌데, 당신 마음이 그렇다는 건데 내가 뭐라고 할 수 있겠나?" 하는 마음으로 상담자는 내담자를 묵묵히 수용해야 한다. "하나님이 당신의 그런 마음을 알고 계실 겁니다" 이렇게 슬쩍 흘려주는 정도로 반응하면 될 것이다. 상담자의 이런 수용적 태도에 내담자는 '하나님도 내가 하는 욕을 편안하게 듣겠거니' 하는 마음을 갖게 된다. 자신의 아픈 마음이 안전하게 수용되는 이런 경험을 시작으로 내담자는 서서히 치유되어 가게 된다. 사실 내담자는 그렇게 말할 수밖에 없을 정도로 고통스러운 것이다. 고통스러운 정도에 비례해서 내담자들은 자신의 고통을 반복적으로 토로할 수밖에 없다. 반복되는 내담자의 말이 아무리 불경스러워도 상담자는 그것을 끝까지 계속해서 들어주고 소화해주어야 한다. 상담자가 그렇게 한 만큼 치유도 비례해서 일어난다.

내담자 중에는 하나님은 거룩하신 분이라 절대로 그런 부정적 감정을 갖거나 표현하면 안 된다는 신념체계를 갖고 있는 사람들이 있을 수 있다. 이들에게는 애도하는데 하나님이 장애가 될 수 있다. 왜냐하면 하나님을 원망하지도 못하고 미워하지도 못하고 하나님에게 화를 내지도 못하기 때문이다. 결국 그런 감정을 억압할 수밖에 없는데 그러면 억압된 감정들은 우울로 갈 가능성이 높다. 이런 상황이면 상담자는 내담자의 신념체계를 변화시켜 내담자가 하나님을 향해 그런 감정을 분출하도록 도와야 한다. 내담자가 신학생이라면 부정적 감정의 표현이 더욱 어려울 수도 있겠다. 일반 성도에 비해 어쩌면 이들이 하나님께 부정적인 감정을 표현하는 것에 더 익숙하지 않을 수 있기 때문이다. 신학생이 내담자인 경우, 상담자는 그들의 신념체계를 변화시키고 부정적 감정을 표현하게 하는 데 어려움을 겪을 수도 있을 것이다. 이런 신학생 내담자의 경우를 대비하여 상담자는 신학적인 지식을 습득해 놓을 필요도 있다.

7. 토론을 위한 씨앗

1) 상실의 아픔을 겪은 내담자가 시간의 흐름에 따라 신체, 인지, 정서, 행동, 영성의 영역에서 보이는 반응이 어떤 변화를 겪어가게 될까요?

2) 사례의 애도단계에서는 상담자가 '의도적인 수동성'을 발휘하여 공감과 견뎌주기 하는 것을 강조했는데 이것으로 충분합니까? 그렇지 않다면 애도의 단계에 따라 어떤 개입들이 필요합니까?

3) '슬픔을 많이 표현해야 한다'는 등의 일률적인 공식이 애도하는 모든 사람에게 적용되어야 하는 것도, 아니고 감정을 표현하는 정도와 방법

에 있어서 개인마다 다르겠지만 혹시 애도를 회피하는 방어적 행동을 하는지 아닌지 관심을 가질 필요가 있습니다. 방어적 행동에는 어떤 것들이 있습니까?

4) 교회 공동체는 교리적 신념에 매여서 자살자의 유족들에게 자원의 역할을 못하고 오히려 유족들을 더 힘들게 하기도 합니다. 이럴 경우 교회 공동체는 교리적 신념 문제를 어떻게 다루면 좋겠습니까? 유족들, 특히 자살자의 유족들을 도울 방법을 나누어봅시다.

5) 미혼자인 상담자는 자식을 잃은 내담자 부부의 마음을 얼마나 공감할 수 있습니까? 다음과 같이 바꾸어서 자신에게 질문해봅시다. 예수를 믿는 "나" 자신은 독생자를 내어준 하나님의 고통과 사랑을 얼마나 공감할 수 있겠습니까?

고
문
헌

Capps, Donald. *Agents of Hope: a pastoral psychology*. Fortress Press Minneapolis, 1995.

_____. *Deadly Sins and Saving Virtues*. 김진영 역. 『대죄와 구원의 덕』. 서울: 한국장로교 출판사. 2008.

_____. *Living Stories: Pastoral Counseling in Congregational Context*. Minneapolis: Fortress, 1998.

_____. *Reframing: A New Method in Pastoral Care*. 김태형 역. 『재구조화: 관점의 변화를 이끄는 목회상담과 돌봄사역』. 대전: 엘도론, 2013.

_____. *Social Phobia: Alleviating Anxiety in an Age of Self-promotion*. 김태형 역. 『사회 공포증: 만남의 두려움에서 벗어나기』. 대전: 엘도론, 2015.

Foweler, W. James. *Becoming Adult, Becoming Christian*. 장윤석 역. 『인간의 성숙과 그리스 도의 성숙: 성인 발달과 기독교 신앙』. 서울: YK Books, 2018.

Gerkin, Charles. V. *An introduction to pastoral care*. 유영권 역. 『목회적 돌봄의 개론』. 서울: 은성, 2014.

_____. *The Living Human Document: Re-Visioning Pastoral Counseling in a Hermeneutical Mode*. 안석모 역. 『살아있는 인간문서: 해석학적 목회상담』. 서울: 한국심리치료 연구소, 1998.

Howard W. Stone and James O. Duke. *How to Think Theology*. 김상백 김용민 역. 『일상에서 신학하기』. 대전: 엘도론, 2015.

Lester, D. Andrew. *The Angry Christian: The Theology for Care and Counseling*. 이희철, 허 영자 역. 『앵그리 크리스천』. 서울: 도서출판 돌봄, 2016.

McCullough, M. Donald. *The Consolations of Imperfection*. 윤종석 역. 『모자람의 위안: 삶 의 한계를 긍정하고 감사하는 법』. 서울: IVP, 2006.

Miller-McLemore, Bonnie J. "The Living Human Web: Pastoral Theology at the Turn of the Century." *In Through the Eyes of Women: Insights for Pastoral Care*, ed. Jeanne Stevenson Moessner, 9-26. Minneapolis: Fortress Press, 1996.

Patton, John. *Pastoral care in context : an introduction to pastoral care*. 장성식 역. 『목회적 돌봄과 상황』. 서울: 은성, 2002.

Rizzuto, Ana-Maria. *Birth of the living God: a psychoanalytic study*. 이재훈 외 역. 『살아있는 신의 탄생』. 서울: 한국심리치료연구소, 2000.

Stone, Howard W. and James, O. Duke. *How to Think Theologically*. 김용민 외 역. 『일상에서 신학하기』. 엘도론, 2015.

이효주. "목회신학이란 무엇인가: 실천신학과 공공신학과의 관계 안에서." 한국기독교신학논총 112(2019), 221-250.

한국목회상담협회 월례 임상사례 모임을 소개합니다

　　매월 첫 번째 주 토요일에 열리는 월례 임상사례 모임은 한국목회상담협회의 자부심입니다. 2003년 5월에 처음으로 시작한 임상사례 모임은 2020년 1월에 200차를 맞이합니다. 그동안 200명의 상담자들이 사례발표를 했고, 연인원 400명의 감독들이 슈퍼비전을 했으며, 참석자들의 숫자까지 계산하면 대단히 많은 목회·기독 상담자들이 참여해 온 전문적인 모임입니다. 현재 협회 전문가들과 감독회원들은 대부분 이 모임에서 사례발표를 했습니다. 임상사례 모임을 통해 한국목회상담협회가 발전했다고 해도 과언이 아닙니다. 임상사례 모임은 여타 다른 상담관련 기관들과 달리 상담 이론과 기법뿐만 아니라 협회의 정체성인 목회·기독 상담 차원 또는 영적인 차원이 상담에서 어떻게 실천되고 구현되었는지를 중요하게 여깁니다.

　　월례 임상사례 모임은 임상위원회에서 주관합니다. 임상위원회는 사례 발표 신청자들의 발표 일정을 조율하고, 발표 원고를 미리 점검하고, 사회자와 두 명의 감독회원들을 선정하고 슈퍼비전을 의뢰하며, 사례모임 당일에 사례모임을 진행합니다. 사례모임의 준비 단계와 당일 사례모임에서 상담윤리가 적절하게 적용되고 사례발표의 적정 수준이

유지되도록 관리합니다.

먼저, 임상사례 모임에서 발표하려는 상담자는 내담자에게 사례 발표에 대해 서면 동의를 받습니다. 사례 발표에 대한 서면 동의는 상담자가 개인 또는 집단 슈퍼비전을 받기 위해 내담자에게 받는 동의와는 별개의 것으로 협회사례모임을 위한 동의서 양식으로 제출합니다. 임상사례 모임에서 발표되는 사례의 질적 수준을 유지하기 위해서 상담자가 최소한 10회기에 1회 이상 슈퍼비전을 받은 사례만 발표할 수 있습니다. 예를 들어, 15회기 진행한 사례이면 최소한 2회 슈퍼비전을 받았다는 감독의 확인서를 제출하여야 합니다.

사례원고의 질을 적정 수준으로 유지하기 위해서 발표될 사례 원고는 검토와 수정보완 과정을 거칩니다. 사례 발표를 준비하는 상담자는 발표 예정일 8주 전에는 사례 원고를 사무국에 제출합니다. 임상위원회에서 제출된 사례 원고를 검토하고 위원 4인 중 2인 이상이 발표에 적합하지 않다고 판정하면 발표는 거절(취소) 또는 보류됩니다. 거절되는 경우는 윤리적 문제 등의 심각한 사유로 발표가 적합하지 않다고 판단되는 경우입니다. 사례 원고의 형식과 내용이 임상위원들의 도움으로도 수정 보완되기 어렵다고 판단되는 경우에 보류 판정을 내립니다. 이 경우 상담자는 사례 원고를 대폭적으로 수정 보완하며 발표 일정을 다시 조정합니다. 발표 가능하다고 판정되면 임상위원의 도움을 받아 발표자는 원고를 수정 보완합니다. 임상위원들은 원고의 수정 보완 과정에서 사례발표모임 당일에 참석하는 두 감독에게 받을 슈퍼비전 범위를 침범하지 않도록 주의를 기울여 원고의 질을 향상시킵니다. 수정 보완 과정은 한 차례로 그칠 때도 있지만 두세 차례의 피드백을 거치기도 합니다.

이런 과정을 거쳐서 준비된 사례 원고를 가지고 상담자는 임상사례 모임에서 사례를 발표합니다. 임상사례 모임에서도 상담의 비밀유지 원칙은 가장 중요하게 적용됩니다. 배포된 사례 원고의 제일 앞면을 이용

상
담
더
하
기
신
학

하여 참석자들에게 비밀유지의 원칙과 사례모임의 녹음을 서면으로 고지합니다. 모임 후에는 사례 원고를 반드시 반납하도록 합니다. 이에 동의하지 않을 경우에는 사례모임에 참석하지 않도록 하고, 이미 등록한 참가비가 있으면 환불해 주도록 합니다.

사례모임 당일, 발표자가 먼저 사례를 요약 발표한 다음에 대화록의 일부를 음성파일로 듣습니다. 이어서 두 명의 감독이 슈퍼비전을 합니다. 이후 참석자들의 질의에 대한 발표자와 감독들의 답변 및 전체 토의 그리고 발표자의 소감으로 진행됩니다. 임상사례 모임마다 발표자, 감독들, 참석자들이 만들어내는 역동과 목회(기독) 상담의 지혜는 다르게 펼쳐집니다. 매번 사례를 통한 풍성한 배움과 경험의 향연이 펼쳐지기에 목회상담을 공부하고 실천하는 사람들에게 갈증이 풀리는 충만한 시간이 되곤 합니다. 『상담 더하기 신학: 사례와 슈퍼비전』은 이렇게 진행된 임상사례 모임을 기록하고 그 가치와 의미를 담았습니다.

출판을 계획하면서 상담윤리에 어긋나지 않도록 각별히 주의를 기울였습니다. 내담자는 사례 발표 동의서에서 사례 발표에 대한 동의와 별도로 출판에 대한 동의 여부를 표시할 수 있게 하였습니다. 상담자도 비밀보장의 원칙을 준수할 것과 출판에 대한 동의 여부를 표시한 동의서를 제출하였습니다. 상담자가 출판에 동의하지 않아도 사례 발표에 불이익이 없다는 사실 또한 동의서에 명시하였습니다. 감독자도 출판에 대한 동의 여부를 표한 동의서를 제출하였습니다. 이 책은 내담자, 상담자, 감독, 참석자들에게서 출판에 대한 동의를 받았지만 보다 안전하게 내담자는 물론 발표자, 감독들, 참석자들을 모두 익명으로 기록하였습니다.

『상담 더하기 신학: 사례와 슈퍼비전』는 다양한 역동과 지혜들을 담아내는 동시에 목회·기독 상담에 대한 성찰을 제공합니다. 임상사례집이 더 나은 상담자가 되기 위해 애쓰는 많은 목회-기독 상담자들에게 귀하게 쓰임 받기를 바랍니다. 모든 발표자들, 감독들, 참석자들에게도 감사의 마음을 전합니다. 임상사례 모임의 기록을 남기는 것은 협회의 오랜 바람이었습니다. 드디어 출판의 열매를 맺게 되어 기쁩니다. 그동안 협회 임상위원장으로 애쓰신 홍인종 감독님, 김병훈 감독님, 오세정 감독님, 이해리 감독님, 강혜정 감독님을 비롯한 여러 임상위원님들께도 깊은 감사를 드립니다. 이 모든 것을 가능하게 해주신 하나님께 영광을 돌립니다.

한국목회상담협회 임상위원장

홍구화